高等院校养老健康丛书

老 年 学

主　编　谢培豪　倪进东

副主编　杨艳艳　杨海云　潘聪聪　罗志明

编　者（按姓氏笔画排序）

丁淑娟　王丽萍　冯林林　安　然

孙玮志　杨艳艳　杨海云　肖俊辉

陆杰华　陈　琴　罗志明　禹玉兰

倪进东　谢培豪　廖梦莎　谭贞晶

谭健烽　潘聪聪

科 学 出 版 社

北 京

内 容 简 介

本书围绕着人口老龄化相关问题，以及中国老年人的“六个老有”需求，剖析人口老龄化对经济、社会发展、政治和文化的影响，并从社会学、预防医学、流行病学、心理学、经济学、法学和信息技术等视角展开论述，旨在提供一本较为全面、务实，兼顾理论性和实践性的实用参考教材。

本书适合养老相关专业教学使用，也可供养老服务的管理者和从业者培训使用。

图书在版编目（CIP）数据

老年学 / 谢培豪，倪进东主编. —北京：科学出版社，2018.3
ISBN 978-7-03-056723-9
Ⅰ. ①老… Ⅱ. ①谢… ②倪… Ⅲ. ①老年学-高等学校-教材 Ⅳ. ①C913.6
中国版本图书馆 CIP 数据核字（2018）第 044551 号

责任编辑：张天佐　胡治国 / 责任校对：郭瑞芝
责任印制：李　彤 / 封面设计：陈　敬

科学出版社 出版
北京东黄城根北街 16 号
邮政编码: 100717
http://www.sciencep.com
北京天宇星印刷厂印刷
科学出版社发行 各地新华书店经销
*
2018 年 3 月第　一　版　　开本：787×1092　1/16
2024 年 8 月第六次印刷　　印张：12
字数：282 000
定价：65.00 元
（如有印装质量问题，我社负责调换）

高等院校养老健康丛书编委会

前　言

人口老龄化已成为当今世界人口结构变化的大趋势。中国不仅是老年人口数量较多的国家之一，也是老龄化速度较快的国家之一，呈现出老龄化、高龄化、空巢化快速发展的三个新特征。预计到 2050 年，平均每 3 个人中将有一位老人。在这种大背景下，近几年中国学者围绕着人口老龄化相关问题进行了大量学科性、理论性、实践性和应用性的研究与探索，积极推动了中国应对人口老龄化的进程。

老年学（gerontology）形成于 20 世纪 60 年代，是一门新兴的交叉学科，在全球老龄化日益严重的影响下，越来越受到各国学者重视，目前已成为一门独立的一级学科。老年学是对人类个体和群体老龄化现象、过程、规律及其社会经济影响等方面进行研究的一门科学，主要包括社会老年学、老年人口学、老年经济学、老年心理学等研究方向，涉及生物学、医学、护理学、复康治疗学、心理学、精神病学、社会学、经济学、政治学和社会工作等学科。

目前国内外有许多针对老年学各分支学科的研究和著作，但老年学的专著很少。为此，本规划教材组织了多年从事老年学研究与实践工作的专家、教师组成编写委员会，编写了这本《老年学》，旨在为培养相关专业人才提供合适的参考教材，为研究人口老龄化与老年问题的学者以及从事老年服务工作的管理者、从业者提供参考，也希望由此引发各界人士对老年科学的重视。

本书共十一章，第一章是老年学概论，主要阐述老龄化与人口老龄化的相关定义和国内外发展趋势，剖析人口老龄化对经济、社会发展、政治和文化的影响，介绍了老年学的研究对象、内容、方法及展望，旨在让读者对老年学有一个比较全面的认识；第二章、第三章、第四章主要从社会学的角度，介绍老龄化的社会学理论、理想的老年生活理论和社会支持理论，以及老年人在伴侣关系、家庭、社区、互助、移居等方面的内容，并阐述了适宜的老年生活方式、老年的社会关系和社会支持等内容；第五章主要从医学和预防医学的角度，介绍衰老的发生机制以及生理老化所引起的机体功能减退情况；从流行病学的视野对老年常见疾病和伤害进行阐述，提出老年健康管理、老年人健康教育与健康促进的意义、目标、内容、策略和措施；第六章从心理学的角度，介绍了心理老化、常见的老年心理问题以及老年痴呆发生与预防，阐述老年心理健康的内涵、标准以及维护与增进老年人心理健康的原则；第七章从经济学的角度阐述了老龄化和经济发展的关系、老年人群消费的经济特征以及因此产生的新的问题与应对策略；第八章主要围绕着“老有所用、老有所乐、老有所学”，从与老年生活息息相关的休闲娱乐、运动、教育、旅游和文娱活动等方面的定义、内容或类型、影响因素、现状与发展进行阐述；第九章介绍了国内外临终关怀的发展与现状，概述了国外临终关怀工作开展的情况和特点，对我国临终关怀存在的问题和原因以及对策和发展进行阐述；第十章从老年人法律法规、老年权益保障和社会福利的层面，介绍了相关概念、内容、影响因素和制度，特别是近几年出台的相关新制度和新规定，并结合国外老年人权益保障制度，分析我国老年人权益保障存在的问题；第十一章主要结合现代信息技术的发展和实践现状，详细介绍了现代信息技术在老年生活、智慧医疗和智能化养老中的运用和实践，旨在阐述可以应用现代信息技术为老年人在生活照顾、健康管理、医疗服务、休闲娱乐和安全保障等方面提快速、便捷、舒适、可监控和智能化的现代化服务。

在本书编写上，我们力求概括性、实用性和前瞻性，在介绍相关基本知识和内容的同时，将最新的内容或成果呈现出来，增强其可读性和实践性。本书是一本比较全面、能涵盖老年学各方面的实用参考教材，并可作为从事人口老龄化与老年人问题研究的参考书，更是指导从事老年服务相关实践工作的医务工作者、保健护理工作者和管理工作人员的工具书。

当然，由于编者水平有限，肯定会有许多不足之处，我们真诚期望专家、同行以及广大读者予以批评和指正。

谢培豪

2017 年 8 月 25 日

目　　录

第一章　老年学概论

第一节　老龄化与人口老龄化

一、人口老龄化的定义及影响因素

一般而言，每个生命个体都经历着从出生到死亡的生命周期。伴随着年龄的不断增长，个体逐步踏入青年期、成年期，最后走向老年期。从个体的角度看，老龄化是指个体逐步增龄、不断衰老的生命历程。而社会由无数个体所组成，因此从整个社会人口的视角来看，则可以从人口队列的角度来界定人口老龄化，即人口老龄化是指老年人在社会总人口中所占比例不断提高，或者社会总人口平均年龄不断增大的过程。

1956 年联合国发布的《人口老龄化及其社会经济后果》确定，当一个国家或地区 65 岁及以上的老年人口数量占总人口的比例超过 7%时，意味着这个国家或地区进入老龄型社会。1982 年维也纳老龄问题世界大会确定，当 60 岁及以上老年人口数量占总人口比例超过 10%时，意味着这个国家或地区进入老龄型社会。

人口老龄化最主要的影响因素是出生率和死亡率。随着社会经济的发展和生育观念的转变，人口出生率逐步降低，新出生的人口队列相对减少；而医疗技术的提高和公共卫生条件的改善使得人口死亡率大幅度降低，人口平均寿命延长，老年人口相对增多。低出生率和低死亡率使得人口逐步走向老龄化。

二、21 世纪：人类走向持续人口老龄化的世纪

人口转变和人口老龄化现象已经遍及世界的各个角落。20 世纪 50 年代之后，人口转变带来了世界人口的激增；而在 20 世纪末和整个 21 世纪，人口转变将使整个人类社会走向持续普遍的人口老龄化。人类社会的性质将发生重大转变，即由历史上的年轻型社会转变为不可逆转的老龄社会。这种转变与人类从传统社会转变为现代社会，从农业社会转变为工业社会一样意义重大且影响深远。

21 世纪是人口老龄化的世纪。随着全球性的生育率转变以及中老年死亡率的持续下降，老龄化进程将不断加快。根据联合国经济和社会事务部发布的《世界人口展望：2015 年修订版》（*World Population Prospects：The 2015 Revision*）报告，世界总人口目前约为 73 亿，这一数字到 2030 年预计将增加到 85 亿，到 2050 年升至 97 亿，并在 2100 年达到 112 亿。随着平均预期寿命的增高以及出生率的下降，世界人口增长事实上整体呈放缓趋势，由此导致老龄人口比例逐年升高。据报告预测，在全球范围内，60 岁及以上老年人人口数量到 2050 年将达到总人口的 26%，并在 2100 年达到 36.7%。具体而言，欧洲将是老龄化问题最为突出的大陆，到 2050 年，当地 60 岁及以上人口将占总人口的 34%；在拉丁美洲、加勒比地区和亚洲，老龄人口比例将从目前的 11%～12%增加到 25%以上；非洲相对而言将是“最年轻的大陆”，其老年人口比例到 2050 年将从 5%增加至 9%左右。

发达国家或地区引领着世界人口老龄化的进程。日本 65 岁以上人口比重现在已经达到 22.6%，德国、意大利也在 20%以上，并在由老龄化迈向高龄化。而发展中国家或地区的老龄化速度则较为缓慢，但是后者老年人口数量增长速度则要明显快于前者。到 21 世纪末，1/3（36.7%）的世界人口将是 60 岁及以上的老年人口（图 1-1），老年人口规模将达到 40 亿。即使

是目前人口结构最年轻的国家，到 21 世纪末也将进入老龄型社会。

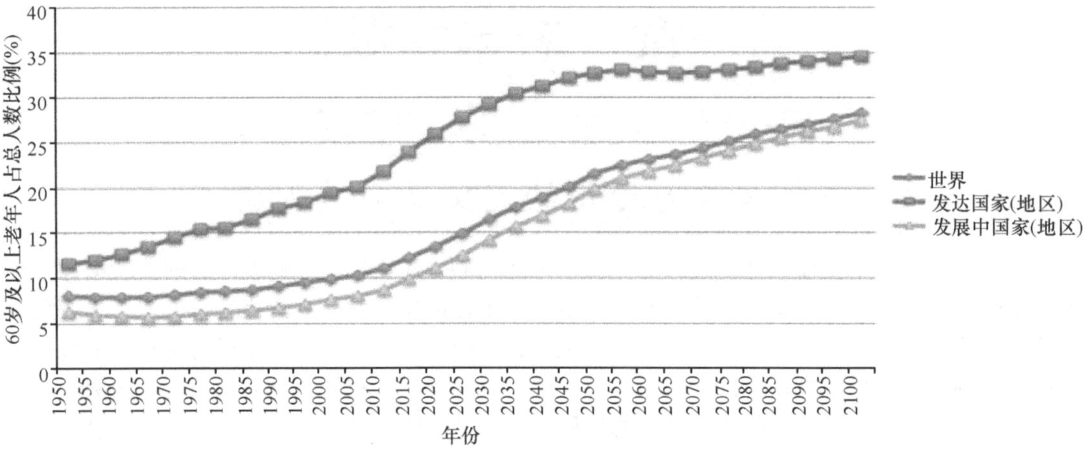

图 1-1　世界及发达国家（地区）和发展中国家（地区）的老龄化趋势

只要生育率仍然保持在低水平，人口预期寿命继续延长，老龄化进程就不会发生逆转，这将成为 21 世纪人类社会的一种常态。人口老龄化将获得普遍、持久的发展，其影响将继续加深，给人类社会和人类生活的所有方面都将带来重大挑战。

面对老龄化的重大挑战，世界各国都采取了人口、制度、经济、社会等方面的应对措施，主要包括鼓励生育、促进劳动力国际迁移、推迟退休年龄、完善社会保障制度等。

三、快速推进的中国人口老龄化进程

（一）中国人口老龄化变化轨迹

中国不仅是老年人口数量较多、规模较大的国家之一，也将是老龄化速度较快的国家之一。中国快速发展的人口转变带来快速人口的老龄化。随着 20 世纪 70 年代以来生育率的持续下降，我国人口从年轻型迅速转为老年型，老龄化呈现不断加速的趋势（图 1-2）。

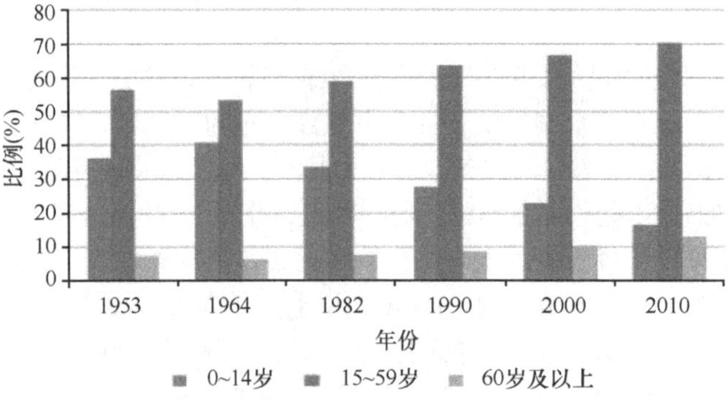

图 1-2　中国历次人口普查主要年龄段人口比例变化

总体上看，我国的人口老龄化趋势可以大致划分为如下三个阶段：

1. 低速老龄化阶段（1990～2010 年）　20 世纪 80 年代以来，我国老年人口比例出现上升趋势，但发展速度很缓慢，90年代速度有所加快。2000年全国第五次人口普查结果显示，60 岁及以上老年人口比例达到 10%。按照国际共识的标准（60 岁及以上人口占总人口比例 10%以上，或 65 岁及以上人口占总人口比例 7%以上），2000 年我国已进入了老龄型社会。2010 年全国第六次人口普查结果显示，我国老龄化程度进一步加重，60 岁及以上人口达到 1.8 亿人，占总人口的 13.3%，比 2000 年增长了 3.3 个百分点。

2. 高速老龄化阶段（2010～2050 年）　随着中华人民共和国成立以来的生育高峰，人口队列逐步进入老年，我国人口老龄化将进入长达 40 年的高速老龄化阶段。最新统计数据显示，2014 年我国 60 岁及以上人口已经达到了 2.12 亿，占总人口的 15.5%，人口老龄化呈现加速度的趋势。在这一阶段，老年人口比例上升幅度之大、速度之快是以往经历过老龄化过程的世界各国所罕见的。根据预测，在维持现行生育政策条件下，60 岁及以上老年人口比例将快速上升到 2050 年的 36.5%，是 2010 年 13.3%的 2.75 倍。60 岁及以上老年人口数量在 2015 年突破 2 亿，2026 年突破 3 亿，2035 年突破 4 亿，2055 年将达到 5 亿。

3. 高位低速老龄化阶段（21 世纪后半叶）　根据联合国权威数据预测，如果保持目前的生育水平不变，我国 60 岁及以上老年人口比例将由 2055 年的 39%缓慢上升到 2100 年的 40%。

（二）中国人口老龄化现状与特点

1. 老年人口规模大、老龄化速度快且高龄化加剧　老年人口规模庞大、老龄化急速推进是中国老龄化的最大特点。2015 年，我国 60 岁及以上和 65 岁及以上老年人口数量分别为 2 亿和 1.31 亿，均已经超过整个欧洲的老年人口数（欧洲 60 岁及以上和 65 岁及以上老年人口数量在 2015 年分别为 1.7 亿和 1.29 亿），占世界老年人口数量的比例分别为 23.2%和 21.6%。到 2050 年，我国老年人口预期人数将上升至 4.83 亿。此外，到 2050 年，我国人口老龄化水平（指 65 岁及以上老年人口）将上升至 34.1%，这一数字比预期超出 4 个百分点，比同时期全球老龄化平均速度还快一倍多。

庞大的老年人口规模，一方面来自于中国庞大的人口基数，另一方面来自于人口的快速增长。20 世纪 80 年代以来，我国老年人口（尤其是 80 岁及以上的高龄老人）一直以快于总人口的速度增长，老年人口规模迅速扩大，老龄化程度不断加深。60 岁及以上老年人口年均增长率维持在 3%，80 岁及以上高龄老人的年均增长率则超过 5%。而同时人口总数年均增长率仅 1%，2012 年人口总量增长率甚至只有 0.49%。总人口增长趋势不断衰减，而老年人口保持强劲的增长势头。

2. “未富先老”与“未老先衰”并存　“未富先老”是中国老龄化的一个重要特点。我国还没达到足够富裕水平便已进入老龄型社会，而且正在进入加速老龄化时期。尽管改革开放以来，中国的经济取得了飞速发展，经济总量已位居世界第二，但是人均经济指标还远远落后于发达国家。2012 年中国按购买力平价计算的国民总收入为 7640 美元，而欧洲的平均值高达 27080 美元。中国将在 2025 年左右达到与目前发达国家相同的老龄化程度，但是那时中国的人均经济指标和社会富裕程度仍将与目前的发达国家相差甚远。

“未老先衰”与“未富先老”现象并存，是老龄化的另一个重要表现。根据《2010 年国民体质监测报告》，我国国民在身体形态、身体机能和身体素质方面发生了显著变化。国民体质综合指数降低，成年人和老年人超重与肥胖率持续增长，成年人和老年人在力量素质方面有下降趋势。从疾病发展趋势看，目前我国高血压、高血脂、血脂异常、脂肪肝、超重等患者数量庞大，老年病屡见不鲜。各类疾病也出现年轻化的趋势。心理疾病和心理亚健康状态患者数量也在不断增大，人体衰老不断加速。

3. 城乡差异和地区差异明显　与欧洲、日本、韩国等发达地区和国家的老龄化发展状态不同，中国在全面走向老龄化的进程中，城乡差异和地区差异都十分巨大。老龄化程度最严重的地区既包括东部最发达省份，也有西部较为落后省份。2010 年上海和江苏 60 岁及以上老年人口比例分别为 15.07%和 15.99%，而四川和重庆的这一比例高达 16.30%和 17.42%。老龄化程度最轻的虽也有东部发达省份，但主要都在西部地区。2010 年广东、青海、宁夏、新疆和西藏的 60 岁及以上老年人口比例都在 10%以下。同时，老龄化在城乡出现倒置，在过去三十年里甚至表现出农村人口老龄化程度日益高于城镇的明显趋势。2010 年我国城镇地区 60 岁及以上老年人口比例为 11.7%，而农村地区高达 15.0%。中国不断增长的流动人口在很大程度上抵消了发达地区和城市地区低生育水平对老龄化的影响。

4. 空巢老年家庭迅速增加 宏观层面的生育率下降和老龄化过程导致微观的家庭层面子女数下降，老少比上升。这种家庭结构的老化，再加上改革开放以来人口流动性的增强，使得空巢老年家庭的数量和比重不断提高，而随着老龄化和城市化进程的推进，空巢老年家庭比例会持续上升。2010 年第六次人口普查数据显示，65 岁及以上空巢家庭的比例超过了家庭总数的 36%。

5. 劳动力数量缩减与老龄化并行 20 世纪 80 年代以来，得益于 50～60 年代的出生高峰，我国劳动年龄人口数量和比重明显上升，进入“人口红利”期，为改革开放后的经济飞速发展提供了充足的劳动力来源。2010 年，我国 15～59 岁劳动年龄人口数量约为 9.3 亿，比重高达 70%，但由于生育率不断下降和持续的低生育水平，2012 年劳动力数量长期增长的轨迹已经出现拐点，由增长转为持续下降。根据国家统计局发布的数据，2014 年末，中国大陆 16 周岁以上至 60 周岁以下（不含 60 周岁）的劳动年龄人口 91 583 万人，比上年末减少 371 万人，占总人口的比重为 67.0%，较上年占比下降 0.6 个百分点。这是自 2012 年以来中国劳动力人口绝对数量的连续三年下降。而劳动力人口在 2050 年将下降到 6.5 亿人以下，比重下降到 52%，平均每年减少 757 万人。

在劳动力数量减少的同时，劳动力人口本身的老龄化也不断加重。2000 年中国劳动力中位年龄为 33 岁，2010 年提高到 36 岁。2025 年将进一步提高到 39 岁。2010 年，劳动力人口中 15～24 岁（低龄）劳动力占 23.78%，未来将逐年递减，2050 年减少至 16.05%。25～44 岁（中龄）劳动力比重未来 40 年间由 47.57%减少至 44.72%，而 45～59 岁（高龄）劳动力比重则持续上升，从 2010 年的 28.65%，增长至 2050 年的 39.23%。也就是说，到 2050 年每 10 个劳动力人口中就有 4 个是 45 岁以上的高龄劳动力。

第二节 人口老龄化的多重影响

人口是社会的主体，也是经济社会发展的基础性因素。以往经济和社会发展都是在现有的年轻或相对年轻的人口支撑下发生和进行的。当支撑经济社会发展的这个最基础性因素发生重大、甚至是根本性改变的时候，经济社会发展必然受到深刻而全面的影响（图 1-3）。

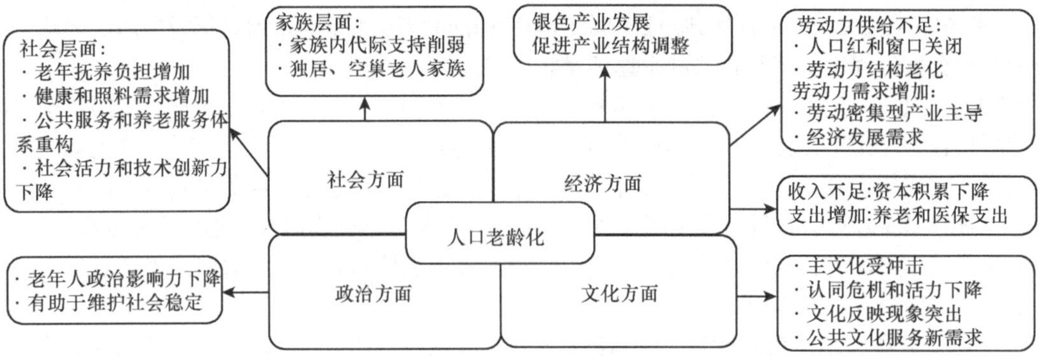

图 1-3 人口老龄化的多重影响框架

一、人口老龄化对经济发展的影响

（一）经济增长长期依赖的人口红利期走向下行且即将消失

过去30多年来，中国一直处于劳动力快速增长，劳动力供给异常丰富的时期，形成了近30年的“人口红利窗口”时期。研究结果显示，改革开放以来中国经济得到迅速增长，其中劳动力要素的贡献率高达27%。然而21世纪以来，随着人口老龄化的不断加速，劳动年龄人口数量（15～59岁）的增速逐年下降，近几年劳动年龄人口数量的增长更是几近停滞。在2012年劳动年龄人口增长已经达到拐点，劳动年龄人口的绝对数量已经开始下降，从2012年的9.3亿降到2050年的6.5亿。人口红利窗口将在2020年前后关闭，也就意味着过去30年来推动我国经济增长的最重要源泉之一即将消失。另一方面，从20世纪80年代以来劳动参与率呈现持续下降的趋势，因此，我国实际参与经济活动的劳动年龄人口数量下降将更为迅速。

与此同时，我国劳动力需求却一直处于总量不断上升的状态中。一方面，是由于我国总体上仍属于以劳动密集型产业为主导的国家，产业结构层次依然较低，劳动生产率不高；另一方面，是由于经济规模持续高速的增长对劳动力规模的需求也逐步增加。这两个方面的原因共同导致近几十年来就业需求的不断增大，而且今后需求还会继续增长。劳动力供给不断减少的同时劳动力需求不断上升的相反发展趋势，最终会导致在未来十年内，劳动力供给的局面将会发生彻底的逆转，劳动力短缺的时代即将来临，其后果将是工资的上涨和成本的全面上升，劳动力比较优势丧失，投资收益率下降，国际竞争力明显削弱，对于以劳动密集型产业为主体的中国来说，将会在经济增长上受到深远的影响。

（二）劳动力年龄老化抑制劳动生产率提高

随着人口老龄化的发展，我国劳动年龄人口的结构也在不断老化，老龄化限制了劳动生产率的提高。有研究表明，年龄是影响劳动生产率的一个非常重要的因素。在其他条件相同的情况下，平均而言，年龄45岁是劳动生产率下降的转折点，过了该临界点，劳动力的创造力将会明显下降。我国实际数据的研究也表明，不同年龄的劳动者其产出效率会呈现很大的差异，劳动者产出效率随着劳动年龄增长而下降。随着老龄化的加速，我国45岁及以上劳动者在全体劳动力中的比重还将进一步提高，从2010年的28.65%快速上升到2020年的37.19%，2043年将达到42.17%的高峰，比2010年提高13.52%之多，这将会极大抑制劳动生产率的提高，大大阻碍经济的持续增长。

（三）养老和医疗保障支出持续快速增长

养老保障的资金压力持续增大。随着人口老龄化的发展，越来越多的老年人退出劳动力市场，由生产者变为消费者，导致社会经济负担的急剧增加。2014年我国养老保险基金总支出2.17万亿元，与2013年相比增加0.3万亿元，增长17.8%，与2009年相比增加1.2万亿元，年平均增长 19.6%。随着人口老龄化的发展，我国养老保障金支出额还将有一个巨大的增长。根据有关研究，过去我国城镇人均养老金的增长速度大约为10%。2014年我国城乡人均养老金为每月90元，考虑到经济增长速度可能减缓等因素，假定未来我国人均养老金支出按照目前经济增速7%增长，即便老年人口数量保持现状，我国总的养老保险基金支出到2050年也将达到24.8万亿元，是2014年的11倍。

此外，人口老龄化也带来医疗费用支出的快速上升。由于老年人慢性病患病率远远高于其他年龄的人群，随着老年人口的增加，医疗卫生消费支出会越来越多。一般情况下，60岁以上年龄组的医疗费用是 60 岁以下年龄组医疗费用的 3～5 倍。根据中华人民共和国人力资源和社会保障部统计资料，2014 年，我国城乡居民基本医疗保险基金支出 1437 亿元，比上年增加 466 亿元，增长 48.0%，支出增幅高于收入增幅 9.0 个百分点；比 2009 年增加 1270 亿元，年平均增长 53.7%。今后随着社会的发展与医疗技术的进步，以及老年人口的快速增加，医疗卫生服务支出也会快速增加。

用于养老、医疗、照料、福利与设施方面的费用占 GDP 的比例在 2015 年为 7%左右，如果按照养老和医疗地保障水平的假设条件，这一数据预计在 2050 年将达到 23%左右，增加约 16 个百分点，而按照适度水平的假设条件，则将达到 27%左右，接近当时欧盟成员国的平均水平。无论是从当前状况还是从长期状况来看，人口老龄化都将带来沉重的社会经济负担。

（四）人口老龄化对资本积累产生负面影响

老年人口的增加对资本积累的负面效应主要体现在储蓄率下降和消费率上升方面。老年人口越多，意味着经济产出中划给老年人使用的比例越大，相应地，可用于生产性投资的比例相对减少，从而影响资本积累水平的提高。

我国经济能够保持长期持续地高速增长，与中国较高的储蓄率和投资能力有密切联系。多年来，我国储蓄水平一直不断提高，为投资增长提供了重要资金来源，而高储蓄率又与我国劳动人口比例增加密不可分。劳动力比重与中国储蓄率呈正相关关系，储蓄率的升高伴随着劳动力比重升高而不断上升，近几年我国劳动年龄人口比例达到最高峰，2011 年国民储蓄率也达到 51%，投资率保持在 48%的历史最高水平。随着 2012 年劳动力人口数量拐点的出现，2012 年和 2013 年国民储蓄率和投资率都呈现下降的趋势。

人口老龄化对储蓄率将产生负面影响。随着人口老龄化的进展，越来越多的老年人退出劳动力市场，由生产者变为消费者，储蓄能力将会随之下降。数据资料研究表明，老龄化对我国储蓄率的负面影响是确实存在的，改革开放以来我国少儿抚养比和老年抚养比对国民储蓄影响均为负值，且老年抚养比的影响大于少儿抚养比。虽然老龄化对储蓄率负面影响的程度在不同研究中有不同的具体数值，但大体上的趋势是：2010～2050 年的人口老龄化会压低储蓄率 10～20 个百分点。储蓄是投资的基础，储蓄率下降会带来投资率和资本积累率的下降，从而降低未来经济发展所需要的物质资本和人力资本的投资，最终降低经济的增长率。

（五）“银色产业”的发展

人口老龄化在另一方面对经济发展也起到了促进作用，这一作用明显表现在“银色产业”的崛起。“银色产业”顾名思义，即为老年人提供产品和服务的产业。目前我国的“银色产业”包含的主要内容有以下五个方面：一是医疗保健服务产业，主要满足老年人医疗保障方面的需求，包括老年人的急救、医疗、康复、体检等方面。二是日常生活服务业，主要满足老年人基本的生活需要和物质基础。三是有偿家务劳动服务业，主要包括为老年人提供照管、看护及家政服务的小时工、保姆提供的服务等。四是文化娱乐业，主要满足老年人的精神文化需求，如老年活动中心等，其活动场地和活动经费一般由社区提供。五是教育业，主要为满足老年人接受终身教育、培养兴趣爱好的需求，如老年大学的发展等。

除此之外，正在崛起的“银色产业”还包括保险业、旅游业、金融业、房地产业、殡葬服务业等。这些产业的发展得益于老年人财富的积累和其消费观念的改变。越来越多的老年人致力于提高自己的晚年生活质量，并利用自己的闲暇时间进行消费和投资。

随着老年人数量逐渐增多，“银色产业”已经成为一个充满商机的朝阳产业，有助于促进我国经济转型、第三产业发展和产业结构调整。

（六）经验技术积累优势

虽然人口老龄化使得劳动生产率的提高受到限制，但随着社会的发展，人类社会生产方式逐渐由劳动密集型生产转向知识技术密集型生产，意味着生产生活愈加依靠智力而不是传统的劳力。随着年龄的增加，人的智力和知识经验不会减退，而是逐步积累。年老的人和年轻人相比较更具有知识和经验，其技术积累优势随着年龄的增加而不断显现。另一方面，生活水平和健康水平的提高使得退休年龄推后，老年人得以提高其劳动参与率，为生产生活提供经验技术积累的优势。

二、人口老龄化对社会发展的影响

日趋加剧的人口老龄化正在对我国家庭发展、代际关系、社区建设、社会化养老、社会治理创新、城镇化推进等社会发展的各个方面产生巨大的影响。

（一）全社会老年抚养负担显著增加

人口老龄化的一个直接后果就是老年抚养比的上升，加大了全社会的老年抚养负担。改革开放以来，随着生育率的持续下降，我国少儿抚养比不断下降，也促使总抚养比持续下降。1982～2015 年，少儿抚养比由 54.6%下降到 25.5%，总抚养比由 67.6%下降到 48.0%。但是在这一过程中，老年抚养比则在不断上升，从 1982 年的 13.0%上升到 2015 年的 22.5%。据预测，老年抚养比将于 2036 年超过 50%，2047 年超过 60%。照料者和被照料者的对比关系发生重大改变，社会的抚养结构发生重大改变，全社会老年抚养负担剧增。

（二）家庭内的代际支持严重削弱

日益严重的人口老龄化削弱了家庭内代与代之间的相互支持，将使传统代际互助支持模式发生重大的逆转。

首先，老龄化日益严重意味着退出劳动力市场的老年人口数将不断增加，这直接导致父母一辈经济收入锐减，家庭收入下降，由此导致父母对子女的经济支持大幅度下降。

其次，在家庭结构日益小型化，尤其是“四二一”和“四二二”家庭模式日益增多的情况下，一方面家庭中需要照料的老人增多；另一方面子女对老人的照料支持也在持续弱化。家庭规模的小型化和核心家庭为主的家庭结构极大弱化了家庭对老年人的照料支持。“四二一”“四二二”家庭结构也使得现今的中年人发现他们被夹在照顾年老的父母和年幼的孩子双重责任之间，不堪重负。

（三）独居、空巢老年家庭将成为主流

在低生育率的大背景下，人口老龄化催生家庭结构老龄化。据预测，未来几十年内我国老年家庭（家中至少有一位 65 岁及以上老人）将快速增长。2000 年我国老人户所占比例为 23.98%，2030 年预计为 31.18%，2040 年预计为 40.68%，2050 年预计为 44.28%。与此对应的是，我国年轻家庭和中年家庭户的比例则从2000年的76.04%，下降到2030年的68.8%，2040年的59.34%，以及 2050 年的 55.72%。

随着人们居住观念的变化，人口老龄化浪潮也不断影响着人们的居住安排方式，表现最为

明显的是独居老人的比例不断增加。预计到2030年和2050年，全国居住在没有子女同住的“空巢”家庭的65岁及以上老人占总人口的比例将是2000年的2.9倍和4.6倍，80岁及以上高龄老人居住在“空巢”家庭的比例将呈现更快的增长，到2030年和2050年这一比例将是2000年的3.4倍和11.1倍。

（四）健康和照料需求压力持续增大

在人口老龄化和高龄化相伴而生且迅猛发展的新格局下，老年失能人群和残疾人群也在不断增加。据有关资料显示，2015年，全国失能、半失能老人总量超4000万，比2010年增加700万人，占全部老年人口的19.5%。

无论是综合性照料需求总量，还是不同照料内容上的需求总量（包括心理照料、家务照料、身体照料、疾病照料和认知护理照料的需求总量）都将呈现出快速上升的趋势。从综合性照料需求来看，2020年我国老年照料需求总量为4560万人，2045年将突破1亿人。而对比未来养老服务资源供给和养老需求，尽管未来中国养老服务资源呈现逐渐增加的发展态势，但是中国未来养老服务资源依然面临着巨大缺口。

（五）社会活力和技术创新力相对降低

按照人的生命周期阶段来看，老年时的改革意识一般要比年轻时相对弱些，观念也会更加保守。因此，一个老龄化加剧的社会，其社会活力会相对缺乏。主要表现在：老年人通常是家庭和社会的主要决策人或者是重要的意见领袖；老年人无论在思维方式和行为方式上都存在明显的路径依赖，不愿意进行改革和创新；思维容易固化，相对保守，容易与时代脱钩。

人口老龄化在一定程度上也会降低技术创新能力。在技术创新上，老年社会通常存在三大障碍：一是老年人存在技术依赖；二是论资排辈的老年文化氛围不利于年轻人进行技术创新；三是年轻人的创新话语权薄弱甚至消失。因此，一个老龄化严重的社会，其社会活力将受到很大的影响。

（六）公共服务结构和社会养老服务体系重构面临挑战

人口老龄化对我国老龄社会福利体系重构带来了新的挑战。尽管我国已经建立基本的老年社会保障体系，但其在整体上落后于经济发展，老年福利体系远未健全，老年福利硬件不“硬”软件太“软”，老年福利立法也很薄弱。目前我国社会养老服务存在机构建设滞后、居家养老服务机制不健全、养老服务从业人员缺乏、机构长期照料和居家长期照料服务供给不足等突出现实问题，由此导致无论是从养老服务机构的数量、设施规模，还是从养老服务的质量和内涵上都与养老服务需求有相当大的差距，形成老年照料需求与老年社会照料服务供给之间的突出矛盾。人口老龄化正在呼唤调整和改善我国基本公共服务结构，重构和健全社会养老服务政策体系。

除此之外，老龄化带来的一系列问题会对和谐社会建设、社区服务管理和城镇化进程都产生重要影响。人口老龄化可能会加大和谐社会建设的难度，造成社区服务管理创新的困境，并在一定程度上抑制城镇化进程。

三、人口老龄化对政治的影响

（一）老年群体政治影响力降低

随着社会的发展，传统文化中“老人主导”的政治局面正在逐渐消失。现代社会政治中，中、青年成为主导力量。随着年龄的增长，老年人逐步衰减的生理健康、经济地位和社会活动能力使得这一群体的政治话语权和在政治生活中的作用和影响力都在逐渐消亡，不再起决定作用，成为政治弱势一方。老年群体更多被冠以安享晚年的形象而从政治群体中被剔除。

（二）老年人有助于维护社会稳定

尽管老年人的政治影响力在降低，但老年人对于社会安定团结具有重要的作用。老年人经历了人生和社会变迁的考验，对社会发展的规律性和发展的不同阶段有比较深刻的体会，一般都反对社会动乱和不安定。在我国，老年人对共产党的领导和社会主义制度有比较深刻的好感，对执政党的各项政策措施基本采取积极拥护的态度。老年人的增多也使得支撑社会稳定的因素增多。而我国老年人中的老干部、老党员、老知识分子、老科学家和老工人等对国家和政府重大问题的决策也起到了咨询与参与的作用。

其次，老年人因为拥有广泛的社会关系和社会联系，对社会各个年龄群体之间的整合具有维护作用。另外，老年人作为长辈对青少年进行优良传统和科学文化知识教育，对于社会的安定团结与发展具有积极的意义。

四、人口老龄化对文化的影响

（一）老年亚文化对主文化的冲击

社会文化又分为主文化和亚文化。主文化指为全社会各个群体所公认的文化传统，而亚文化主要在某一特定群体中流行。亚文化对主文化产生一定影响，并且有被主文化吸收、甚至上升为主文化的可能。

在老年人群体中往往通过文化共享形成老年亚文化，如一些老年人聚在一起批评国事；一些老年人迷恋宗教信仰，四处宣传；一些老年人误信传销，上当受骗。诸如此类具有特殊伦理、道德、宗教、审美价值取向与行为，代表老年群体特有的思维方式和行为模式的老年亚文化，常常与主文化发生冲突，对社会具有一定的破坏性和消极影响。随着老龄化发展，老年人数的增加使得老年亚文化群体不断壮大，对主文化的冲击也不断加剧。

当老年亚文化和主文化的对立冲突不可避免时，将可能导致社会文化分裂。

（二）认同危机的产生与老年群体活力下降

老年群体在社会中趋于弱势群体，但这种认识与老年人的实际情况之间存在不合理之处。突出表现为一方面老年群体具有丰富的人生经验和社会阅历，其具有自我发展和贡献社会的愿望；而另一方面，社会并没有给予老年人展示才华、实现自我的机会。随着老龄化的发展和人类寿命的延长，这种不合理性愈发突出，会造成老年人对社会产生不满情绪。当这种不满情绪扩大和累积，便可能上升为老年群体对社会基本制度的不满和其对整个社会制度的认同危机。

老年群体的不满情绪和认同危机会挫伤该群体的群体活力、积极性和创造性，从而对整个社会制度和社会文化产生不利影响。

（三）文化反哺现象愈加突出

传统社会中，老年人作为长辈，对晚辈进行文化教育和知识培养，遵循由上至下的传统伦理文化传递方向。而社会的发展使得代与代之间的文化传递方式发生了彻底翻转，出现长辈向后辈学习和吸收文化的现象，这一现象被称为文化反哺。现代社会的飞速发展使得老年人逐渐跟不上时代发展的步伐，其学习能力和参与性远不及后辈年轻人，老年人需要向后辈学习新的社会事物和新的社会生活技能，如学习电脑、网络等知识，这使得老年人更加依赖子女，成为代与代之间的弱势群体。老年人面临着角色失衡的现状，必须进行心理调整。老龄化的推进使得文化反哺现象愈加突出，也使得面临心理失衡问题的老年人增多。

（四）对公共文化服务的新需求

人口老龄化的发展，使得公共文化服务对象中老年人口比例提升。大量增加的老年人对于公共文化服务的设施和内容等方面有特殊需求，这是因为老年人的基本文化权益和基本文化需求所指向的内容具有特殊性。这些新需求主要包括四类：一是老年期由于心理状况的改变带来的困惑和迷茫产生的新需求，即需要帮助老年人进行心理指导、角色调试和社会适应的文化产品和文化服务；二是由于身体健康状况改变产生的新需求，即针对健康饮食、医学常识、运动指导等方面的文化产品和文化服务；三是由于步入老年之后对于大量闲暇时间的适应和运用产生的新需求，即关于休闲、娱乐、旅游等活动的指导方面的文化产品和文化服务；四是由于老年人需要实现自我发展而产生的新需求，包括帮助老年人实现自我发展和实现人生价值的相关文化产品和文化服务。

这些新需求对公共文化服务提供者提出了要求，即需要了解和掌握老年人的生理特点、心理需求、特殊文化需求，对公共文化服务的适应性优化提出新的要求。

第三节　老年学研究的理论基础

理论是科学研究的基础。老年学研究的理论主要是从生物学理论、行为科学理论和社会科学理论三个视角出发进行阐释。生物学理论主要从遗传、生理和生物的角度来揭示人类个体发展和衰老的过程、规律和机制，包括遗传程序理论和随机性损伤理论；行为科学理论主要包括生命发展理论、基本认知过程理论、人格个性与自我、行为遗传学理论等；社会科学理论主要从社会学的角度探讨个体老龄化的原因，解释个体老龄化的整个过程，总结个体适应老龄化的社会学规律，包括宏观、中观和微观三种层次的诸多理论。邬沧萍主编的《老年学概论》和 Cavanaugh 等学者编著的《老年学：多学科的视角》都对老年学各个理论观点进行了总结与说明（图 1-4）。

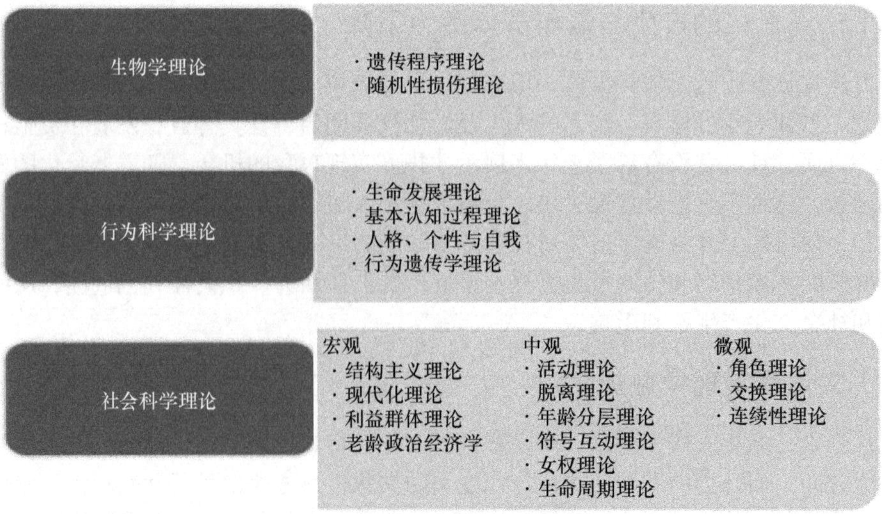

图 1-4　老年学研究的主要理论框架

一、生物学理论

生物性是老龄化的基础。生物学理论也是老龄化理论中的基础组成。生物学理论包含遗传程序理论和随机性损伤理论两类。

（一）遗传程序理论

遗传程序理论认为衰老是受人体内分子某些因素影响的生物钟所控制，因此衰老的过程取决于预先存在的因素。一些学者认为衰老是机体内的细胞按照预先制定好的遗传程序发展而走向自我毁灭和死亡的过程，也即存在“死亡基因”控制细胞发展死亡的过程。另一些学者认为衰老和神经内分泌有密切关系，分泌系统分泌的激素与人体的生长发育联系紧密，神经内分泌系统影响着机体的衰老和变化。

（二）随机性损伤理论

与遗传程序理论相反，一些研究者认为衰老并不是按照既定遗传程序发展的结果，而是受各种随机性因素作用的结果。该理论包括五个分支理论：消耗学说，即机体和机器一样，零件由于长时间的使用而逐渐消耗殆尽导致衰老；交联学说，即胶原蛋白质的分子相互交联，形成巨大的分子聚合物，这种聚合物在细胞内的集聚使得机体无法正常发展，从而导致衰老和死亡；自由基学说，即机体细胞中不稳定的分离微粒吸附到其他细胞上，损害被附着的细胞分子，这种损伤不断累积从而引起衰老与死亡；免疫系统学说，即随着年龄的增加，人体内帮助抵御外部伤害的免疫系统的功能逐渐衰弱，免疫力随着年龄的增长而下降；误差与修复学说，即机体的细胞、分子和器官功能随着年龄的增加不断磨损，但另一方面人体自身的恢复功能对磨损有一定修复，但无法达到完全修复，使得健康的机体功能逐渐衰弱。

二、行为科学理论

行为科学理论在老年学方面的发展主要得益于老年心理学的发展。行为科学理论大多利用相应的研究方法探究不同年龄群体在行为上的差异。

（一）生命发展理论

生命发展理论的核心概念是选择性和补偿性。该理论认为成功的老龄化可以看作是补偿性的最优选择过程，也即成功的老龄化可以定义为双重成就：获得的最大化和失去的最小化。通过选择性和补偿性的不断优化，个人可以顺利完成老龄化过程。

（二）基本认知过程理论

随着年龄的增长，人的认知能力和反应速度都会相应减弱。也就是说衰老带来了基本认知功能，包括注意力、记忆和反应速度的衰退。

（三）人格、个性与自我

对于人格、个性与自我理论在老年学方面的发展，研究者主要关注这三个内在性格特征是否会随着年龄的增长而发生根本性的变化。

埃里克森（Erik H. Erikson）是第一个构建生命发展理论的人，其提出的社会心理发展阶段理论一直处于主导地位。埃里克森认为，人的自我意识持续发展一生，根据自我意识的形成和发展，可将其分为八个阶段。八个阶段的顺序是由遗传决定的，而每个阶段是否能顺利度过则是由环境决定的。

这八个阶段分别为：0～1.5 岁为婴儿期，此时的冲突是信任与不信任；1.5～3 岁为儿童期，此时的冲突是自主与害羞和怀疑；3～5 岁为学龄初期，其冲突是主动与内疚；6～12 岁为学龄期，其冲突是勤奋与自卑；12～18 岁为青春期，其冲突是自我同一性与角色混乱；18～25 岁为成年早期，其冲突是亲密与孤独；25～65 岁为成年期，其冲突是生育与自我专注；65 岁以上为老年期，其冲突是自我调整与绝望期。

上述社会心理转折点会影响进入老年阶段的个人的心理状态，或是自我整合，或是失望与失落。前者将带领老年人以满足的心情回忆往事，以一种完善感走完最后的阶段；而后者则无法达到这种良性整合从而愈加悲观。失望的老年人认识到自己的时间太少了，自己的一生即将过去且没有任何的选择和机会。这类人通常会通过他们表现出来的厌恶和轻蔑言行来表达他们的失望和失落。生活中没有什么东西比一个老年人的失望更悲哀，也没有什么事情比一个充满完善感的老年更令人满足。

（四）行为遗传学理论

行为遗传学理论主要探讨的是不同个体在衰老中的差异问题。这种差异主要由遗传因素和环境因素决定。遗传因素带来的差异被称为遗传可能性。学者利用该理论得到了一些结论，包括：不同领域遗传因素和环境因素的作用力不同；遗传可能性存在年龄差异；短时间，如 3～6 年内，遗传的影响比环境的影响更为稳定；遗传因素还是环境因素对差异的影响，更大地决定了某领域不同方面之间的相关性有很大差别；极端性或者病理性的行为遗传可能性比正常遗传可能性差异大。

三、社会科学理论

（一）宏观层次

1. 结构主义理论 结构主义理论在老年学中最突出的表现是该理论将老龄化看作一个人口学问题。结构主义从宏观的角度着眼于整个社会历史结构的各方面，在结构主义看来，个人和群体并不是有意识的参与者。结构主义理论主要用于解释人口结构、人口转变、人口增长等问题。

2. 现代化理论 现代化理论从社会发展的角度阐释老年人在社会中的地位问题。在前工业化社会，老年人由于掌握资源，并且在传统文化中占据较高地位，因此受到尊重。而随着工业化的发展，医疗技术和经济技术有了长足发展，城市化不断加快，教育的大众化使得老年人的地位不断降低。因此，现代化理论提出老年人在社会中的地位与工业化程度呈负相关关系。

3. 利益群体理论 利益群体理论来源于对 20 世纪初期美国社会的研究，该理论将社会划分为各个利益群体，并认为利益群体之间通过相互竞争来获取决策权。社会中的老年人也组成了各种利益群体，以维护自身地位，对政策和民主进程产生影响。

4. 老龄政治经济学 老龄政治经济学将老年人看作政治经济生活的重要组成部分。该理论认为老年人受到的社会待遇会受到经济因素的影响。该理论从社会结构的宏观角度阐释老年人在社会中的角色和边缘化的问题，同时阐释马克思主义所强调的年龄和生产方式的关系问题。

（二）中观层次

1. 活动理论 活动理论是社会老年学领域中一种占优势的理论，由美国学者罗伯特·哈维格斯特（R. J. Havighurst）提出。该理论认为，老年人应当积极参与社会，以实现对自我的重新界定，保持生命活力。

在成年期，个人往往需要扮演很多无法选择的强制性角色，而进入老年期后，个人所扮演的角色越来越多为非强制性角色，这些非强制性角色不仅更加符合个人意愿，也有助于改善个人的精神状态。因此，通过新的参与和学习适应新的角色，老年人不断进行自我的重新认识，不会因为社会角色的中断而情绪低落。老年期新的非强制性角色仍然能体现老年人的价值，帮助其获得社会尊重。活动理论强调的是参与社会、活动与获得认同，也即“老有所为”。

活动理论的不足之处在于该理论并没有考虑到个体个性差异、不同社会经济地位以及各异的生活方式对于老年人参与行为的影响，也不能有效解释个人经历与老年生活需求之间的关系。例如，一些老人在青年、中年期活跃开朗，步入老年节段后却反而喜欢安静的居家生活而不愿参与社会活动。

2. 脱离理论　脱离理论是老年学家提出的第一个主要理论，又被称为撤退理论或者休闲理论。该理论认为，老年期生活是与中年期生活完全不同的另一段生活，而并不是中年生活的延续。在进入老年期后，人体健康水平下降，身心衰弱，不宜继续担任社会角色，而是脱离社会。这种脱离既有益于老年人自身，也有益于整个社会。

脱离理论主要有四个观点：首先，老年人逐渐衰弱的身体是脱离的生理基础；其次，老年人的脱离过程可以是主动的，也可以是被动的，前者体现为老年人自主脱离，后者体现为社会通过对老年人的排挤、歧视来强制性使其脱离；再次，老年人的脱离状态不仅有利于其安享晚年生活，也有利于促进社会继承，脱离社会使得老年人脱离了职业和社会角色的负担，而社会的发展也需要年轻人不断取代老年人完成职业交替，新血液代替老血液，完成循环发展；最后，老年人脱离社会的过程具有普遍性和不可避免性。

脱离理论在一定程度上反映了个体老龄化的事实，但该理论的基调是消极和被动的。脱离理论忽略了老年人的个体差异，没有看到脱离的弊端，因其过于简单而受到普遍批评。

3. 年龄分层理论　年龄分层理论以社会学的角色、地位、规范和社会化概念为基础，分析了年龄在特定社会背景下的含义以及年龄群体的地位，试图构建一个理解老年人社会地位的框架以及包含整个人生的老龄化概念。

年龄分层理论提出，年龄是一个带有普遍性的标准，而不仅仅是一个个人特征。年龄是社会的一个动态组成部分。当一个群体的年龄从一个层次转移到另一个层次时，社会赋予人们的角色和责任也会发生相应的变化。年龄与角色之间存在一种相关关系。

年龄分层理论有四个概念要素：一是存在一个同期群，代表相似的年龄、经历和观念；二是不同年龄层具有不同的能力和不同的社会责任，各个年龄层对社会的能力和贡献不同，老龄化的过程实际上就是这种能力和贡献变化的过程；三是社会发展对年龄层的要求是通过该年龄层所对应的社会作用表现出来的；四是人们对某一特定年龄层所扮演的角色的反应方式体现出对该年龄层的期望。

年龄分层理论认为，不同的同期群在生命历程中所面临的环境是不同的，因此其老龄化的形式也会有所不同。在内外因素的干预下，同期群人群内部存在的能力差异、角色差异和期望差异，构成了处于社会不同层次的成员在老龄化过程中的层次差异。该理论的缺点在于其对于年龄的评价主要根据按年月计算的年龄或生命阶段，而忽视其他因素的影响，如生理、心理以及社会能力水平等，过于狭隘。此外，该理论对个体老龄化的特征和因素分析较为薄弱，对于影响老龄化过程的外因也并未详细论述。

4. 符号互动理论　符号互动理论认为社会互动是通过符号进行的。符号的意义通过社会现实不断的谈判和定义得到构建。该理论在老年学中的讨论主要在于年龄这一符号被不断提出并定义，这种对年龄符号的构建受到一定社会条件的约束，而不是随意产生的。符号互动理论的缺陷在于过分微观而忽略了社会结构的重要性。

5. 女权理论 女权理论尤其关注老龄化中的性别不平衡问题。女权主义者认为在资本主义父权制社会中，老年妇女相比于老年男性，其社会地位较低，经济贫困，在劳动力市场上处于不利位置。女权理论批判老年学理论服务于中产阶级白人男性，而无法对老龄化有全面认识。尽管该批判有其合理之处，然而女权理论并未成为探讨老龄化过程的真正理论。

6. 生命周期理论 生命周期理论结合生物、心理和社会的过程，认为老龄化出现在从出生至死亡的整个生命过程。生命周期理论将社会结构看作由角色构成的一个结构，角色转变的结果就是生命周期。进入与退出是该生命周期轨迹的两端。但是与年龄分层理论一样，生命周期理论忽视了群体内部的差别。

（三）微观层次

1. 角色理论 角色理论是从社会老年学的角度解释个体如何适应老龄化的理论之一。角色理论认为，人在一生中的不同阶段都有不同的社会角色。个人通过其社会角色来获得相应的社会属性，找到自己在社会中的位置。而社会则通过角色赋予个人相应的权利、义务、责任和社会期望。

随着年龄的增长，个体逐步进入不同的生命阶段，接受不同的角色。年龄的增长不仅会改变人们期望的角色，也会改变人们期望扮演角色的方式。个体是否能很好适应衰老，取决于个体是否能很快适应角色的改变。在不同的年龄段个人需要遵循不同的行为规范，通过社会化，个体得以熟知社会规范，并且学习不同年龄阶段的新的角色，适应角色的变化。

不同于其他年龄段，个体进入老年后，需要面对的挑战不仅是角色的变化或者角色的连续，还有角色的丧失和中断。老年人不仅需要适应自己新的社会角色，还要学会适应角色的丧失和中断，这一过程可能会降低老年人的社会认可和自尊，会让老年人产生失落感和心理失衡，感觉失去社会意义和生活价值。因此，正确认识角色的转变，积极参与社会，寻找合适的新角色和新位置，从而帮助老年人适应衰老，这是角色理论的观点。

2. 交换理论 交换理论假设个人或群体间的互动是尝试以最少代价获得最大回报，即如果两人（或群体）在彼此之间的互动中看到可从中得到利益，则互动将持续进行且有正面评价。这种在互动中提供回报的能力被称为权力，权力是社会交换理论最核心的概念。伴随老龄化过程而来的是老年人工作的丧失、健康的恶化、财产的减少和社会关系网络的衰弱，其权力也就随之削减。

因此，老年人从以往的人际关系中退出是因为他们在互动中的收益在不断减少。随着个体步入老年，他们逐渐认识到自己已经对社会失去了价值，抑或是他们已经被社会进程所吞没。社会价值的贬值使得老年人在社会市场上讨价还价的资本已经逐渐削弱。老年人的话语权逐渐消失，他们的许多要求被拒绝，进而慢慢退出了社会关系的网络。伴随着这样的进程，老年人失去社会认可和社会影响力，成为无力群体。对掌握资源者的顺从和依赖是他们仅有的选择，也只有这种顺从和依赖能够为老年人提供保护和生存保障。交换理论有助于社会工作者了解老年人的依赖和忧愁现象。

3. 连续性理论 连续性理论主要解释老年人在晚年生活的差异性。不同于脱离理论，连续性理论认为老年期的生活方式是中年期的延续，即中年期的生活方式会很大程度上影响老年期的生活方式。在中年期活跃开朗的人到了老年期也会积极投入各类社会活动，而在中年期沉稳内向的人到了老年期也不热衷于参与社会活动。

连续性理论的研究基础是个体的个性。个性既是不断变化发展的，又是个体内在的稳定因素。随着年龄的增长，个体的个性并不会有显著变化。年轻时形成的个性贯穿整个成年生活。到了老年，个体个性特点表现得更为浓重，核心价值更为显著。

连续性理论对脱离理论和活动理论提出挑战。该理论看到个体老龄化的差异性，并且用个性特征加以解释，弥补了脱离理论和活动理论的缺陷。但是连续性理论也存在缺陷和不足：首先，该理论以老年期的个体能否遵循其早期生命阶段的个性特征作为评判老年期结果良好与否的标准，忽略了个性特征的内涵。其次，该理论没有考虑到个性连续的发展问题，忽视了个性的发展变化。最后，该理论脱离了社会环境的变化，而没有看到个性的发展变化与社会发展也有密切的关系，因此该理论对老龄化的差异解释是不全面的。

总结来说，以上关于老年学研究的各种理论是从各种不同的视角来探究老年人的行为特征，探讨老年阶段不同于生命其他阶段的特征，都具有合理性和科学性。随着社会的进步和老龄化的发展，老年学相关理论还在不断成熟。此外，结合中国社会发展的实际情况的本土老年学理论也将不断进步完善。

第四节　老年学的研究对象、内容和方法

一、什么是老年学

老年学（gerontology）是一门独立学科，也是一门科学。关于这一概念，不同的学术著作给出了不同的解释。在贾岩主编的《简明老年学辞典》中，老年学被定义为运用自然科学和社会科学的众多学科的理论和方法，对老年问题进行综合研究。在李旭初和刘兴策主编的《新编老年学词典》中，老年学的定义是运用自然科学和社会科学众多的理论和方法，研究人类个体和群体老龄化的客观规律性、人类老龄化与人类生活的社会环境、生态环境之间的内在联系以及人类和个人如何适应老龄化的一种综合性很强的学科。梅陈玉蝉等学者定义老年学为对人们衰老的研究，包括从各学科和实际工作领域，对衰老过程从心理、生理和社会方面进行研究。熊必俊等学者认为老年学是研究人类老化规律的科学，它一方面研究人类个体老化对个人所产生的各种问题，另一方面研究人类群体老龄化过程中所引起的一系列社会、经济问题。

老年学是研究老龄问题的科学，这是一个广泛的概念。袁方主编的《老年学导论》对老年学这一学术概念进行了相对全面和系统的界定，即“老年学研究人类老化的现象和过程，研究人类个体老龄化和群体老龄化的规律性，以及人类老化与社会生活环境之间的相互关系的本质联系。”这一定义包含四个方面的含义。第一，老年学的研究对象是人类的老龄化现象和过程，从而区别于其他生物的老化现象，老年学并不涉及除了人类以外的其他生物的老化；第二，人类的老龄化研究又分为个体和群体的老龄化，两者相互联系又相互区别，不能笼统研究，个体老龄化是不可逆转最终走向死亡的现象，而群体老龄化是站在人口结构的宏观视角，观察变化趋势，既可能是正向发展，也可能是负向发展，是一个社会现象；第三，强调客观规律性，老年学作为一门科学，其研究的是个体和群体老龄化现象的客观发展规律；第四，人类社会区别于动物的本质特点，就在于人类老龄化不仅受到生物因素的影响，也受到社会因素的影响，人类作为一种生物受到生物性的基础控制，生物性对人类老化的过程起到决定性的作用；另一方面，人类老化与社会发展的各个方面紧密联系，受到社会条件和社会因素的控制。

二、老年学的研究对象是老龄化

从国内外诸多关于老年学的定义可以看到，老龄化作为老年学的研究对象已经达成学界的

普遍共识。自 1939 年美国寇德利发表《老龄问题研究》汇编后，老年学的研究对象或者说客体就逐步明确了：老龄化是老年学特有的研究对象。自此几乎所有的和老年学有关的著作和教材，都认同将老龄化作为老年学的研究对象。

三、老年学的研究方法

老年学是一门科学，其研究遵循基本的科学探索原则。作为一门多学科交叉科学，老年学的研究需要综合考虑影响个体的生理、心理、生命周期和社会文化等多种因素，这就需要对大量的变量进行全面的分析。

（一）基本变量：年龄、同期群和测量时间

在老年学的研究设计中使用的基本变量是年龄、同期群和测量时间。这些变量高度相关，共同影响着个体的表现。

年龄是研究对象的生理指标，反映个体从出生到现在已经度过的时间，是以时间为基础的测度。然而对于老年学研究来说，难点在于研究者无法通过控制年龄来进行实验。年龄只是研究对象的特定属性，而无法作为控制变量，因此研究者无法准确判断年龄与研究对象个体变化之间的因果关系。此外，不同年龄的人有不同的生活经历，这些经历之中的历史、政治、社会、文化等因素会对个人产生不同程度的影响，这些外在环境的影响使得研究者很难将研究对象老龄化的过程单独分离出来。因此年龄变量对于老年学研究来说既是一个重要基础变量，同时也是一大难题。

同期群（cohort），在人口学中指在同一时期经历了同一起始事件的一群人。如同一年出生的人、同一年高考的人、同一年结婚的人，都可以分别成为一个同期群。同期群的群体分类是按照研究者感兴趣的特定的起始事件进行的。同一时期的长短可根据研究需要而定。在老年学研究中，同期群通常是指同一个年代出生的人。从概念上说与“代”的含义更加接近。例如，20 世纪 50 年代出生的人，其生活经历和社会影响通常相似，即在“文革”期间处于读中学的年龄，因此这一代的很多人失去了接受高等教育的机会，与其他年代形成对比。

测量时间是进行检验的年份或者时期，根据收集数据的时间点来反映当时社会和历史对于个人的影响。测量时间主要是对当时环境状况做的标记。例如，在研究中发现 20 世纪 90 年代的被调查对象在使用电脑方面要比 80 年代的人更加熟练，这是因为在 80 年代的社会环境中人们接触和使用电脑的机会更少。因此，如果将使用电脑作为老化的一个测量指标，那么除了老龄化过程本身的影响，该研究的结果将很大程度上受到进行研究的年份的影响。

（二）研究设计

目前关于老年学研究的研究设计大多数是基于两大类：纵向研究和横向研究。

1. 横向研究 在研究老龄化对某一研究变量可能产生的作用时，对不同年龄段的研究对象直接进行比较是最便捷的方式。这种比较通常采用的就是横向研究的方式，也称为横断面研究。横向研究是在同一时间点上收集不同研究对象的资料，以考察不同研究对象的不同状况，或者探讨在同一时间点上不同变量之间的关系。同一时间点是研究者根据研究需要自行确立的一段连续时间，通常为一段较短的时间，如一周、一个月等。横向研究是描述性研究和探索研究中最常见的一种研究形式，主要目的是对社会总体或某种社会现象进行横断面式的了解，以此对社会总体中的不同部分或者某种社会现象的特点和相互关系进行比较和分析。

在老年学的研究中，通过横断面研究对不同年龄组的人口状况进行分析，可以用较少的时

间获取丰富的资料。如果研究者想要检验老龄化对于某种变量造成的影响，只需要在同一时间点收集不同年龄段的人口的信息即可进行分析，而不用等待人们真正变老的过程。

在很多解释性研究中也运用到横向研究的方式，然而这种研究常常存在一些内在问题。因为在因果关系的研究中，原因和结果往往有时间上的先后，仅仅依靠某一时间点得到的资料，原因和结果同时获取，这样的研究结论很多时候难以成立。因此，横向研究对于因果关系的解释往往存在一定风险，即研究者意图解释的不同年龄段的人们的差异是否真的是由老龄化所引起，还是不同年龄段的人的不同经历所造成的，这是研究者永远无法知道的。

2. 纵向研究　纵向研究是指在若干不同时间点上收集资料，用以描述研究对象随着时间的推移发生的变化发展以及解释不同现象先后之间的联系。纵向研究又分为趋势研究、同期群研究和同组研究。

趋势研究是研究一个一般总体随着时间推移而发生的变化，目的在于通过比较一般总体在不同时期的态度、行为或状况来揭示研究对象的变化趋势和发展规律。例如，对中国在不同年份进行的六次人口普查的数据进行比较，以此来分析中国人口发展的趋势和变化规律。

同期群研究，又称为人口队列研究，是研究某一特殊人群随时间推移而发生的变化。在同期群研究中，每次研究的样本都不相同，但这些样本都属于某一特殊群体。这种特殊群体的界定通常与时间、年代或某一特殊事件有关。例如，研究 1968 年“上山下乡”的群体在 1978 年、1988 年、1998 年、2008 年的情况，来观察这一群体所发生的变化。

同组研究，又称追踪研究，研究同一组人随时间推移所发生的变化。同组研究与同期群研究比较相似，不同之处在于同组研究中每次研究的样本都是同一个样本。通过同组研究，研究者可以对同一样本进行数年乃至数十年的追踪研究，对特定变量历年的变化情况进行准确描述。与横向研究相比，同组研究描述真实的老龄化过程，是研究对象自身发生的变化。但是同组研究需要贯穿研究对象整个老化过程，耗时时间长、研究花费多，因此尽管有很多优点，采取该类研究方式进行的研究相对较少。

与横向研究相比，纵向研究可以描述研究对象发展变化的真实过程，便于研究者解释不同变量之间的因果关系，这是纵向研究的优点，也是研究者所追求的理想的研究方法，但是纵向研究需要付出更多的时间和经费，在实际操作过程中会遇到很多困难。

第五节　老年学相关学科及展望

老年学起源于老年医学与老年生物学，最开始着眼于人类的寿命与衰老问题。随着老年人规模逐渐增多，人们逐渐认识到老年人对社会、经济、文化、政治等方面的影响，因此从社会科学的视角对老年的研究也越来越多。

老年学研究的是人类个体和群体老龄化，既涉及个体的生物性，又关乎人类社会的生活方式、行为方式和制度规范，因此老年学是一门多学科共同研究的交叉学科。目前老年学学科主要分为自然科学、社会科学和自然社会交叉科学三大类。自然科学类的分支学科主要包括老年医学、老年生物学和老年护理学等；社会科学类的分支学科主要包括老年人口学、老年经济学、老年社会学等；交叉科学的分支学科主要是老年心理学等（图 1-5）。

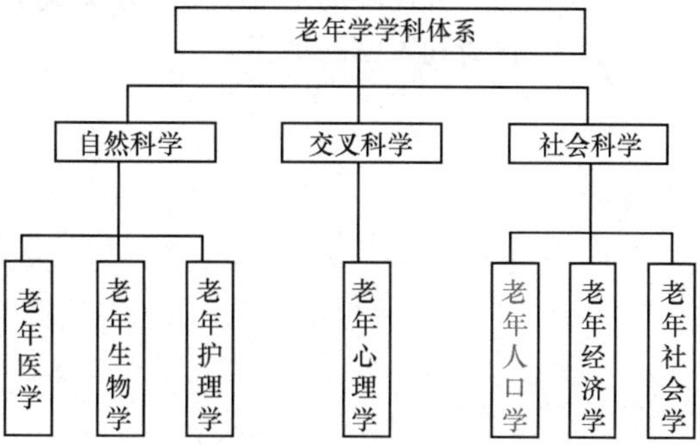

图 1-5　老年学学科基本框架体系

老年医学和老年生物学是老年学的开端，以研究个体衰老的机制。随着老年医学的发展，老年人对于专门的护理技术的需求促使老年护理学逐渐形成单独学科。老年人的护理不同于普通护理，在各类培训中都独成一门，使得老年护理学成为一门成熟的老年学分支学科。

在社会科学分支中，人口学、经济学和社会学最先开始研究老年问题。袁方主编的《社会学导论》对这三门分支学科做出了详尽的阐释。

老年人口学是研究群体老龄化的基础学科，该学科以结构的视角从老年人口的规模、现状、增长速度、人口的分布、素质等方面考察群体老龄化过程。老年人口学能够运用人口技术和人口理论，科学、定量地确定人口老龄化的速度和程度，以对人口老龄化的现状、成因和发展趋势进行阐释，其研究还包括计算老年人的预期寿命等。

老年经济学主要研究老年就业、老年社会保险、老年的消费、储蓄等经济问题，在国外的发展较为成熟，已有多部专著和相关论文产生，并且已经形成了一套独特的概念和范畴。

老年社会学主要研究的是老年人与社会的相互关系，该学科范围广泛，包括了老年人的家庭、婚姻、代际关系，以及老年人参与社会等诸多问题；另一方面，老年人是社会群体的一个重要组成部分，因此老年社会学也是群体社会学的重要分支。

老年心理学是自然科学与社会科学交叉的分支学科，主要研究人类在老龄化过程中各种心理活动变化和特点及其发展规律，对于个体老龄化和群体老龄化都有非常重要的作用。

除了上述学科分类，还有很多从不同视角出发进行的老年问题研究，这些视角目前还没有发展成熟为学科，因此可以看作是老年学的分支研究，这些视角包括老年营养学、老年康复学、老年哲学、老年法学、老年教育学、老年管理学、老年伦理学、老年体育学、老年精神病学等。

随着社会经济发展的需要，老年学学科自身在不断发展。随着研究视角的不断细化，每个老年学分支学科又分出若干子学科。例如，老年经济学的子学科包括老年产业与市场学、老年资源经济学、老年环境经济学等；老年社会学的子学科包括老年婚姻家庭学、老年社会心理学、老年社会保障学、老年社会发展学、老年妇女问题研究和老年居住社会学等。

21 世纪是人口老龄化的世纪，而我国的老年学研究尚处在起步和发展阶段，有着广阔的研究空间。在学科发展方面，随着人口老龄化的发展和各学科的完善成熟，老年学这一研究领域将融进更多的学科。在高等教育方面，推进老年学专业在高校的建立和普及，发展老年学人才队伍，将理论研究与实践相结合，引导政策走向。

面对社会人口老龄化的新局面，老年学应当从传统老龄理念研究走向现代老龄理念研究，不再以悲观的态度看待老龄化、把老年人口仅看作社会的负担，而是将老龄化视为经济社会发展的进步和成就，将老年人口当作宝贵的资源，以积极的政策提高老年人的生活质量和生命质量，发挥老年人的社会功能。研究积极老龄化，帮助老年人积极面对老龄生活，融入社会，参与社会，维护老年人的尊严，创造老年人的生命价值，帮助其获得社会的认可。在政策发展方面也要在现行社会保障的基础上进一步研究养老保障的新形式，合理统筹规划，使得老有所养，减轻老年人自身和家庭的负担。

（陆杰华　廖梦莎）

第二章　理想的老年生活状态

第一节　老龄化的社会学理论研究

随着人口老龄化趋势的日益发展，老年学兴起于 20 世纪初期，是一个学科群的总称，早期主要有老年医学和老年生物学，继之而起的是心理学领域。至于老年社会学的出现与发展，则是晚近以来的现象。“老年社会学”这一术语是 1943 年首先由 E.J.斯蒂格利茨（E.J.Steiglitz）所使用。与此同时，美国社会科学研究会的社会调适研究会主席 E.W.伯吉斯（Ernest W.Burgess）开始着手进行被称为“第一次对老年的社会学方面进行描述所做的有组织的尝试”。这一工作的成果是 1948 年出版的奥托·波拉克（Otto.Pollak）所著的《老年的社会调适》一书。第二次世界大战以后，老年学的各分支学科在欧美各国有了显著的进步和发展。老年社会学作为一门独立学科也逐渐得到了人们的承认。

国外学者将迄今的老年社会学理论研究按时间进程划为三个阶段或三代：1949～1969 年期间出现的老年社会学研究理论被称为第一代理论，主要包括活动理论、撤退理论、现代化理论和亚文化理论；1970～1985 年的理论称为第二代理论，包括连续理论、社会分解理论、生命进程理论、交换理论、年龄分层理论和老龄政治经济学理论等；1986 年以后的理论被称为第三代理论，这期间原有的许多理论被修正或重新阐述，同时也出现了新的理论，这些理论许多采用交叉学科的视角，从经济学、社会学、心理学等学科中吸取了很多有益的养分。

一、撤 退 理 论

撤退理论常常又被称为“脱离理论”，1961 年由美国学者考明戈（Cumming）和亨利（Henry）在其合著的《老年》一书中正式提出，之后经过社会学家和老年学家们的补充完善，最终成为早期老年社会学最完善的理论，也是支撑并建构社会保障政策体系最主要的理论基础。

撤退理论认为老年人脱离社会对于社会和个人都是一种积极和有益的行为。老年人随着年龄增长，其人际交往会逐渐减少，参与的社会活动也会减少，充当消极角色的场合会逐渐增加，而这一切的变化不仅是正常的，也是必要的。老年人的这种撤退或者脱离行为可以从社会与个人两个层面来考察。从社会层面来说，老年人的撤退就是社会通过一定的退休制度，让老年人退出原来从事的工作岗位，交由中青年人接替；在个人层面来看，则是伴随从社会工作领域的撤退，人在成年期形成的各种社会关系将会日益减弱，也有可能是因为老年人个体的原因，如觉得所剩的岁月有限该退该交代了，或者是体力或智力衰退难以支撑了等。总之，老年人自身接受撤退理论不仅合情合理，甚至可以主动按照撤退理论来指导自己的行为规范，不把撤退视为一种悲观的结局。

撤退理论较好地概述了老年人参与社会生活的总趋势，成为了第一代老年社会学理论的标志。按照该撤退理论的逻辑，既然要老年人脱离社会，社会就应该为老年人提供必要的社会保障制度。因此，养老保险政策、退休政策及医疗保险政策等自然就成为了撤退理论的配套附属物，而正是在同一时期，工业化国家普遍实行了养老金制度，养老金制度又促进了普遍实行法定年龄的退休制度。

不过长期以来，撤退理论因为将老年人与社会的分离和退缩视为是自然的、不可避免的、普遍的规律而饱受批评和指责，尤其是伴随人均预期寿命的不断延长，身体健康水平的大幅度提高，越来越多的老年人选择继续工作，积极参与社会活动，而不愿意选择自动与社会隔离；撤退理论的不足与局限日益被诟病，甚至源于该理论构建的社会保障制度体系，也被认为给老龄化深刻发展的当代社会带来了严重后果，如退休的年龄界线成为就业、社会保障等年龄歧视的主要原因；而作为退休的必然结果，老年人的收入低于其他经济活动年龄人口，由于前述原因，老年人不仅被看作是社会问题，也被看作经济负担等。

二、活动理论

活动理论一开始便是作为撤退理论的对立面而问世的。这一理论认为社会活动和社会生活的基础对于社会中各个年龄组人口来说并没有明显的相同，社会和个人的关系无论是在中年期还是在老年期本质上不可能截然不同。进入老年期的人口同样有着活动的愿望，也许仅与他们之前相比较活动的速度和节奏会有所减慢而已。同时，活动理论强调老年人应该积极参加社会活动，社会活动可以帮老年人重新认识自我，使老年人保持生命力，一个人只要在生理和心理上有足够的能力，他便可以扮演其角色，履行其义务，使得个体在社会中的角色不会因为年龄的增长而减少。

活动理论指出，由于实际生活往往剥夺了许多老年人期望扮演社会角色的机会，老年人所能活动的社会范围变窄，活动程度变小，从而让老年人对自身的价值存在感到迷茫，否定了撤退理论主张的老年人的社会撤退是自然的和不可避免的过程，认为这实际上构成了有系统年龄的歧视，应当受到谴责，提出应有补偿性的活动提供给老年人以维持他们在社会及心理的适应。

美国社会学家伯格斯（Burgess）在对人口“变老”过程进行的研究中指出，美国的社会结构不能容纳老年人，老年人被排斥在社会活动之外的状况还在进一步发展。他表示，进入晚年的老人不一定会变得“没有角色可扮演”，社会中应当有适合他们的新角色，同其他生命期一样，在社会活动中可以做出应有的贡献。而同样作为活动理论学家，罗斯（Rose）进一步提出，老年人新的角色的建立，要靠他们自身努力，需要老年人联合起来为自身的利益奋斗，创造一个可提供有意义角色和活动领域的老年亚文化。

活动理论和撤退理论几十年来的争论一直是老年问题研究领域中重要的话题，反映到政策层面就是老年人就业与退休的争论，由此延伸出了生产性老龄化和非生产性老龄化的争论、年龄分层和年龄歧视等争论等。当然，活动理论也不完善，其主要的缺陷在于过度强调活动重要性的一面，而忽视了老年人身体健康的状况和社会经济发展方面的问题，多数情况下，后者极大地制约着老年人积极参与社会活动的意愿和行动，老年人自己不是不愿意参加社会活动，而是当时他们的身体状况或者其他条件已经不具备参与的资格了。

三、亚文化理论

在老年社会学中有一个一再出现的矛盾，它关系到老年人整合到社会中去的程度以及他们是否在大文化中形成了一个小群体的状况。老年人占整个人口的相当一部分，因此可能认为他们是一个小群体。但是人口数字本身并不能单独决定小群体的地位。许多研究者证实老年群体处在被剥夺的地位，他们指出老年人在社会中分得很少的利益，社会偏见限制了老年人参与整个活动的机会，而这些活动却对其他人口开放，使他们取得了个人的满足。

老人由于受到习俗偏见、隔离和歧视，因而经常产生自卑感和强烈的集体愿望。有关老年健康状况的习俗偏见广泛地为社会所接受。有一项研究表明，社会普遍认为老年人“由于生病经常卧床”“在家常出事故”“很少互助”“经常感觉疲倦”“容易发生感染”。多数人相信老年人不再享受性活动，甚至已经没有性的欲望。还有些人总认为随着年龄的衰老，智力，特别是学习和记忆的能力，一定衰退；即使有研究表明，只要不是强迫老年人在指定的一段时间内学习，老年的智力并不见得衰退。

同样，在老年道德方面也有许多习俗偏见。尽管迪克大学的研究结果表明，大多数老年人既不压抑也不悲观，但是人们还是形容老年人“易于激怒”“满腹牢骚”“多愁善感”、常考虑到隔离的问题等。相当数量和不断发展的老年人口集中在一定的地区，这是人口统计的普通常识，如在城市的某一地段，有着老人特殊的住处：退休老人村，老年公寓，老年中心，老年聚集场所等。但是究竟有多少老人是自愿去的，这是隔离观点的核心问题。

最广泛的引起严重后果的差别待遇形式可能是使用问题，如强迫退休和找不到职业或提升。正如阿布雷姆于 1961 年所讲，“世界上任何一个地方都没有雇主把老年的经验、判断、智慧与年轻职业寻找者的精力、适应性和发展前途等同起来”。这种看法最近几年也很少有本质的变化。根据有些理论家的看法，对正视和疏远的一种反映就是少数群众形成一种亚文化，他们具有不同的信仰、行为和群体观念。亚文化在多数人的控制下保护自己的成员以取得利益和减少歧视。A.M.Lus 最早提出把老年视为亚文化的理论，认为一个群体中的成员在他们相互之间的互动多于与其他群体的互动，就会产生一种亚文化。他与 W.A.Pidesen 提出，随着人口和社会的变迁，一个相同的老年亚文化将逐步形成，它包括：

（1）65 岁以上老年人数将不断增加；

（2）精力充沛和健康的老年人比例增加；

（3）老年人与社会隔离的状况有所增长；

（4）老年人提前退休的情况增多，而老年人就业的机会相应减少；

（5）老年人生活标准和教育水平的长远改善以及老年基金、知识和闲暇时间的增加；

（6）为老年人服务的特殊社会福利事业的发展，特别是促使老年人团结互助的群体活动的开展；

（7）成年子女与其老年父母同居的家庭模式不断减少。

在老年人群体中间，如同其他亚文化一样，有一种自我怨恨（针对外界对老年人的排斥）和傲慢（基于群体内在价值的认识）的混合情绪。另外，老年人相互交往多于与青年人的交往。老年亚文化的标志特征还有不再强调作为社会地位基础的财产和影响，而更加重视健康和社会活动。

社会隔离、歧视和群体的整体观念使老年人集合为一个具有社会和政治权力的群体。许多老年人参与各种组织作为他们行为的倡导者和活动家，包括美国退休人员协会、全国老龄委员会和“灰豹子”集团等。

四、现代化理论

作为一种理论潮流的现代化研究，现代化理论于第二次世界大战后开始崛起于欧美，而现代化理论对老人问题的关注则是近二十多年的事。这方面有代表性的观点可见考基尔和霍尔摩斯在 1972 年出版的《老龄化与现代化》一书。该书从多种角度、多方面内容分析了现代化与老龄化的关系。他们认为，老年人的地位与社会现代化程度成反比。当老年人在人口中的比例很小时，他们的地位最高，随着老年人数量和比例的上升，其地位趋于下降。在文盲社会中老年人的地位很高，而在科学文化迅速发展的现代社会中老人地位相应降低。老年人的地位与社会变化率成反比，在社会急剧变革的时代，老年人的地位迅速下降。

有关老年研究的现代化理论把前工业社会与现代社会作了对比：首先，前工业社会秩序中角色比较少，彼此间差别也不大。现代社会中人们期望在对比强烈的、角色多变的制度中扮演着多种角色。其次，前工业社会的生活是相当稳定的，变化被看作是例外，每个下一代都继承了前一代人的传统和习俗，但是在现代社会这种变化却是正常的。再次，前工业社会中社会所遵循的习惯是靠记忆、用口授的传统传播的，而不是靠机器和印刷。口授传统意味着必须要向一个有经验和智慧的老人学习。因此，前工业社会生活的运行主要靠老年人。在现代社会，没有简单性、稳定性和以口授为中心的传统，信息可以储存，不一定要靠老年人的记忆，经验可能不如革新更为重要，对老年人的需求没有前工业社会那样迫切，因此老年人的地位下降。考基尔与霍尔摩斯在现代化理论中的消极观点受到抨击，认为它在预见上过于悲观，在对待复杂关系上又过于简单。在现代社会中老年人在经济收入、住房状况、医疗保健等方面都有很大的提高和改善。公共养老金成为家庭收入的重要来源，提高了老年人的价值和地位。随着现代社会中老年人数的增加，在西方作为投票团体，他们的政治作用进一步加大。

一些老年社会学家还认为西方社会的个人主义价值观降低了家庭的角色功能和老人的社会地位。传统家庭有权决定财产的继承和子女婚配，而个人主义的伦理观却是争取自由，反对家长统治。随着现代化和都市化进程的加速，核心家庭和亲属团体疏远开来，丧失了家庭作为生活的基本单位和把老年人与他们的子女及其他眷属维系在一起的作用，造成了家庭功能的失落。但是，有些学者不同意这种观点，他们认为，这过于夸张了现代社会家庭淡化的观点。从实际情形看，如在美国，无论是父母还是子女，都倾向于分居，这已经成为一种普遍接受的价值观和规范。但主张家庭团结和加强家庭成员之间相互协助的价值观和规范也同时形成。布罗迪的一项研究表明，老一代和年轻一代都更喜欢分居的家庭模式，但同时又都认为子女孝顺父母、照顾父母是理所应当的。在老年父母有足够退休金的情况下，人们更侧重家庭对老年人社会的情感支持，而不是经济的援助。

现代人具有政治参与意识、开放意识、效率意识和自主意识。自主意识和效率意识与脱离传统家庭个性独立的精神相联系，而政治参与和开放意识又与更广阔的社会见识和结识更广泛的各阶层人士相联系。现代人的自主、自强精神并非不与其他人合作和不参与各种活动，个人的自主意识能够促使与别人合作得更好而不是导致疏远和孤立。现代家庭对待老人的情况是复杂的，不能简单地认为现代家庭赡养老人的功能正在丧失和老年人的地位随着现代化发展而下降。

现代社会的人口流动比传统社会大大加快，结果大量劳动者从农村转移出来，正如黑田俊夫在《人口老龄化对策的方向和战略》中指出的，“在日本农业劳动成了老年夫妇的事情，年轻人都从农村流入城市，结果农村成了老人村。”一般来讲，城市化和劳动力的流动对家庭存在影响，并给老年人带来许多不利。但是情况并非必定如此，如我国农村青年进入小城镇企业，离土不离乡，年轻人进城工作后可以回乡探望，寄钱回家资助父母；在农业财产不成为老年人待在农村的原因时，一旦年轻人在城里立住脚，他们也会跟随年轻人到城里来；社会加强服务，可以帮助老人解决生活困难。

总之，现代化理论所论证的老年人的地位随着社会变化而下降的观点，还没有被充分的事实和数据所证实。各国不同的文化传统和老龄化政策都会给老年人的社会地位和生活质量带来不同的影响。对这些复杂的情况还要从多方面做进一步深入的研究。

五、连 续 理 论

不少连续理论老年社会学家认为，要弄清为什么有些老年人生活困苦，有些老年人却并不这样，需要分析每个人不同的生物、社会和个人特征之间的相互作用，以及这些相互作用又是怎样表现在各人应付生活的态度上。面对日常生活中的各种任务，个人发展的行为模式和心理反应，就是人们不同的个性。人们依靠这些长期形成的模式去适应他们所遇到的新情况和新问题。模式是稳定的，植根于过去，但同时又是动态和不断发展的。

在老年社会学家中，凡坚持个性特征的总是支持连续理论的。如纳加坦、哈维赫斯特和托宾等人都认为，“事实证明，正常的男人和女人，随着年龄的老化，个性并无明显的不连续性，相反都增加一致性。这些集中反映个性的特征被描述得更加清楚，这些个人很珍惜的价值变得更加突出。在个性保持综合和环境允许的情况下，外在行为的模式变得与个人根本的个性需要和欲望更加一致”。此外，艾里克森和马斯洛集中研究在连续和一致的个性中的变化和发展。1950年艾里克森形成了生命周期的观念，把它看作每一发展阶段所面临的一系列显著的任务，不断贯穿着个性的发展。每一阶段，在跨入新的阶段以前有许多新的技能需要学习，不少危机将要遇到，许多发展任务需要完成并取得一定程度的成功。在马斯洛自我实现的理论中，当发展的阶段进入自我实现的过程，个人就能够实现自己的全部才能和能力。这是一个具有发展基础的心理学理论。在达到自我实现以前，人们还必须通过和满足不同层次的需要。其理论包括五个不同需要层次，具体见后文。

当处于较低层次尚不可能进入高一级需要层次时，并不要求该层次需要完全得到满足，但只有得到充分满足才能进入高一级需要层次。一个自我实现的人必然是安全的，有归属的，得到友谊和爱情，值得尊敬并受到人们尊敬，他的生活与他的哲学、世界观是协调的，因而是舒适的，他热情地、自由地和好奇地探索并追随新的思想，充分发挥个人的才能，建立广泛的社会交往。列文森在《人的生活季节》一书中认为伴随着老龄化，生活积累了大量知识，为个人和社会之间发展一种新的平衡关系提供了机会。老年人对从社会获得报酬的兴趣减少，对发挥内在潜力的兴趣增大；希望能够获得一种生命完整性的感觉，从中找到生命的意义和价值直至死亡。

六、生命历程理论

生命历程（the life course）是指“在人的一生中通过年龄分化而体现的生活道路”。该理论来自于芝加哥学派对移民的研究，是国际上正在兴起的一种跨学科理论，它侧重于研究剧烈的社会变迁对个人生活与发展的显著影响，将个体的生命历程看作是更大的社会力量和社会结构的产物。其研究对象主要涉及生命过程中的一些事件和角色（地位），及其先后顺序和转换过程，不仅要求在一个共同概念和经验性研究的框架内对个体生命事件和生命轨迹的社会形式做出解释，并且注重考察影响这些事件和轨迹的社会进程。生命历程理论认为，社会变迁在一定程度上使得后继的出生组的行为模式与其之前的出生组行为模式有了一定的差别，二者并非仅仅是一种简单重复。众多学者认为这是很多个体老龄化研究领域的基础，并提出老化的出生组生命历程视角。

生命历程视角应用到老年社会学研究中，首先是在理论上形成个体老龄化的生命历程模型。个体的老龄化实际上就是个人发展的一部分，所以这样的理论模型在一定程度上依然遵循一般生命历程理论的主题和机制，如成功老龄化生命历程模型，该模型在三个方面有所突破：首先把成功老龄化放到生命历程大的历史背景中去考察；然后解释了标准和非标准的成功；最后把动机过程整合到成功老龄化的理论中。

七、社会交换理论

社会交换理论假设个人或群体间的互动是尝试去以最少代价获得最大回报，即如果两人（或群体）在彼此之间的互动中看到可从中得到利益，则互动将持续进行且有正面评价。提供回报的能力称之为权力。权力是社会交换理论的中心概念。老人的权力随着在工作、健康、社会关系网络和财产上的失落而消失。Emerson 于 1962 年指出四种可能因权力失衡导致的策略：退缩——不参与（与撤退是相同的）；延伸权力——建立新角色以获得新的回报；显露地位——依赖的一方（老人）透过重新评估其仍有的技能，重新显露其地位而获得较多权力；形成联盟——较无权利的一方联合其他相似的依赖者组成联盟，以对抗较有权利的一方。

社会交换理论中的“定约”扮演很重要的角色。老人的权力大小将视其资源如地位、金钱、技术减退或丧失后剩余的能力而定，因本身条件受限，失去社会认可、影响力或独立性，老人自然成为无力的群体。他们仅有的选择或交换条件是对掌握资源者的顺从及依赖，这是老人为得到保护及生存保障所签的最后契约。一些社会工作者发现交换理论有助于他们了解老年撤退、依赖、忧愁现象。

八、其他的老年社会学理论

老龄政治经济学理论源于马克思主义和经济理性主义。该理论认为人生经历模式主要是由阶级、种族、性格等因素决定的。而这些因素往往受政治经济、社会结构、公共政策的影响，导致老年个体人生的不同经历、机遇及结局。基本观念取向：加强结构性制约、控制社会资源、限制两极分化及社会等级差异，并使之体现在退休、养老基金、家庭保健、医疗救助及社区服务等领域。在当代社会结构中，老年与经济、政治机构间的常见冲突是对老年个体的忽视和限制，导致大量社会老年人力资源的闲置及老年人在经济上的日益贫困化。在保健策略方面，重点放在疾病的社会构成与老年政策保健产业的相关性研究，及对老年性痴呆症及后果的策略研究上。老龄政治经济学理论为理解老龄政策提供了重要的方法。

年龄分层学是由赖利（M.H.Larry）和福纳（A.Fowler）提出的一种非正式的老年理论，他们认为就老年人而言，如果社会尊重老年角色的期望，充分考虑老年群体物质上和精神上的需要，老年人就会顺利度过晚年。年龄分层理论包含以下四种基本内容：①社会人口可以根据年龄代或其他年龄层的发展标准划分各类群体。②不同阶层特征的社会成员由于不同的体力、社会、心理因素，从而也具有不同的社会需求。③各种社会角色是根据年龄定型和分布的。④社会具有年龄的维系，是通过人们履行他们的角色而实现的。这种依年龄关系的角色分布而制订的分层标准，提供了一种可靠的社会秩序和价值导向。甚至当社会角色并非与年龄紧密相关时，年龄仍会影响到人们对其能力和行为过程的判断。

Bengston（1976）提出社会崩溃与重建理论。认为环境的各种因素会同时威胁与破坏老年人的竞争能力，随着老年人年龄的增加，思维动作会较缓慢，因而被认为其能力不足及易于受伤，因此老年人就成为依赖者。社会应重建老年人的信心与适应技巧，避免老年人社交生活的瓦解。

角色学是由社会学家库利（C.H.Cooley）、托马斯（W.I.Thomas）和米德（G.H.Mead）首先提出的一种老年理论，他们主张国家应采取适当的干预政策，动员社会力量，建立角色变换的服务机制，创造出更多的令老年人满意且富有自信和自尊的新角色，为老年人安度晚年、实现角色顺利过渡准备条件。

总的来说，上述有关社会老年学的理论主要探讨了两方面的问题：一是老年阶段与其他生命阶段的关系；二是老年人对老年生活的不同反应或态度。关于老年这一人生的特殊阶段，年龄分层理论认为同一年龄层或同一年龄组有着共同的经验，未来也可能有某种共同的经历，生命历程理论认为这一阶段有其特定的任务与挑战；连续理论认为老年阶段与生命周期的其他阶段有着一定的持续关系。关于老年人对老年生活的不同反应或态度，撤退理论认为在内心隔离感发生以前，老年人就该减少社会参与；活动理论、角色理论和社会崩溃与重建理论却主张老年人应重新定位、修正新角色；社会交换理论则建议找寻个人的潜力与资产，联合同辈支持力量并与其他弱势团体结盟，发展理论强调要整合生活经验面对老年阶段。总的来说，上述有关社会老年学的理论，都从某一角度研究了老年人的行为特征，具有一定的合理性。

第二节　理想的老年生活内涵及其理论基础

面对 20 世纪 80 年代以后的、世界范围内的日益严重的人口老龄化问题，国际社会给予了理论和政策上的回应，并不断更新和发展。基于老年人的需求理论而建构的健康老龄化理论、基于老年人的社会权利理论而构建的积极老龄化的理论与政策等都为理想老年生活的构建提供理论依据。

一、健康老龄化理论

“健康老龄化”概念在国外最早出现于 1987 年 5 月召开的世界卫生大会，当时大会把“健康老龄化的决定因素”列为老龄研究项目的主要研究课题。1990 年世界卫生组织在哥本哈根世界老龄大会上把“健康老龄化”作为应对人口老龄化的一项发展战略。1993 年第 15 届国际老年学学会布达佩斯大会把“科学要为健康的老龄化服务”作为会议的主题。我国著名人口学家、老年人口学会会长邬沧萍教授带领中国老年学学会代表团参会，并在 1993 年在北京举行的“健康老龄化”学术研讨会和 2007 年举行的“中国老年健康论坛暨抗衰老药物研讨会”上，诠释了健康老龄化的理论，认为健康老龄化包含如下内容：“第一，健康老龄化是国家针对人口老龄化提出的战略对策，它的目标是整体提高老年群体的生命长度和生活质量。第二，健康老龄化提出了‘健康预期寿命’的概念，不仅关注平均预期寿命，而且更加关注生命的质量。第三，健康老龄化旨在使绝大多数老年人都按正常衰老发展，以求在活着时身体是健康的，功能是正常的，生活是能自理的。第四，健康老龄化把预防保健、治疗康复结合起来，把卫生保健如饮食营养、体育锻炼、心理保健、环境保护、公共卫生、个人卫生、健康的行为方式等，都作为实现健康老龄化的一个组成部分，通过多学科、多方式来解决。第五，健康老龄化是全民族、全社会共同的愿望，更是大家共同的责任。”而有的学者则提出了新的观点。认为，“健康老龄化是指老年人在晚年保持躯体、心理和社会功能的健康状态，将疾病和生活不能自理的时间推迟到生命的最后阶段。”健康老龄化具体包括如下三个方面的内容：一是让老年人自身维持良好的生理、心理和社会适应功能，拥有较高的生活质量；二是让老年群体中健康、幸福、长寿的老年人口占大多数，且比例不断增加；三是进入老年化的社会能够克服人口老龄化所产生的不利影响，保持社会持续、健康和稳定的发展，为生活于其中的所有人的健康、富足、幸福的生活提供物质基础和保证。

近年来，健康老龄化的观念日益受到国际社会的关注。联合国提出，将健康老龄化作为全球解决老龄问题的奋斗目标。健康老龄化是指个人在进入老年期时在躯体、心理、智力、社会、经济五个方面的功能仍能保持良好状态。一个国家或地区的老年人中若有较大的比例属于健康老龄化，老年人的作用能够充分发挥，老龄化的负面影响得到制约或缓解，则其老龄化过程或现象就可算是健康的老龄化，或成功的老龄化。为实现健康老龄化，需要社会各方面协调一致地努力，也需要老年人的积极参与。我国在这方面应当大有作为，努力为世界提供范例。

二、积极老龄化理念

进入 20 世纪 90 年代末，国际社会基于社会权利理论，提出了比健康老龄化更全面、更概括的积极老龄化的概念和理论。1997 年，在西方七国首脑会议上，首次提出了“积极老龄化”的概念。1999 年，在人口老龄化最为严重的欧洲，欧洲联盟召开了会议主题为“积极老龄化”的国际会议，学者们首先从理论上探讨了积极老龄化问题及其解决的现实可能性。2002 年 1 月，世界卫生组织健康发展中心正式出版了《积极老龄化：从论证到行动》一书。2002 年 4 月，联合国召开第二届世界老龄大会，大会接纳了世界卫生组织提交的一份“积极老龄化”的书面建议书。会后，世界卫生组织正式公布了一份报告：《积极老龄化：政策框架》。从此，积极老龄化理论日渐成为应对 21 世纪人口老龄化问题的新的理论、政策和发展战略。

积极老龄化思想理论观点的提出，是国际社会理论界积极应对世界人口老龄化问题，进行理论和实践探索的结晶。积极老龄化的观点是以联合国提出的“独立、参与、尊严、照料和自我实现”原则为理论基础而概括出来的一个政策理念，为老龄政策提供了一个全新的视角。作为一个比“健康老龄化”更具概括性的概念，“老龄化”的含义自不待言，而关键的“积极”是指不断参与社会、经济、文化、精神和公民事务，不仅仅指身体的活动能力或参加体力劳动的能力。退休的老年人和那些患病者或残疾人仍能对其家庭、地位相同的人、社区和国家做出积极的贡献。“积极老龄化”所要表达的意思就是，人到老年依然拥有获得健康、参与和保障的最佳机会，可以实现提高生活质量的目标。积极老龄化既适用于个体，也适用于人群。

积极老龄化的目的在于让人们认识到自己在一生中能够发挥自己在体力、社会、精神等方面的潜能，按自己的权利、需求、爱好、能力参与社会活动，并得到充分的保护、照料和保障。

三、老年需求理论

老年人口作为一个多层次、多特征的群体，其需求也是多方面、多角度的。老年人口的需求，既包括人的需求的共性，也包括老年人需求的个性，这两类需求既有区别和侧重，也有交叉和共存。

时任全国老龄工作委员会常务副主任司马义 · 艾买提在第二届世界老龄大会上的发言指出：“各国应根据本国国情认识和解决老龄问题，充分考虑老年人的特点和需求。”这表明社会已经非常重视老年人需求的特殊性和差异性，也表明充分考虑老年人的需求对解决老龄问题的地位和作用。老年人的需求能否得到满足，满足的程度如何，这将关系到养老问题能否从根本上得到成功和彻底地解决。

（一）马克思主义的需求理论

马克思在关于对人的潜在能力实现的阐述中将需要置于中心位置。马克思主义认为人的需要层次，有一个由低级向高级发展的过程，呈现出阶段性的特点。马克思把人的衣、食、住称为人的第一需要，当第一需要满足后，又会引发更高一级的需求。“已经得到满足的第一需要本身，满足需要的活动和已经获得的为满足需要用的工具又引起新的需要。”

马克思主义的需求理论就其层次结构和水平而言，可以分为两大类：低级的需要与高级的需要。低级的需要是以对物质需要的形式表现出来，以物的占有为基本特征；高级的需要包含更为丰富的社会与精神因素，以精神的满足和人的才能得以全面充分发展为标准，体现对理想和人的本性的追求，对迫切希望发挥人的潜能的欲望的追求，从而对物质需要有较大的调节作用。在人的高级需求中，充分全面发展人的才能的需要是核心和主要方面。按照马克思主义的需求理论，人的需求是有阶段性的，是由低级需求向高级需求的发展变化。老年人口是人口中的亚人口，人的需要理论当然也适用于老年人口。因而，我们可以展开推导，老年人口的需求也是有阶段性的，当低级的需求（如物质供养、经济供养）满足以后，就会引发更高一级的需求，即精神需求和发展需求。

（二）马斯洛的需求层次理论

在近代西方关于人的基本需要的研究中，影响巨大的首推马斯洛的人的需要层次理论。人本主义学者马斯洛（A. H. Maslon）在其《动机与个性》一书中，从需求满足的角度，系统地提出了人的需要及其层次分类。按低级到高级的层次依次为：①生理需要，指饥有食物、渴有饮料、寒有衣服和庇所等，这些需要如得不到满足人就会有生命危险，所以生理需求是人的最强烈、最基本的需要。②安全需要，指人们生活和生存的安全需求。在现实中生活的每一个人，都会产生安全感的需要、自由的需要和防御的需要。③归属和爱的需要，亦称社交需要。当前面两种需求基本满足后，就会产生人际交往的需要。④尊重的需要，自尊、自重且需要别人的高度评价。满足自我尊重的需要将会产生自我信任、价值、力量、能力、适应性等方面的感觉。⑤自我实现的需要，是人的最高层次的需要，人们希望完成与自己能力相称的工作，使自己的潜力、能力得到充分发挥，成为所期望的人物。上述就是马斯洛关于人的需求的理论精髓。

按照马斯洛的人的需求理论，人们不仅仅希望维持生存，还强调生活丰富、心情舒畅和社会和谐，即生活得好，看重自身价值的自我实现和对社会的作用。低层次需要得到满足后必然转向高层次的需求。人的生理需求是最强烈、最基本的需求，老年人的生理需求也是最强烈和最基本的需求。现阶段，对大多数老年人尤其是贫困老年人而言，老有所养和老有所医主要还指对老年人的经济供养，满足老年人的最基本的生理需要；当老年人的基本需求满足以后，老年的安全、爱、尊重与自我实现等高级需求就会成为老有所养的重点。

（三）中国化的老年人需求理论

老年人的需求，依从于社会因素和老年个体因素的发展而变化，反映着经济社会发展对老年群体的期望与老年人适应程度的心态变化。这种需求有物质的，也有精神的，反映着老年人主观需求与客观条件的差距形成的矛盾和问题，是研究老龄问题应当予以重视的问题。

从老年人的一般性特点来讲，如果按照马斯洛和马克思主义关于人类需要理论，老年人有基本的生理需求、安全需求、社交需求、尊重以及自我实现的需求。在马斯洛和马克思主义需求理论的基础上，有专家学者将我国老年人的需求具体化为“六个老有”。

改革开放前，对老年人需求的关注重点聚焦于经济赡养方面，没有系统、发展地研究我国老年人的需求。20 世纪 80 年代初期，在人口老龄化初见端倪时，和领导终身制废除后的大批老干部进入社会时，我国把老年人需求概括为“五个老有”，即老有所养、老有所医、老有所为、老有所学、老有所乐。1996 年“五个老有”被写入《中华人民共和国老年人权益保障法》，成为全国老龄工作的目标。2000 年在“五个老有”的基础上又增加了“老有所教。”“六个老有”的高度概括实际上已经包括了现阶段我国老年人在物质生活、健康保障、精神文化生活和参与社会等各方面的需求。

“老有所养”是满足老年人衣食住行的基本需要，为老年人健康生存提供物质保障；也就是马斯洛的人的需求中最基本的人的生理需要；“老有所医”是实现老年人的医疗保健和健康老龄化需求，使老年人有病能够得到治疗；“老有所为”是老年人在晚年运用自己的知识和经验等优势，量力而行，参加社会发展，造福社会和家庭的一种自我实现式的需要；“老有所学”和“老有所教”是党和政府根据时代的发展，对老年人进行的与时俱进的学习与教育；“老有所乐”是老年人参加适合他们特点和爱好的文体等活动，丰富他们的精神文化生活，使老年人能安享晚年，是老年人需要中的高级需要。“六个老有”的基础是“老有所养”，重点是“老有所为”，动力是“老有所教”和“老有所学”，条件是“老有所医”，目标是“老有所乐”。“六个老有”融为一体，互为作用，是一个有机的辩证的整体，也是一个动态变化发展的过程。“六个老有”内容丰富，对老年人养老生活需要的内容和范式都表达得非常具体、实际和全面，非常适合我国老年人的特点，符合我国实现健康老龄化和积极老龄化的目标。

（四）老年社会支持理论

老年人是社会中一个相对特殊的群体，他们不仅在生理机能上日益变得衰弱，在心理活动指标上同样也在逐步发生着减退。相比其他年龄组人口，老年人会面临更多的问题和困难，需要更多的社会关注和帮助。社会支持理论是近年来心理学、老年心理学、老年医学和行为科学等多种学科领域研究的热点，虽然已有不同的解释来对它进行界定，但目前还没有统一的被认可的定义。美国学者坎兰（Canlan）将社会支持定义为家人、亲朋好友和左右邻里等给予的各种支持和帮助，包括钱财、物品、技术和指导。而科博（Cobb）认为社会支持包括提供信息、帮助个人去确信自己受到他人爱戴、尊敬和认可。他还主张社会支持可分成三个部分：情感支持、尊敬支持和支持网络。豪泽尔（Houser）则表示社会支持可分成三大主要范畴：情感支持、认可支持和工具性支持。情感支持涵盖表达爱意、尊敬和敬慕；认可支持包括表达同意和认可；工具性支持则包括提供金钱、时间和体力上的帮助。

一般来说，社会支持指的就是一个人通过社会互动关系所能获得的减轻心理应激反应，缓解精神紧张状态，提高社会适应能力的支持和帮助。而所谓老年社会支持就是帮助老年人从社会和他处获得的各种支持的总和，也就是老年人与他人及社会的互动过程中所形成的相对稳定的社会关系之总和，这里的社会关系表现为血缘关系、姻缘关系、地缘关系、业缘关系等多方面。对老人而言，社会支持主要体现为老年人口能从家庭网络、亲属网络、社区网络及社会网络等所有可能的途径中获取物质和精神支持。

社会支持对于老年人的身心健康有着十分积极的影响作用。美国学者克鲁特（Krout）和安托努西（Antonucci）通过研究发现，当老年人面对严重或慢性的身体疾病时，社会支持可以成为一种促使他们战胜疾病、接受治疗和维持心理健康的重要因素。社会支持即可以作为心理刺激的缓冲因素和中介因素，对健康产生间接的保护作用，又可以维持良好的情绪体验，从而有益健康。社会支持主要体现在对老年人生活上的照顾、精神上的慰藉和经济上的资助等各个方面，将对老年人的身体、生活和精神形成重要的影响和作用，如果老年人能够适时得到这些支持，不言而喻将会有助于提高他们的身心健康水平，增强他们晚年生活的幸福感。

第三节　理想的老年生活方式与生活质量评价标准

老年人是社会的财富，老年人是以往人类知识和生产经验的继承者、创造者和传播者。作为知识和智慧的载体，他们的才能、经验、高尚品德、优良作风和大智大勇，都是传之后世的无价之宝。高尔基曾经说过：“每一个老年人的死亡，等于倾倒一座知识库。”这是对老年人价值的概括和肯定。我国正处在社会主义市场经济和现代化的转变时期，社会变迁对老年人生活方式与生活质量上的影响比以往任何时期都来得猛烈。

一、老年生活方式

生活方式是社会学研究领域的一个重要理论范畴，是个外延广阔、层面繁多的综合性概念。它不仅涉及人们的衣、食、住、行、劳动工作、休息娱乐、社会交往、待人接物等物质生活，还包括精神生活的价值观、道德观、审美观，以及与这些内容相关的所有方面，内容十分宽泛。它包括劳动生活方式、消费生活方式、社会政治生活方式、闲暇生活方式等内容。

老年生活方式指的就是老年人口的衣、食、住、行、劳动、休息、娱乐等方面的物质生活和精神生活模式，主要包括劳动方式、消费方式、交往方式、闲暇活动方式、社会活动方式等方面的总和。老年人是人口群体中的特殊群体，由于在年龄、体质、能力等方面与其他年龄人口相比会出现很大的区别，而且他们往往还会受到历史文化、传统习俗和生活习惯的深刻影响，因此其生理、心理、生活方式等都会具有相当大的特殊性，和迄今研究者们熟悉的其他年龄人口的状况存在很大的不同。

（一）老年生理心理特征

由于年龄关系，老年人被迫从生产领域退入纯消费领域，由迄今的劳动角色变为被供养角色。个人角色的变化间接地会造成老年人的社会地位下降，甚至改变老年人的生活轨迹。为了区分老年人与其他人群在生活方式及其他方面的不同，首先需要了解老年人的生理心理变化特征。

1. 生理变化　随着年龄增长，老年人的感觉系统（视觉听觉、味觉、嗅觉、触觉）的敏感性降低，造成了他们在看、听、说、读、写、记忆、走路等方面能力的退化。由于中枢神经和骨骼系统的变化及疾病困扰，老年人克服环境障碍的能力大大降低。

2. 心理变化　主要表现为依赖感、依恋感、求安全感和自尊感的增强。老年人一方面害怕孤独寂寞，渴望社会交往和陪伴照顾，造成他们对原生活环境和事物的偏爱。另一方面老年人又要求独立，需要自身价值体现和社会尊重。

老年人的上述生理心理特征表明，老年人随着年龄增长，会在身心健康和社会功能方面逐渐弱化，出现越来越多的特殊需求，需要国家、社会、家庭和个人更多的关心和支持。在老年人的生活质量中，他们对社会安全、社会风气、社会保障事业特别重视，比其他人群对卫生和保健事业、医疗护理服务、生活服务业等有更多的需求，再就业、参与志愿服务、老年大学、文娱体育健身休闲活动对于他们都有着相当大的重要性。

（二）老年生活方式特点

伴随生理和心理上发生变化，老年人必然产生各种不同于其他年龄群体的特殊需求，迄今满足其需求的生活活动模式也将随之发生变化，从而构成老年生活方式的特点：

1. 逐渐从劳动职业生活活动中退出　这是老年生活方式最突出、最根本的特点。越到高龄期这一特点表现得越明显。与此相应的是劳动收入的丧失或减少，从而需要依靠年金、保险、社会救济或个人资产等作为自己的收入保障。由于总体收入数额一般都将比以前有所降低，因而其消费水准也将受到越来越多的限制。

2. 社交活动明显减少　由于退出了社会正常劳动序列，加之身体健康水平下降，一般来说老年人都会相应地减少与社会的接触，人际交往的频率也会随年龄增加而显著降低，严重的甚至可能产生与社会的脱离，造成心理上容易产生孤独感和失落感。

3. 精神文化生活发生明显的变化　老人们劳动职业活动和社会政治活动减少，个人闲暇时间则相对会增加，他们乐于学习能满足自己兴趣和爱好的内容，而技能型的学习活动却不太愿意参加了。

4. 家庭生活成为主要活动内容 老年人活动空间缩小，家庭成为主要的活动场所，家庭成员成为老年人生活的主要伙伴。因此，家庭生活活动的好坏，直接影响着老年生活的质量。

二、老年人生活质量

生活质量概念由美国制度经济学家的主要代表人物加尔布雷斯（J.K.albrairh）于1958年所著的《富裕社会》一书中首先提出。生活质量研究的兴起主要起自于社会学领域对社会问题的关心或社会指标的兴趣。作为一个专门的研究领域始于20世纪50年代末至60年代初，在早期的研究学者中，美国哈佛大学的鲍尔教授被认为是这一领域研究的先驱，他在1966年出版的《社会指标》一书中首先正式使用“生活质量”这个术语。20世纪70年代后，国外对生活质量的研究开始从理论转向应用阶段，人们逐渐把研究重点转到测定和评估生活质量的社会指标的研究上。伴随着社会经济的不断发展，生活质量研究涉及了不同的学科领域，如社会学、经济学、人口学、心理学和环境学等，各种学科研究的角度不同，它们对事物的认识和与社会的相互作用也不一样，因而形成了不同的生活质量研究理论。

（一）生活质量的内涵与评价

生活质量是英文quality of life（缩写为QOL）的中文译文，有的学者又译为生存质量、生命质量等。其内涵尚未完全统一，综观各种定义，大体可分为三派，即主观派、客观派和综合派。主观派认为生活质量应定义为幸福感、满意度和主观生活水平。这一观点主要盛行于美国、加拿大等发达国家，因发达国家的物质生活条件已相当富裕，人们对生活质量的追求更集中于精神上的满足。客观派认为生活质量决定于人们的生活条件，是指一定的经济发展阶段上人口生活条件的综合状况，是一个国家或地区人们生活条件的优劣程度。综合派认为生活质量既应包含人们的主观感受程度，也应包含客观的生活条件。生活质量就是环境提供给人们生活条件的充分程度以及人们生活需求的满足程度，是在一定物质基础之上，社会成员对自身及其自身所处的各种环境的感受和评价。包括我国在内的发展中国家，人们的平均生活水平还远未达到富裕程度，客观生活条件是决定人们生活质量的主要因素，生活条件是生活质量的载体，所以，生活条件的优劣程度即是生活质量的具体反映；同时，生活质量的高低应由社会对个人的供给和个人对生活的需求两个方面决定，个人对生活的满足程度也应作为生活质量的组成部分。此外，人的素质应与主观满足程度和客观生活条件相并列，共同作为生活质量的组成部分。

生活质量的评估是生活质量研究的核心。生活质量的概念难以直接测量，需要将它分解成若干层次并以此建立相应的指标进行评估。由于人们对“生活质量”含义理解不同，对“生活质量”结构的认识及指标的构成也可分为三种情况：

1. 认为“生活质量”由反映人们生活诸方面的客观因素构成 如美国未来学者福雷斯（Fules）在1972年发表的《增长极限》的报告中最先提出了一套生活质量模型，它包括了由生活水平、人口密集程度、环境污染程度等客观因素构成的指标系统。朱庆芳等在“社会发展与社会指标”的课题中于1992年建立了一套我国小康社会指标体系，其中的生活质量及系统共选择了23个指标，包括了收入、消费、吃、穿、用、住、文化等各个方面。

2. 认为“生活质量”是由人们对生活各个层面的认知、情感等主观因素构成 研究一般采用人们对生活的满意度或幸福感来衡量生活质量。1975年美国坎贝尔（Campbell）等用感觉指标模型研究美国社会的生活质量，他把人们对生活质量的感受分成完全满意到完全不满意等若干等级，研究对生活整体的满意度和对13个具体领域的满意度。在20世纪80年代末，美国华裔学者林南把居民生活质量分解成工作、家庭、环境和业余生活等不同层面，共选用 37 个领域满意度及指标对上海市居民生活质量进行研究。

3. 认为生活质量评估指标既有客观指标又有主观指标　美国坎贝尔提出生活质量感觉指标模型时，有些研究认为感觉指标模型与非感觉指标模型相结合，这种综合模型将更有应用价值。我国学者叶南客曾将生活质量的主客观指标结合起来进行研究，提出“生活质量”是由消费水平、消费结构、生活方式、生活感受四类范畴组成。冯立天编著的《中国人口生活质量研究》一书中阐述了主客观指标作用机制，在《中国人口生活质量再研究》一书中除讨论客观指标外，另辟一章讨论生活满足度指标，并将两者结合起来评估生活质量。

（二）老年生命质量的内涵与评价

在对老年人的生活质量概念认知方面，至今还没有形成一个能被理论界普遍接受的权威定义。对老年人口生活质量的评价，既有客观标准，也有老年人自我感觉的主观指标，不同地区、不同年龄、不同文化和不同职业的老年人口群体对生活质量的需求标准也不同，加之随着社会经济的发展与进步，老年人口生活质量内涵也会发生相应的变化。冯立天在主编的《中国人口生活质量再研究》一书中论及中国老年人口生活质量，他认为“物质充裕、身体健康长寿、文化活动丰富、生活环境舒适和家庭关系和睦，是老年人对生活质量的追求”，从老年人口健康生活质量、老年人口教育文化生活质量、老年人口精神文化娱乐生活质量、老年人口经济生活质量、老年人口婚姻家庭生活质量几个方面论述老年人生活质量状况及影响因素。

老年人口是一个特殊群体，老年人口的生活质量除具有一般人口生活质量的共性之外，也有其特殊性。所谓共性，表现为老年人生活质量的高低也决定于生活条件的优劣程度和个人对生活的满足程度。老年人的生活条件包括社会生活条件，如教育、卫生、文化、交通、服务、社会风尚和社会治安等；也包括自然生活条件，如环境的净化、美化等。个人生活的满足程度包括对物质生活的满足程度和对精神生活的满足程度。老年人生活质量的特殊性集中反映在老年人的健康生活质量。身体健康状况是老年群体的敏感指标，健康老人和病残老人的生活质量具有天壤之别。健康状况既是健康质量的直接反映，也是生活条件构成的客观生活质量的间接反映，因为健康状况与长期生活条件的优劣程度紧密相关。同时，健康质量不同，往往也会影响老年人对生活满足程度的评价。所以，身体素质应作为老年人生活质量的一项重要指标。

刘渝琳等学者认为，老年生活质量是老年人生存和养老需要的各方面情况的综合反映，是建立在一定的物质条件上老年个体对自身及社会环境的认同感。特别突出了老年物质生活与精神生活的统一，因此它是客观与主观的综合评价。客观是实际生活状况和环境的具体表现，可以度量。而主观是凭借自我感受直接评估生活质量，特别是老年人对生活需求的满足程度是通过老年人的心理状态、情绪、意愿等主观感受进行度量。

老年生活质量水平是体现老年社会保障水平的重要标志，它是和谐社会所追求的终极目标和最高原则。从这一角度来看，它体现着以人为本的原则，并对经济发展、社会结构、生态环境等整体的社会发展做出评估。因而，老年生活质量的指标衡量具有宏观的功能。但老年生活质量总体水平的高低是通过老年人口每一个个体的感受表现出来的，又具有微观的层面。宏观和微观的结合具体表现在老有所养、老有所医、老有所乐、老有所学、老有所为、老有所教等几个方面。

老年生活质量是反映社会成员为满足老年人的生存发展需要而进行的全部活动的各种特征的抽象和概括。为此，老年生活质量应包括体现社会和家庭对老年人生活的“供给”以及老年人对自身“需求”的满足两个方面。由于老年生活质量的提升是社会发展的一个终极目标，为了体现其特殊性，在供给方面应重点满足老年人的特殊需求。老年人的需求决定养老供给的内容、结构与数量，老年生活质量的高低是由供给对需求的满意程度决定的。

第四节 影响理想老年生活的因素

生活质量既是对一个社会中人们总体生活水平的综合描述，同时也是衡量一个社会整体发展水平的重要指标。老年人生活质量是动态和不断发展的。随着生产力的发展，科学技术水平的提高，老年人健康水平随之提高，老年人生活质量追求的层次及对其满足的程度也会与时俱进。老年人生活质量的影响因素有经济状况、居住条件、健康状况、社会支持、闲暇生活、生活满意度等六个方面。

一、经济状况

国内外有关社会发展和生活质量的评估研究与实践中，经济状况都是衡量老年人生活质量的基础及重要内容。依据我国国情，把经济状况作为生活质量评估的重要因素已成为共识。在市场经济体制下，个人经济收入的高低对物质、精神、教育和健康生活质量的决定性作用显得尤为重要。按照马斯洛需求层次原理，人们能安全生活，这是最低层次的需要，能否有一定量的稳定的经济收入，在排除必需的生活费用支出之后留有一定储蓄余额，本身就构成一种可以满足安全需要的生活质量。对生活资料的需求是老年人多种需求中基本的也是最重要的需求，这些生存条件的优劣对于老年人的生活质量具有特别重要的意义。老年人经济收入和消费水平是衡量老年人“老有所养”的标志之一。经济收入在一定程度上不仅体现了老年人的物质生活质量，而且会直接或间接地影响他们的身体健康、家庭及社会支持、生活满意度。相关学者的研究结果显示，老年人的幸福度随经济收入的增加而增加。经济收入高，有固定退休金的老年人的生活质量在生理功能、活力、社会功能和心理健康四个方面明显高于经济状况不良者。

经济状况是影响一个人健康和期望寿命最具有决定性的因素。影响高龄老人生活满意度的经济因素主要有：家庭人均年收入、是否享受退休制度。家庭人均年收入影响家庭整体经济水平，是否享受退休制度影响个人经济收入，这些都会影响高龄老人经济生活的满意度，从而对整体生活质量产生影响。

二、居住条件

居住环境是人类生存和发展最基本的条件，是生活质量的基本内容和构成要素。老年人口作为弱势群体，他们的住房状况和居住环境是关系到晚年生活质量的重要因素。绝大多数老年人晚年生活希望在自己的家中度过，居住环境及内部设施是一个不可忽视的重要环节。改革开放以来，随着我国住宅建设投资规模的扩大和住宅建设速度的加快，我国住宅人均建筑面积有较快增长，老年人的居住水平和住房条件、设施也得到较大改善。由于老年人退休后基本是以家庭和社区为主要活动场所，住宅质量和住宅内外及其周围的环境、设施对提高老年人晚年的生活质量至关重要。因此，改善居住环境，消除意外事故隐患，按照老年人的生理、心理和社会特征来规划和设计良好的人居环境，是改善老年人生活质量的重要环节。

三、健康状况

由于老年人口在生理、心理和社会适应功能等各方面都有不同程度的减退，各种器官的老化不可避免地带来多种疾病，疾病不易治愈和恢复，老年人会因为退休、收入的减少而使他们参加社会交往的机会大为减少，这些都会导致老年人被孤立或者容易产生孤独感。因此老年人比其他年龄组人群更容易受到生理、精神、社会和经济上的负面影响，有鉴于此，对老年人的健康评价也显得非常迫切和重要。

日常生活功能和躯体健康是健康功能评价中关系极为密切的两个方面。日常生活功能评价指标是了解老年人生理和心理健康的功能以及老年人不同状态下适应社会的能力的综合指标，其测定包括两个方面，即生活自理功能（activities of daily living，ADL）和日常生活功能（instrumental activities of daily living，IADL）。生活自理功能指洗澡、穿衣、吃饭、上卫生间、散步等一般生活基本功能；日常生活功能指采购个人商品、开车、做饭、理财、打电话等，反映了老年人操持家务的能力，是维持社会活动的基础。生活自理功能是生活质量的基础，日常生活功能是生活质量提高的体现。将生活自理功能和日常生活功能与健康预期寿命结合研究，可以较好地分析老年人口生活质量。

四、社 会 支 持

社会支持是一定的社会网络运用一定的物质和精神手段对社会弱者进行帮助的一种选择性社会行为。社会支持的主体是一定的社会网络，社会网络是指一群人之间的关系结构及他们之间所存在的交换关系及特定角色；社会支持的客体是一定的社会弱者；社会支持的载体是一定的物质支持和精神支持。广义而言，社会支持既涉及家庭内外的供养与维系，也涉及各种正式与非正式的支援与帮助。社会支持不仅仅是一种单向的关怀或帮助，它在多数情形下是一种社会交换。广义的社会支持包括：物质帮助，如提供金钱、实物等有形帮助；行为支持，如分担劳动等；亲密的互动，如倾听、表示尊重、关怀、理解等；指导，如提供建议、信息或指导；反馈，对他人的行为、思想和感受给予反馈；正面的社会互动，即为了娱乐和放松而参与社会互动六种形式。

按社会支持来源，可以分为来自家人，主要指配偶与子女、孙辈；来自朋友邻居；来自社会。目前老年人社会支持的最大来源仍然是配偶及家庭成员，其次为朋友和同事。后者的支持作用也很重要但不是前者所能替代的。我国老年人多生活于主干家庭中，配偶、子女、孙辈是老人生活中接触最密切的成员，这种以血缘关系为基础的人际关系，对于老年人的晚年生活质量具有独特的、不可替代的影响作用。

五、闲 暇 生 活

闲暇时间是人的日常生活的重要组成部分，也是衡量一个社会文明程度的重要维度和检验人的生活方式与生活质量的新标准。当一个人面临退休，即意味着日常生活的改变，由于不需再去工作，拥有了相当多的空闲时间，休闲活动的安排将成为退休后老人日常活动的重要部分。无所事事意味着老年人社会生命的结束，丰富多彩的休闲活动有利于老年人的身心健康，以及老年人生活质量的提高。

马克思说，人们有了充裕的休闲时间，就等于享有了充分发挥自己一切爱好、兴趣、才能、力量的广阔空间。闲暇时间的增多是社会进步的标志，是检验人的生存状态、生活质量、精神态度的试剂。在现实社会中，人的个性的全面发展，人在文化享受和创造方面的活动，大部分在闲暇中实现。在闲暇时间里，人们可以从事各式各样的创造性活动，可以得到休息和娱乐，可以学习自己喜欢的技能，发展丰富多样的兴趣，可以自由自在地进行社会交往，也可以学习知识，参加各种体育活动，发展自己的智力和体力。对于个人来说，闲暇既是文化消费的时间，又是文化创造的时间，前者获得享受，后者求得发展；对于社会来说，人们在闲暇时间中得到的休息和发展将对社会经济与文化地发展起积极作用。如何丰富每个人的闲暇时间，将直接影响社会的全面进步，影响人完整、全面、健康地发展自我。

老年人的休闲生活方式，是指老年人对休闲时间的利用方式。社会参与是老年人闲暇活动的组成部分，是提高休闲质量和改善老年人身心健康的一条重要途径。

六、生活满意度

对于老年人口生活质量，老年人一般自己都有一个主观的大体评价，这就是生活满意度。可以说，生活满意度是衡量生活质量的主观指标，它受客观因素和主观因素的多重影响。一个生活质量较低的群体可能会产生对生活质量的高度满足，而一个生活质量较高的群体对生活质量可能并不满意，这主要在于其参照系的不同。老年人口多采取过去的艰苦生活作为参照物，一般会对生活质量比较满意；但是，也有部分老年人眼界较为开阔，容易将自身状况与国内、国外做横向比较，所以其期望值的满足程度是比较低的。这种本身主观上的低满足程度又受到种种客观因素的影响，表现出对生活的满意度不会很高。但是生活满意度毕竟是对客观生活状况的主观反映，所谓的不满足，既是生活需要的，也是生活中未曾得到满足的。

透过老年人口对各个领域的生活满意度的回答，我们可以寻找到老年人口生活质量中存在的问题，寻找到阻碍老年人生活满意度提高的客观制约因素。

七、积极老年化的途径

积极老龄化政策是应对人口老龄化这样全球性问题的社会政策，它"需要国际、国家、地区和地方共同采取行动。在一个联系日益密切的世界中，世界任何一个部分在处理人口问题上的失策，都会对所有地方产生不良的社会经济和政治后果"。而"一个应对人口老龄化和老年人问题的共同行动，将会决定我们的子孙后代如何度过自己的晚年生活"。为此，积极老龄化"政策框架要求在'健康、参与和保障'三个支柱采取行动"。

第一个支柱行动：健康。尽管当人们进入老年时，人体功能的衰退和慢性疾病的到来不可避免，但是，如果在人们进入老年之前，避免或减少有害于人体健康的消极因素，而增加健康的保护因素，就会大大推迟人体功能衰退和慢性疾病到来的时间。积极老龄化政策框架认为，"当慢性病和机能下降的风险因素（包括环境和行为）降低而保障因素提高时，人们将享受健康时间更长、生活质量更高的生活。这样他们在进入老年后，大部分老年人仍然能够保持健康和生活自理，只有较少的老年人需要昂贵的医疗和照料服务。"这就需要社会开展持续的健康教育、让人们养成健康的生活方式、建立医疗保险制度和提高医疗服务水平。

健康在三支柱中处于基础的位置，老年人只有健康才能更好地参与社会，为社会的发展贡献自己的力量，才能更有效地享受社会保障待遇。对于老年人而言，拥有良好的心态，保持乐观的生活态度，是健康的首要因素。对于国家而言，则要求建立完善的疾病预防体系和医疗保障体系来降低慢性病和功能下降因素的影响。

第二个支柱行动：参与。参与是积极老龄化三大支柱的关键。《积极老龄化——政策框架》指出：当劳务市场、就业、教育、卫生及社会政策和项目根据个人的基本人权、能力、需要和喜好支持老年人参与社会经济、文化和精神活动，人们在进入老年后还可以通过收入性和非收入性的活动为社会继续做出生产性的贡献。那么，这里的参与可以理解为退休后，老年人根据意愿和身体状况，选择继续参与工作、社会活动和志愿服务。老年人达到国家退休年龄，从原有的工作岗位退下来，但是大多数老年人的身体健康，且原有的知识积累和经验累积仍然能够使其继续为社会做贡献。老年人通过社会参与融入主流社会，在获得相应的劳动报酬外，也可以发挥自己的作用，实现自己的人生价值。

根据符号互动理论的阐释，个人参与社会以及在参与过程中建立的社会互动是个体形成自我概念、认识自我价值、树立自我形象的唯一渠道。而就业是个人参与社会的主要形式，职业角色是个人社会角色的主要组成部分，也是个人自我认同的主要依据。老年人退休，意味着个人退出了最主要的社会参与途径，较大程度阻碍了个人与社会的互动，从而影响老年人对自身价值及自身形象的看法。鼓励老年人重新参与社会生活，重建老年人的社会关系，重塑老年人的自我形象，可以提高老年人的生活质量、促进身心健康。对家庭而言，可以减轻子女负担，增进代与代之间的和谐。对社会而言，可以减轻社会保障的负担，促进社会的发展。可见，参与对于积极老龄化中的健康支柱和保障支柱具有重要的促进作用。

第三个支柱行动：保障。社会保障制度的完善是应对人口老龄化发展的必然措施，是社会稳定和社会发展的重要保证。《积极老龄化——政策框架》指出："在政策和项目解决人们在年老过程中的社会、经济、人身安全上的保障需要和权利的同时，保障老年人在不能维持和保护自身情况下受到保护、照料和有尊严。支持家庭和社区通过各种努力照料其老年成员。"这个支柱要求国家通过政策和项目为老年人提供经济支持，是国家应有的责任。政府、社区和家庭向老年人提供的保障，包括提供诸如供养、医疗、安全、权益等全方位的保障，从而提高其生命和生活质量，保障老年人的基本权利和尊严。

同时，积极老龄化鼓励年轻人在他们年轻时期为自己的养老做好前期的准备。现在世界各国已建立起社会保障制度，通过国民收入的再分配向老年人提供养老金、医疗和权益方面的保障，维持他们的基本生活。除此之外，因为老年人的需求是多方面的，社会保障的经济保障不能满足其全部需求，积极老龄化政策要求我们通过动员社区力量，完善家庭的功能，集结政府、社区、家庭多方面的力量为老年人提供社会服务，如生活服务、文化娱乐服务等。

在积极老龄化的三大支柱中，健康是基础，老年人只有身心健康才能融入社会，才能享受高质景的晚年生活。参与是关键，老年人参与社会能够重新树立自我认同感，实现人生价值。保障是前两者的必要条件。这三者是一个有机的整体，缺一不可。

（谭健烽）

第三章　老年社会关系

个体的社会关系会随着年老过程而发生变化。社会关系的调整与再适应影响着老年人的居住安排、生活质量、身心健康和自我感觉等方面。

第一节　婚姻与非婚姻性伴侣关系

婚姻伴侣关系是老年人基本的社会关系。它既是老年人家庭的基础，也是老年人社会支持的重要来源。相对于处于人生其他生命历程阶段的人来说，老年人的婚姻状态、婚姻质量和婚姻价值具有不同的特点。

一、老年人的婚姻状态

婚姻是由一定社会制度或风俗所确认的男女两性的结合以及由此产生的关系。老年人婚姻状态主要包括初婚有配偶、再婚有配偶、丧偶、离婚和未婚，其中有配偶状态可以分为同居和分居两种。老年人婚姻状态的主要特点有以下几方面。

（一）老年群体的婚姻关系大多比较稳定

老年夫妻经过数十年的磨合，彼此之间有着良好的默契度，婚姻状况也相对稳定。即使婚姻中出现了问题，老年人受传统观念影响和自身条件限制，同时也担心离婚会受到冷眼和非议，一般不轻易选择离婚。婚姻关系不和谐的老年夫妻会采取分居、得过且过的方式来尽量维持婚姻。在我国，根据全国第六次人口普查数据显示，60 岁老年人口中有配偶的比例较高，占老年人群的 70.55%，说明我国大部分老年人生活中有配偶陪伴和照料。

（二）无配偶老年群体日益提高

全球尤其是经济发达的国家和地区老龄化进程加速，老年人口基数庞大，处于未婚、离婚、丧偶等无配偶状态的老年人口比例日益提高。在未婚和离婚情况方面，女性老年人口比例低于男性老年人口比例。由于我国老年人口基数大，无配偶老年群体在规模上呈现出越来越大的趋势，这些在生活中无配偶照顾的老年人对社会养老照顾的需求更大。

（三）无配偶女性老年群体比例日益增加

由于女性预期寿命比男性长，一些国家的婚姻习俗往往是女性与比自己年龄大一些的男性结婚。因此，女性老年人口的丧偶比例比较高。丧偶之后的女性老年人成为婚姻市场中相对过剩、劣势的一方，从而背负着经济和情感的双重负担。丧偶后，女性老年人生活质量普遍降低。

（四）老年人再婚难，再婚后稳定性差

由于社会婚姻观念的转变，相当一部分独身老人有较强的再婚需求和意愿。但从婚姻组合的社会经济条件来看，独身老年人再婚愿望的实现面临着更多的困难。再婚后，老年人双方相处时间短、婚后容易出现摩擦、不能够妥善处理双方的家庭关系等是导致老年人再婚后又离婚的主要因素。

（五）原配老年夫妻离婚率逐年上升

老年人离婚率总体较低，但呈逐年上升的趋势。随着社会对离婚的态度越来越包容，有些老年夫妻年轻时为了孩子和迫于世俗压力而维持一段婚姻，进入晚年，没有这种压力的限制，或为追求高质量的婚姻生活，一旦出现矛盾，感情极易破裂导致离婚。

（六）"代际婚姻"成为老年人追求婚姻幸福的一种形式

"代际婚姻"指不是同一年龄段男女双方结成的婚姻，即隔代人男女之间结成的婚姻。以男性独身老年人与女性中青年人的婚姻结合为多，一般是女性承担照顾男性老人的日常生活为条件，男性老人则以给予女性感情的抚慰和生活上的保障为基础，实现优势资源的交换和共享。但老年人"代际婚姻"中，双方年龄差距较大，代际特征差异明显，容易出现性生活不协调、与子女相处困难等问题而影响夫妻关系，并可能导致婚姻破裂。

二、老年人的非婚姻性伴侣状态

研究表明，绝大多数老年人仍然存在着性情感、性要求和性行为的需求。当前的社会养老机制、养老设施以及传统子女养老模式尚难以很好地解决单身老年人的养老需求、情感需求和性需求。而婚姻涉及家庭、子女、社会环境、条件和机会等方面。独身老年人在是否选择婚姻问题上可能会遇到多重难以解决的问题。因此，老年人在婚姻构建的维系上更趋于自由化和个人化，在老年群体中易出现一种非婚姻性伴侣关系，如"走婚"、非婚同居等。它指的是两个单身异性老年人双方自愿结合同居而不办理结婚登记手续，在晚年相互照顾的一种生活方式，即单身老年人之间搭伴养老。从当前老年人身心需求和婚姻的现实矛盾来看，单身老年人以非婚姻性伴侣关系共处进行养老互助，是经过多方面的分析权衡后寻求生活伴侣的一种婚姻外的选择。当前老年人的非婚姻性伴侣状态主要具有以下特点。

（一）非婚姻伴侣同居现象普遍存在

在 20 世纪 50～60 年代，这种非婚姻伴侣关系还比较少见，被视为不能接受的行为。近年来非婚姻同居呈持续上升趋势，在老年人中成为一种广泛流行的生活方式。在这些老年人中，有的长期同居，形同夫妻，但不结婚；有的短期同居后散伙，又更换同居对象。这种关系在一定程度上减少了老年人再婚的一些烦琐程序和家庭矛盾，在婚姻和养老问题上得到折中的解决方式。

（二）男女双方的社会资源不平衡

在老年人非婚姻性伴侣关系中，男性老年人的整体实力一般高于女性，包括经济实力、社会资源等。男性老年人可以凭借自身较为良好的经济资源等选择年龄较为年轻、身体状况较好的女性，可以更好地照顾自己以及家庭，满足情感需求和性需求。在这种互动模式中，女性往往充当照顾者的角色，而男性老年人提供经济保障。

（三）精神慰藉和养老需求的目的性强

俗话说"少年夫妻老来伴"，夫妻关系是老年人最亲近的关系。独身老人尤其是丧偶老人比较孤独，加之现代社会生活压力大，空巢家庭比例逐渐上升，子女因忙于事业而对老年人的生活和心理关心不够等都会加剧老年人生活空虚的状况。当再婚的需求难以实现时，老年人往往会选择非婚姻伴侣关系重新获得伴侣的支持，为彼此提供最方便的照料和精神慰藉。

（四）缺乏法律保障和约束，关系稳定性差

非婚姻性伴侣关系是一种没有依法进行结婚登记的同居状态，双方的权利义务不易实现，也给双方相处埋下很多隐患。同居老年人相处以自愿为原则，靠道义维持，双方合得来可能结婚，合不来就分手，这样势必会影响彼此的信任感、安全感和归属感，从而影响这类同居关系的长久维持。一旦有了利益冲突，相对于婚姻关系，非婚姻性伴侣随时有可能解体。如果在同居相处过程中产生纠纷和矛盾，老年人尤其是弱势一方的合法权益很难得到有效的保障。有的非婚同居者通过签订协议的方式对一些可能引起争执的问题做出规定。

（五）对传统的婚恋道德观念产生冲击

老年人非婚姻伴侣关系的不稳定，会造成两性关系的混乱和轻率。而老年人是道德文化的传承者，对子孙后代有很大的影响和示范的效应。如果老年人对自身的婚姻尚且采取一种不办理合法婚姻登记手续的方式，对年轻人造成不良示范，也给传统的公序良俗道德准则带来压力，对当前社会上的婚恋道德观念造成冲击。

三、老年人婚姻伴侣关系与健康状况

随着社会医疗保健服务体系的不断完善，人们的预期寿命也在不断提高。在社会养老机制不完备和子女资源有限的现实下，无论是在婚姻状态还是非婚姻状态，伴侣之间的互相扶持对老年人晚年的生活质量起着至关重要的作用。

（一）婚姻伴侣关系对老年人健康状况的影响

现代医学研究表明，和谐的伴侣关系对健康和长寿有益，有偶者的健康状况好于无偶者，且死亡风险也低于无偶者。恩爱的老年伴侣能够保持舒畅的心理状态，避免恶性情绪的刺激，使双方心情愉快，有利于保护中枢神经系统的正常功能、机体免疫功能的稳定，促进全身各系统生理功能的调节，使之处于最佳状态从而延缓器官的衰老，减少患高血压、冠心病、脑血管疾病、老年性精神障碍等疾病的风险，连一般性感冒的发生率也比无偶者低。伴侣的生活照顾和情感支持能更好地帮助老年人应付各种疾病从而促进康复。良好的婚姻和伴侣关系会延长老年人的寿命，寿命的延长又进一步提升了婚姻质量、促进伴侣关系。因此，在“空巢”家庭，老年夫妻的和睦互助更有助于双方身心健康。而独身的老年人孤独感难以排遣，随着年龄增长和身体机能衰退，更易进入生活不能自理的完全依赖阶段。

研究还发现，老年人的健康状况变差并未显著影响老年人婚姻状况。原因在于 60 岁以上老人的身体机能下降，患病率较高，配偶对此已早有预期，不会明显影响老年婚姻关系。但是在非婚伴侣关系中，一方老人如果因为年迈或重病卧床不起，另一方未能细心照料或以没有法定照顾义务为借口离开，往往导致双方的关系难以为继。

（二）婚姻伴侣关系的保护作用理论

学界对于婚姻伴侣关系对老年人的健康保护作用是普遍认可的，但对这种保护作用的原因却存在争议。目前主要有资源模型、危机模型、选择模型三种理论。

资源模型理论认为，婚姻伴侣关系通过鼓励健康的生活方式、提供日常生活照料和社会支持、整合养老资源这三个途径降低老年人的死亡率。危机模型则强调有偶老人和单身老人的死

亡风险差异主要源于婚姻伴侣关系解体对健康的负面影响；婚姻伴侣关系一旦解体，男人酗酒、女人患有抑郁症的风险大大增加。丧偶老人出现的一系列心理问题会诱发老年人高发疾病，甚至导致疾病恶化。选择模型理论认为，通过外表可以明显判断一个人的健康状况、人际关系、生活方式等信息。相对于健康和有资源优势的老年人可能更有能力来维持婚姻伴侣的关系和质量，从而导致较低的关系解体率。而患病的老年人可能会更难找到伴侣，也缺乏有效的资源经营好两性关系。

第二节　家　　庭

家庭是老年人的主要生活场所。老年人在晚年特别是高龄期，由于其生理、心理和社会功能的缺损，自身独立生活能力的下降，身心各方面都强烈依赖于家庭。

一、家庭结构

（一）家庭结构的含义和类型

传统的意见认为，家庭是建立在婚姻和血缘关系基础上的生活共同体。家庭结构是指家庭成员之间的结合状况，是家庭中最重要的内容和最基本的构成元素。家庭的人口组成、维持家庭运作的机制以及家庭成员日常交往中形成的稳定关系是家庭结构的三个基本特征。

按照家庭代际关系中的层次数目和家庭成员的亲疏关系，研究者将家庭结构主要分为核心家庭、主干家庭、联合家庭等。核心家庭，指由两代人构成的家庭，由夫妻二人及未婚子女组成；主干家庭指由每代不超过一对夫妻的两代或两代以上的无断代构成的家庭，一般是由父母和已婚子女组成；联合家庭，又称扩大家庭，指由任何一代中包含有两对及以上夫妻构成的家庭，一般是由父母和兄弟姐妹或者、两对及以上的已婚子女等组成的家庭。随着现代婚姻和家庭模式的日趋多样化，除了上述三种类型以外还存在其他家庭类型，如单亲家庭、空巢家庭、非婚同居家庭、丁克家庭等。

（二）家庭结构与老年人的晚年生活

不同的家庭结构，对老年人社会支持系统里的生活照料和精神慰藉有很大不同。现代社会随着家庭结构的变迁、家庭规模的缩小、家庭成员内聚力的减弱，家庭能提供给老年人的供养、照料和保障资源明显减少。与此同时，老龄化人口又逐年增大，意味着需要赡养的老年人口增加，家庭养老资源需求增加。

现有的研究表明，生活在联合型家庭和主干型家庭中的老年人身心健康状况较好，而生活于核心型家庭及独身生活的老年人身心健康状况较差。老年人身心日趋老化，对家人的情感依赖性很强，正需要晚辈作为依靠。这时，主干家庭和联合家庭中的老年人较其他家庭类型的老年人因为有两代及以上的家庭成员的陪伴，更能得到较好的生活照顾和代际支持。相反，空巢或者独居家庭中的老年人因为缺少家庭成员的照顾，在生活照顾和精神慰藉上缺失，若适应和调节不好，极易诱发各种身心问题，影响晚年生活质量。因此，这类家庭的老人很需要子女通过经济、通讯或者其他方式予以弥补。

二、家庭功能

（一）家庭功能的含义

所谓家庭功能，是家庭对于人类生存和社会发展所起的作用，是家庭存在的社会根据。家庭功能主要有：一是经济功能。工业化、城市化以前，家庭曾是自给自足的经济单位，具有生产、分配、交换、消费等多种经济功能；二是生育功能。从人类进入个体婚制以来，家庭一直是一个生育单位，承担着传宗接代的任务，是种族延续的保障；三是教育功能。家庭中的父母承担着教育子女，使其社会化，从家庭逐步走入社会的任务；四是性生活功能。性生活是家庭中婚姻关系的生物学基础；五是抚养和赡养功能。抚养是指夫妻之间的相互供养、帮助和救助以及家里长辈对子女的抚育和教育，赡养是指子女对长辈的供养和帮助；六是情感交流功能。家庭是人际交往的场所之一，是情感交流和寄托的地方；七是休息和娱乐功能。家庭是人类社会生活的基本单位，是人栖息的场所，又是娱乐的地方。

随着社会经济的发展，现代社会的很多国家和地区家庭功能发生了一些变化：社会化大生产代替了以家庭为单位的生产，家庭的生产功能弱化了，消费功能增强，性生活的忠诚度降低，生育、赡养和保障功能减少，情感的需要具有更重要的意义。

（二）家庭功能与老年人的晚年生活

研究表明，功能障碍家庭的老年人较功能良好家庭的老年人表现出明显的抑郁倾向。家庭功能良好的老年人有生活和情感上的支持，会鼓起生活的勇气，勇敢地面对老化和疾病。因此，改善家庭功能，充分发挥家庭的各项职能作用是维护和增进老年人身心健康的重要因素。

在成年子女离开出生地之后，原生家庭的空巢期会提前，家庭的天伦之乐逐渐减少，代际之间互动内容缺乏。在这种情况下，如果社会缺少老年服务，老年人的生活就会比较寂寞，不利于老年人的身心健康。即使身心健康的老年人，在逐渐变老的过程中，也会碰到生活不能自理的问题。而空巢家庭，即在失去子女后的空巢、丧偶之后的空巢或子女与配偶流动到其他地区之后所形成的空巢家庭，在家庭功能上更加脆弱，会直接影响老年人的生活质量和生命质量。

三、家 庭 养 老

从养老资源提供者的角度而言，家庭养老被视为由子女、配偶或亲属供养的养老模式。老年人通过家庭成员之间的代际交换来达到养老的功能。

（一）家庭养老模式

传统的家庭养老是一种大部分以同时拥有两代或两代人以上联合大家庭的形式出现的，是一种沿袭式的、非正式的安排。在中国社会，家庭养老有着很长的历史渊源。中华民族有悠久的孝道文化。几千年来，与农业社会相适应的家庭养老在中国的养老模式中占主流地位，无论在农村还是城市，家庭养老是中国养老保障的重要形式。为此，著名社会学家费孝通曾将我国“子女赡养老人”的家庭养老模式归纳为“反哺模式”。反哺原意为乌鸦雏鸟长大后，为报答养育亲恩，衔食喂养母鸟。“反哺模式”指亲代抚养子代长大以后，子代赡养亲代的一种行为方式，即子女对老年父母具有赡养的责任，体现了父母与子女之间的双向义务伦理实质。这种“反哺”养老模式为老年人提供稳定的环境和物质前提，较好地解决了家庭代际关系，契合中华民族尊老敬老、父慈子孝的文化模式和行为模式。但这并不意味着家庭养老本身具有的永久适应性。当外界客观条件发生变化时，家庭养老本身也就面临着诸多的挑战和冲击。

而在西方的家庭，推崇的是一种“接力模式”养老，即父母抚育子女，子女继续抚育后代，老年人则被推向社会的一种单向循环养老模式。在接力模式影响下，父母与子女结成生活共同体的性质到子女成年后就结束。这种“接力”养老模式让老年人和子女间保持“有距离的亲密”，较好地维护了两代人自由、平等的关系，尊重年轻一代的个性发展和老年人的价值实现，传承了西方的文化价值观。但同时，这种模式也造成了父母与子女间感情缺失，老年人的精神赡养需求得不到满足，甚至被家庭“遗弃”。目前西方国家政府也倡导由家庭成员以及亲属这些非正式支持的力量来照顾老年人。

在中西家庭养老观念的交流过程中，我们既要继续发扬“孝养”的优良传统，又应吸取西方“接力模式”中互相尊重、彼此平等的可取之处。

（二）家庭养老扶持政策与老年人晚年生活

随着现代家庭日趋小型化、高龄化和核心化以及代际关系平等化，家庭保障功能有所弱化。一些经历过人口老龄化给家庭带来冲击的国家和地区，巨额社会养老保险给国家带来了沉重的财政负担等问题，开始出台相应的家庭养老扶持政策。荷兰、新加坡、日本等国家通过对家庭提供更加积极的支持政策强化家庭的功能与责任，如以优惠政策与津贴补助鼓励子女同住或就近居住、提供带薪假期给子女更多照料老人的时间、给予照顾老人的家庭成员适当补贴、辅导家庭成员提供更为规范的照料服务等。

而在一直以传承尊老敬老、赡养老人优良传统的中国，老年人的家庭养老也应该从西方福利国家在家庭支持政策发展与改革的丰富实践中吸取经验。例如，在经济支持层面，通过促进家庭经济资源的补偿与家庭人力资源的优化，提升老年人养老的经济支持力；在生活照料层面，通过促进家庭成员工作与家庭责任的平衡，支持家庭照料者的发展，使老年人的日常生活照料水平得以提高；在精神慰藉层面，通过优化家庭环境，促进家庭成员的情感交流，进一步开发老年人的社会价值。而在所有家庭扶持政策中，最重要的是加强对空巢老人家庭的社会公共服务支持。

第三节　社区老年人互助

人口老龄化的日益严重促使人们开始进行逆向思考，就是退出劳动生产领域的老年人能否继续发挥余热。于是，人们开始倡导老年人的社会支持网络从亲友、熟人延伸至社会陌生老年群体的互助理念。

一、社区老年人互助的内涵及背景

老年人互助作为一种互助共济的养老思想和实践在我国有着悠久的历史渊源。古代的互助养老实践主要是以血缘为纽带进行的家族内的亲友互助。如今，在老年人熟悉的环境中的邻里、熟人、同辈等，对老年人的生活、护理等仍产生重要的支撑作用。

学界关于老年人互助的相关表述很多，如“以老养老”“以老助老”“银龄互助”“邻里互助”“结伴养老”“互助组合养老”“抱团养老”等。而社区老年人互助指的是利用社区的资源在老年人之间开展互助，服务内容包括经济援助、生活照料、精神关爱、权益维护等，以实现“老有所养”“老有所为”“老有所乐”为根本目标。这种互助养老服务可以是有偿的，也可以是无偿的。它有效地利用了社区老年人力资源，激发了老年人的主观能动性，使老年人从被动的接受服务转为依靠自身状况主动地为需要帮助的老人提供服务。老年人在互助的过程中实现精神情感的交流以及生活照料等需求的满足，是积极老龄化的体现。而从战略层面上看，面对当前巨大的养老需求，建立自助、他助、互助相结合的多元化养老资源供给格局，是应对人口老龄化危机的重要路径。

二、社区老年人互助的理论依据

（一）社区行动理论

社区行动是社区行动理论的主要内容，居住在同一个社区内的大多数有意愿和时间关心社区的人们为了自身利益的最大化对社区内部发生的事情采取相应的行动。从社区行动理论的内容和影响因素上看，老年人相较于青年人和中年人，更有时间和精力以及愿望加入到所在社区的行动中来，他们是社区行动的重要参与者，尤其是随着居住时间的增加，对于社区产生的认同感也更深刻，这有利于调动老年人的积极性投入到互助的服务中。

（二）社会化理论

霍兰德在《社会心理学：原理与方法》一书中指出，儿童在人类社会成长的过程中，学会了抑制某些冲动，并被鼓励获得在特定社会环境下的人所具有的特征和价值，这个过程叫社会化。社会化贯穿整个人生过程，其中老年社会化最主要的任务就是老年人在身体机能下降的时候，能够适应新角色，接受新知识，找到个人乐趣，建立新的和谐融洽的人际交往环境，找到心灵的归属和自身存在的价值，让自己的晚年生活丰富多彩、富有意义。

（三）自我价值理论

自我价值理论由美国心理学家卡芬顿提出，其基本观点为，自我价值是人们追求成功的内在动力。同样地，老年人参加互助实践，有助于老年人自我价值的实现，使老年人更有成就感，也会产生很大的社会效益，减少角色转换带来的心里失落感。

三、国内外社区老年人互助开展情况

（一）国外社区老年人互助的经验和启示

1. 日本“铃之会”互助养老经验 在日本川崎市的社区，开展互助养老已有 10 多年的历史。“铃之会”就是其中的典型代表。“铃之会”的主要成员是在当地生活超过 20 年的老居民，因为地缘关系相互十分了解，于是组成互助小组，吸引辖区内有爱心和志愿服务精神的老人参加，并慢慢扩展到普通居民家甚至有烦恼的家庭，以达到直接解决问题的目的。这种邻里的互助组织，使得社区中的孤寡老人、有行动障碍的老人、残障人士等有了很好的交流机会，减轻了心理的负担和压力，互助组织听取他们的心声，及时向相关组织和部门反映，和他们一道解决问题。受助对象在得到帮助之后，也受到了鼓舞与启发，自愿加入到互助小组当中，做一些力所能及的事情帮助别人，由此逐渐形成自律和谐的社区关系。

2. 德国“老人之家”互助养老经验 德国是一个老龄化程度较高的国家，虽然有完善的养老制度，但丧偶、独居老人的生活需求和安全问题也备受关注。因此有些地区由年纪轻的老年人牵头，成立互助小组，在互助组内部，低龄老人照顾高龄老人，使他们的生活更加方便。当地的政府和慈善组织还兴建了许多“老人之家”，由专业的管理人员负责管理，里面设施一应俱全，完全可以满足养老需要。老人们在组织者的介绍下，可以与父母无暇照顾孩子的家庭结成对子，老人们帮助照顾孩子，也享受着天伦之乐，感受着家庭的温暖；同时也省去了上班族父母的不少精力，这种形式带来了双赢的局面。

3. 法国“芭芭雅嘉”互助养老经验 “芭芭雅嘉”是专为退休的 60～80 岁的法国女性设计的一种公寓。在公寓里，有 30 多间独立的房间，老人们住在一起互相帮助，各自又可以根据房间的大小和位置，选择适合自己的房间，拥有独立的生活空间，并且只需要每月支付相对少的租金。公寓一楼的公共区域设有活动区，供老年人休闲娱乐。在公寓里生活的人们相处和谐，互相拜访，一起吃饭等。当有人生病需要帮助时，其他人会伸出援助之手，互相帮助。

从以上具有代表性的国外互助养老经验来看，政府主要扮演着参与者和协调者的角色；老年人互助往往依托于各类型的互助组织，参与互助的老年人都是被组织的文化和环境所吸引，通过亲身体验，产生强烈的认同，在互助养老组织内部环境中形成了良好的人际关系氛围。在组织的资金筹集方面，基本都是由组织成员自发筹集或来自慈善组织和爱心企业的公益赞助，同时在一定程度上寻求社会物质资金支持和企业援助。

（二）国内社区老年人互助的实践探索

1. 青岛分区设点互助模式　青岛市结合实际情况，在各个社区设立互助养老点，由政府负责为互助养老点购买娱乐设施、补贴水电费等，并加强引导扶持、组织开展活动，有效整合了政府、社会和家庭资源。同时，养老互助点以老年人“自愿结合、互助养老、互相帮助、共建和谐”为基本原则，倡导由低龄老人照看高龄老人、身体状况好的老年人照顾身体偏弱的老年人，使老年人活动由以前的扎堆娱乐型向生活互助型发展，形成老年人之间相互关心、相互照应、相互帮助的良好局面。

2. 江苏海安“时间银行”模式　江苏海安社区以记录服务时间、服务内容方式安排 50～60 岁老年人到生活不能自理的老人家里，像小时工一样为老人提供居家清洁、代缴水电费、聊天解闷等服务。服务者与被服务者之间没有任何经济关系，只是把劳动时间进行“存”和“取”，这样既解决了部分高龄老人雇不起保姆的困难，又解决了部分工资偏低的低龄老人居家养老的后顾之忧，体现了社会统筹养老的精神。

3. 北京丰台区“爱心储蓄会员”互助模式　北京市丰台区西洼地社区是一个老社区，周边生活配套设施不完善，老年人生活中遇到的困难比较多，2008 年社区成立了居家养老互助会，实行会员制，分红本、绿本两种会员。持红本者为志愿者，持绿本者为受助者。需要服务的老年居民每年交 10 元会费，用于互助会购买必要的服务用品。而志愿者的付出则将作为“爱心储蓄”，为其他老年人提供义务服务满 5 年，今后可终身享受服务。

从目前国内的老年人互助的形式来看，基本都是在政府的主导下形成的。这样的运行方式取得了较高的效率，但在活动内容上缺乏灵活性，致使互助组织内部发展缓慢，没有形成有效的自我管理系统，不利于互助组织的内部发展；从参与者的个人意愿上看，我国老年人受到传统思想的影响，主观上对相应互助组织并没有产生强烈的认同感和归属感；从资金来源看，国内的互助组织建立都离不开政府的保驾护航，无形中增加了政府的财政压力，也受到了资金收入的制约。

第四节　移居和老年生活

移居老年人，是指在年老或退休后，迁离其工作、生活过的原居地，搬迁到其他城市或地区居住的老年人。近年来，随着我国老龄化进程的日益加快老年，人口的跨省市流动与移居正日益引起社会各界的广泛关注，有学者把这一群体形象地称为“老漂族”“候鸟老人”或“随迁老人”等。当老年人从原本熟悉的生活场所转换到陌生的环境，其心态、生活方式、人际关系等也随之发生改变。

一、老年人移居的特点

在国外，退休老年人口通常是从大城市、生活成本高的地区迁往小城镇、生活成本低的以及气候宜人的地区居住。Litwak 等研究发现，国外 60 岁左右的老年人退休以后往往会发生移居行为，移居的方向通常是从大城市迁往小城镇或农村地区；当这些老年人面临着身体的残疾或配偶的死亡时，他们又会发生回迁，回到原来的居住地，目的是靠近能够照料他们的家人。随着身体状况的进一步恶化，有些老年人还会再次发生迁移，迁往养老机构并在其中度过晚年。

而在中国，老年人的移居水平远远低于总人口的迁移水平。有国内学者通过对人口普查统计数据或全国人口抽样调查数据分析发现，由于中西方经济发展水平和价值观念的差异，中国老年人口移居与上述的西方发达国家的情况不同，呈现以下特点：一是以近距离移居为主，跨省、跨地市移居也占相当比重。按经典的人口迁移理论，一般认为迁移会随着距离的增加而呈现递减规律。近距离的移居依然是老年人的首选，而较远距离移居的老年人口将会面临更多的环境和社会适应问题以及相关老龄社会政策的问题。二是移居地相对较为集中。一般把经济发达地区、大城市作为主要迁入地，与青壮年人口迁移方向一致。三是移居往往是一站式的。中国老年人口的移居很可能迁移到某地就此定居，最多是不同子女居住地之间的转移。

二、老年人移居的原因

国外老年人口的迁移原因是多元化的。迁出地存在较高的生活成本和犯罪率、环境问题、娱乐设施的不足、家庭成员的缺乏、婚姻状态的变化等被视为推力因素，迁入地较低的生活成本和人口密度、完善的娱乐设施、倾向的生活方式等被视为重要的拉力因素，其中追求更舒适的生活环境和更好的生活质量被认为是国外老年人移居的主要考虑因素。Chevan 和 Albert 分析了美国老年人丧偶与移居之间的关系结果显示，丧偶也是导致移居的重要因素，大部分与此相关的迁移发生在丧偶第一年，大部分丧偶的老年人最终都发生了移居行为。而国内老年人移居是在社会变迁的背景下产生的，主要原因是子女和孙辈因工作原因移居外地，老人随迁，涉及城市化发展、户籍制度松动、传统文化等的影响等。学者李珊认为中国移居老年人的移居意图可分为投靠子女、支援子女、落叶归根、追求生活品质四种类型。前两类老年人的移居和子女的生活息息相关，被动成分较强；后两类老人自主选择的成分较强。目前，中国的移居老年人口中，前两类占较大比例。

三、移居老年人的生活现状

（一）子代为移居老年人提供物质保障

在为了和子女共同生活而移居的老人家庭中，子女出于责任和义务在经济方面给老人提供较为充足的物质保障，子女对老人的经济支持占主导。而代际间的经济支持主要分为三种情况。一是完全支持型，即老人的日常生活开销全部由子女负责。二是部分支持型，即移居老人的日常生活开销由自己和子女各出一部分，这类移居老人通常自身具有一定的经济能力，且不希望给子女增加经济负担。因此，他们会选择主动承担一部分生活费用，子女也会支持一部分。三是相互独立型，即子女与老人在经济上是相互独立的，这类移居老人的经济实力有的甚至超过了子女，他们追求自由和独立，对子女没有任何经济上的依赖。

（二）移居老人期待在生活上代际间相互支持

大部分与子女共同生活的移居老人在生活上相互配合、相互支持。老人如果身体状况允许，会帮助子女照料家务、照顾孙辈等。而子女也会为帮助年迈父母分担家务、主动照料生病的父母。同时，子代在生活方式、消费意向、审美情趣以及社会态度等方面都不同程度地影响和改变着他们的长辈，促使老年人对新技术、新知识、新观念的学习和接收，有利于增进了代际之间的联系，促进代际团结，是文化反哺的表现。

（三）移居老人需要更多的精神慰藉

移居老人会面临较多的适应问题，特别需要家庭成员的关怀，因此更期待代际间的情感支持。调查发现，大部分移居老人反映平时与子女沟通交流的频率较低，主要由于子女有个人的工作和生活，闲暇时间较少，缺少相聚交流的机会，但大部分老人表示如果遇到困难，子女会主动关心他们，并给予生活上的照顾和精神上的安慰。而实质上，代际间精神支持的质量并不完全取决于沟通交流的次数，也在于双方能否在关键或困难的时刻提供及时的慰藉和帮助。

（四）为享受生活而选择移居养老逐渐成为一种风尚

一些刚刚进入老年阶段的老年人，由于他们相对年轻，有配偶，健康状况良好，有足够的经济收入，文化程度相对较高，精神状态好，又有很多闲暇时间，生活能够完全自理，对与子女空间距离要求最低，同时能够利用现代化通信设备和交通工具跨越较长距离来满足与子女亲属的沟通，因此有条件选择一种“候鸟式”“休养式”或“度假式”的移居，提高个人晚年生活的质量。

四、移居老人生活存在的影响因素

（一）个人身体健康状况

随着年龄的增长，老年人罹患疾病的概率不断增加。老年人的个人健康状况会直接影响其移居后的社会适应。一般而言，健康状况好的老人，移居后在社会适应程度和对生活的满意程度上都表现出了良好的趋势。因为这些移居老年人没有受到病痛的折磨和死亡的威胁，有机会去调整移居之后的生活，并使移居之后的生活符合自己的要求。对于遭受疾病失能折磨、身体状况本身较差的老人来说，随着移居之后各方面的改变以及患病之后自己给家庭中造成的困难和负担，这部分老人不仅要解决移居之后的生活不适，还要承受在精神上的内疚和无助，移居并没有真正享有想要的晚年生活。另外，如果移居地和迁出地的环境气候、饮食习惯等差异较大，也会影响老年人的身体健康。

（二）经济收入

进入老年阶段的老人，有的失去了原有的经济来源的支撑，使其经济收入大为减少。然而，老年人的医疗成本、移居地的物价水平等往往使老年人的经济需求没有减少反而会有所增加。对于在经济上完全依靠子女的老年人，其移居后生活和情感方面对对子女的依赖性也比较强。如果这种经济、生活和感情的依赖得不到满足，在某种程度上会降低移居城市老年人的生活适应水平。相对而言，在经济上半独立或完全独立的老年人，在物质供养上具有稳定性，对移居生活的安排选择更加自主和多样，对移居之后的生活更为满意。

（三）家庭成员互动

对老年人而言，家庭给予老人的情感支持和慰藉非常重要。尤其是移居到一个陌生地方的老年人，家庭甚至是他们获得情感慰藉的唯一地方。移居老人若能和配偶、伴侣相互照料和陪伴，得到子女的生活照顾，出现不适应的心理状态时能获得家人及时、有效的宽慰，有助于其在和乐融融的氛围中顺利地度过心理不适应的阶段，从而获得了安全感和幸福感。老人在生活中就会一直保持一种愉快而积极的态度去适应新的生活，从而获得对移居生活较好的适应。相反，如果家庭成员之间的互动欠缺或不良，这对于本身身体机能退化、不适应移居环境的老人来说是雪上加霜。

（四）人际关系弱化

伴随着物理空间的转移，移居老人与原有人际关系网络中的成员联系频率日益减少，有的甚至断绝了联系。许多老人离开家乡多年后也逐渐与老家亲戚朋友的关系变得日益疏远，原来建立在传统的血缘、亲缘、地缘基础上的人际关系网逐渐弱化、窄化。而在新的生活环境，老年人要面对可能完全陌生的语言环境，和周围的人也缺乏沟通交流的共同话题。进入老年时期，由于生活目标的收缩以及情感目标的偏重，老年人社会交往的机会和范围缩小，对自己的社会关系网络也开始进行选择性精简，较少与其他情感关系不密切的人来往，甚至对结识新朋友不怎么感兴趣。一些移居老人把主要精力放在了家庭生活上，无暇接触和交往新朋友，即使有也大多停留在认识层面。也有一些老年人通过积极参与社区活动重构新的人际关系，尽快地熟悉和融入新的社会环境。

（五）心理困扰

对于被动移居的老人来说，从故土来到异乡，难以与陌生的城市生活融合，或多或少存在着孤独、茫然、失落、无助等心理困扰。有的移居老人在家乡生活了几十年，对故土有着深厚的感情和难以割舍的眷恋。当老人进入陌生的环境中，熟悉的经历和回忆不断被激活，从而使老人产生浓烈的乡土情结，影响老人对移居地的认同。有的老人原有的人际关系网无法为其提供及时有效的情感支持，内心孤寂一时难以排遣。由于老年人活动范围受限，对移居地的文化、人情等方面的接受较慢，甚至会出现抗拒、排斥，对移居地无法产生情感上的认同和归属，抱着“过客”心态，不能在心理上适应和融入新环境。

（六）制度限制

在我国，由于户籍制度的制约导致“人户分离”的现象存在。一些移居老人未解决户口迁入问题，不但受到“身份认同”的困扰，甚至无法享受到与当地老年人同等的福利待遇，呈现出一种体制外的生存状态。移居老人既失去了户口所在地城市的福利待遇，也无法获得移居地在医疗、养老、福利待遇等公共服务上的同等对待，某种程度上阻碍了移居老人的适应进程。目前，为了缩小外来人口与户籍居民的差距，我国已经采取居住证制度等政策措施赋予外来人员一定的市民权利，在某些方面缩小与户籍居民的“市民待遇”，在制度层面上减轻了移居老人的生活困扰。

第五节 老 年 虐 待

随着全球老龄人口的增加和人类寿命的延长，照顾家庭的责任和关系发生改变，老年人家庭暴力的发生率逐年上升。老年虐待，已被视为一个严重的社会和公共卫生问题。

一、老年虐待的定义与分类

（一）老年虐待的定义

不同国家、不同文化背景等条件下的老年虐待问题有着不同的特点，因此目前学界对老年虐待的定义莫衷一是。但这些定义描述普遍认为老年虐待包含两个方面：一是由老年人的家庭成员或其他照顾者、亲近信赖的人对老年人故意造成严重伤害的行为或者故意或无意地导致严重伤害风险的行为；二是老年人的照顾者不能满足老年人维持生存的基本需求或者难以保障老年人人身安全。另外，行为意图、施虐强度、频率和后果也是评估老年虐待的重要依据。

（二）老年虐待的类型

老年虐待的类型具有地域文化差异。而世界卫生组织在“多伦多宣言”中所引用的老年虐待分类在国际上最为广泛认可。虐待老年人行为主要分为以下几种：

1. 身体虐待　指对老年人施加能够造成痛苦或有害身体的不适当的限制或禁闭。包括暴力施加身体疼痛、伤害、不适当的限制或禁闭、故意剥夺由照顾者或他人为老年人提供的健康服务等。

2. 精神虐待或心理虐待　指故意或鲁莽地贬低、伤害、削弱老年人的个性、尊严和自我价值的言词和交往，使老年人遭受精神上的痛苦。包括威胁、攻击、辱骂、无礼地交谈等。

3. 经济剥削或物质虐待　指未经过本人自愿同意或其合法授权而限制、剥夺老年人使用其个人资金的权利；不适当或非法地使用、侵吞老年人的财产或资金。包括强迫老年人签署违背个人意愿或不理解的文书；剥夺老年人使用其个人资金的权利等。

4. 疏忽照料　指对老年人的需求，如获得适当的食物、干净的衣服、安全舒适的住所、良好个人卫生条件和卫生保健服务的保护的疏忽。如丧失自理能力的老年人无人看护、延误患病老年人的治疗等。

5. 性虐待　指各种未经许可的任何不同形式的性侵犯或接触。如对失去表达能力的老年人强迫裸体。

6. 自我忽视　指老年人以自我为对象，故意采取某些行为损害或使自己处于不安全的境地，如拒绝或无力提供日常生活的必需品等。

7. 遗弃　指放弃或拒绝对老年人履行照顾和监护责任，包括照顾者有意、无意地剥夺食物、生活必需品等。

8. 其他　包括医疗资源剥夺、人权侵犯、强迫劳动等形式。

调查研究表明，对老年人的虐待通常都不是单独发生的，而是各种类型互相联系的，具有综合性的特点。在许多虐待老人的个案中，通常包括了精神、经济和身体等诸多方面的虐待，使老年人遭受严重的财产损失和心理、身体创伤，个人权益受到了极大侵害。

二、老年虐待的特点

（一）老年虐待的普遍性

老年虐待是一个全球性的社会问题。据相关数据表明，全世界 4%～6%的老年人曾经在身体、精神或经济等方面遭受过某种形式的虐待，而实际数字很可能还要更高。即使在一些经济发达、人权高度重视的西方国家，认知完好的老年人中，2.2%～18.4%的人报告曾经受过各种形式的虐待。1992 年美国医学协会的调查研究发现，在美国有 150 万～200 万超过 60 岁（即大约 4%的老年人口）的老人受到暴力、心理方面的虐待，忽视或其他形式的剥削。而虐待老年人的主体，既可能是个人、家庭成员等自然人，也可能是机构、团体等法人单位，如养老院等。

我国对老年虐待问题的研究还比较欠缺。已有的个案研究和局部调查表明，我国农村老年人受虐待状况较为严重。陈柏峰（2009）在湖北京山农村的田野调查显示，在老年人因生重病需要长期照料而对子女形成拖累时，经常招致子女很严重的虐待行为，由此导致当地老年人自杀率不断增高。胡洋（2011）在湖北麻城农村对 2000 多位老年人进行的调查发现，当地农村老年人虐待的发生率为 36.2%，各种类型虐待发生率从高到低依次为情感虐待（27.30%）、疏于照顾（15.80%）、身体虐待（4.90%）和经济剥削（1.95%）。

（二）老年虐待的隐蔽性

美国医学协会的研究发现，14 例虐待老人的案例中，只有 1 例被公共机构发现。老年人受虐的识别和报告极为困难。首先，由于种种原因，施暴者和受虐者可能刻意淡化甚至否认老人受虐的存在和严重性；其次，受害者可能由于不知所措、尴尬、没有意识到自己的权利和可利用的资源，或者由于身体、人际隔绝、害怕报复和担心失去支持等原因不能主动寻求帮助、不敢声张。而有的基层组织和机构又难以识别老年受虐迹象，甚至回避处理此类情况，将虐待老人行为看作是“家内事”而听之任之，并很少考虑老年人的权利。与虐待儿童相比，公众一般对虐待老人的警觉性较低，往往被揭露、报道、处理的老年虐待案例只是冰山一角。

（三）老年虐待的危害性

由于老年人的身体机能状况低下，一旦受到虐待，其后果可能很严重，即使很小的伤害也可能造成严重的、永久性的损伤，包括对身体的伤害而造成终身伤残，药物及酒精依赖，免疫系统反应能力降低，慢性进食紊乱和营养不良，自伤或自我忽略，恐惧、焦虑、无助感、患忧郁症和自杀倾向等心理疾病等。而且老年人受到伤害后，恢复健康的时间也较长。除了造成身体的伤害，治疗费用的支出也给他们带来了经济上的压力，又增加老年人患急性重症疾病的概率。对老年人身体和精神上的虐待会使其住院疗效和接受医疗服务的稳定性与坚持性产生消极影响，妨碍其康复，会直接导致老年人死亡率的上升。因此，老年虐待不仅严重影响老年人的正常生活，还与其发病和死亡直接相关。

三、老年虐待的风险因素

研究者们试图从不同角度来解释老年虐待的原因，并提出以下理论学说。

（一）照顾者压力学说

该学说认为，照顾老年人是一种压力事件。如果照顾者缺乏必要的照顾老年人的知识和心理准备，当老年人的精神或身体有病时，将大大增加照顾者的压力。这些照顾者在面对巨大的照顾压力和生活工作压力下感到无能为力，在特定情境下，很可能将这些压力发泄到老年人身上。然而这一学说的论点并未被检验确认。

（二）个人因素论

该理论认为虐待老人者和受虐老人多数存在个人问题。施虐者有的本身是严重依赖他人的群体，失业，认知受损或患有心理、精神疾病，缺乏社会沟通及互动，孤僻无助；有的因为长期照顾老年人改变了自己的生活，生活满意度下降而护理倦怠增加；有的有酗酒、吸毒、滥用药物等恶习或暴怒、暴力倾向等；有的与老年人没有感情或感情冷漠。而有些受虐的老年人性格自卑、易怒，缺乏自我肯定和认同，委曲求全，或身体长期患病，认知功能下降，生活能力严重衰退。具有这些特征的双方容易出现虐待行为。

（三）社会交换论

该理论提出，每个人都有不同于他人的自我需求和资源，社会互动就是通过资源互换来满足自我需求的复杂交换关系。按照这个理论，当老年人身体在逐渐衰老后，对生产资料的获取和支配能力下降，缺乏可以用来交换的资源和价值存在，失去可能带给对方收益的可能，老人将被家庭及社会孤立，甚至无法逃离危险，最终导致老人受虐待及被忽视行为的发生。

（四）社会态度论

该理论认为，是社会对老年人的消极态度，如对老化过程的刻板印象、年龄歧视等，为老年虐待创造了条件。如果家庭或社会成员将老年人视为衰老、脆弱的依赖者或一种负担，就可能会贬低他们的长辈。久而久之，老年人也会逐渐认同这种负面角色认定，进而在后期生活产生自我忽视的情况，或者容忍虐待忽视行为而不愿意求助。

（五）暴力循环论

该理论认为，暴力是一种可习得行为。很多施虐者在童年时期就生活在暴力家庭中。父母间的暴力行为及成年子女对老年父母的虐待，会对家庭其他成员产生影响，导致他们成年后也多用暴力的态度对待父母、配偶、子女。尤其当由于照顾老年人而引起的人际关系紧张或冲突，而又没有习得适当的处理方法，他们往往习惯性的做出虐待老年人行为。

另外，在我国，面对现今社会改革及经济转型在家庭和个人的矛盾激化状况和越来越严峻的养老压力，家庭伦理道德缺位、社会福利保障制度缺陷、老年人权益保障法律制度的滞后，都是造成老年人被忽视、被虐待的原因。

四、老年虐待的评估工具

准确识别老年虐待是帮助受害者的第一步。虐待老人的几种筛查和检测工具已被开发和测试。但大多数老年虐待筛查工具不符合可靠性、有效性和普遍性标准。少数工具经过临床测试得到认可，被作为老年虐待的诊断评估和指南广泛应用。

（一）虐待老人怀疑指数

虐待老人怀疑指数（EASI）是在加拿大卫生研究院的资助下，由蒙特利尔大学的一个研究小组开发的筛查老年虐待的工具。它通过医患面对面访谈深入评估老人被虐待的风险，适用于认知正常的老者。但这项测试可能需要较长时间才能完成，接受测试的老年人可能会对保健提供者披露私人信息感到不适。

（二）老人虐待和忽视评估

老人虐待和忽视评估（EAI）是由 44 个项目组成的量表评估工具，可用于临床诊断和完成由卫生保健提供者负责的虐待老人筛查，包括对老人的忽视、剥夺和抛弃等，只需要 12～15 分钟即可完成。短期研究报告表明工具具有较高的一致性、敏感性和特异性。

（三）虐待筛查指标

虐待筛查指标（IOA）是用以识别虐待和非虐待的工具。护理者、被护理者的得分和总分越高，则表示越有可能发生虐待。这个工具容易评分，可以由卫生保健提供者快速完成随访评估。但执行测评者必须训练有素，经验丰富，而且测评结果依赖于卫生保健提供者的主观判断。

（四）Hwalek-Sengstock 老年虐待筛查测验（H-S/EAST）

Hwalek-Sengstock 老年虐待筛查测验（H-S/EAST）是通过老年人自我报告来识别可能出现虐待或忽视的状况的工具。它由 15 个条目组成，筛选与老年人虐待相关的三个因素：侵犯个人权利或直接虐待、风险特质和潜在的虐待可能。

研究证明，健全的社会关系可以减缓老年人的衰弱过程，因此通过加强老年人和家庭成员、朋友、邻居之间的联系，鼓励其参与适当的社交活动，有利于预防和减少老年虐待。当虐待已经发生或被察觉，家庭或邻居、相关组织机构等应及时将受虐老人转移，以脱离不安全的家庭环境，住进福利院等庇护机构，并做出相关后续安排，必要时提供医学、法律、伦理、心理方面的干预和援助。2012 年，联合国秘书长在首个“认识虐待老年人问题世界日”上，呼吁各国要为解决虐待老年人问题方面制定和执行更有效的预防战略以及更有力的法律与政策，关爱老年人，共同努力优化老年人的生活条件，使他们能为世界发挥尽可能大的贡献。

（谭贞晶）

第四章　老年社会支持

老年人是社会中的弱势群体，他们在生活中如何获得全方位的养老服务，直接关系到他们如何安享晚年，实现健康养老和快乐养老的生活质量，这就离不开社会支持。我国老年社会支持体系已基本形成，但仍面临不少新的任务和挑战，应继续健全老年社会支持体系，加强体系的顶层设计，统筹协调好家庭支持、社区支持与国家支持的关系，努力满足老年人多层次、多样化的养老需求，最终实现老年人健康养老和幸福养老。

第一节　社 会 支 持

“没有人不需要邻居”这句丹麦谚语启示，每个人都需要其他人的帮助和支持。个人的自我独立与对他人的依赖并非完全冲突，而是相互补充的。老年人作为社会脆弱人群更加需要来自社会的支持，尤其是家庭的支持。老年人属于社会支持的重要目标群体。

一、社会支持的概念

自 20 世纪 70 年代以来，精神病学领域的学者开始研究社会支持及老年人社会支持。心理学、医学、社会学、护理学、社会工作等领域都关注社会支持。学界对社会支持的定义并未统一。Barrera 等人较早对社会支持进行界定，认为社会支持是来自于家庭及成员、朋友、邻居和其他人员提供的帮助。Cobb 认为社会支持是在沟通的社会网络中引导被支持主体相信他们被关心、被尊重的信息。Novak 和 Campbell 认为社会支持是指给予的帮助和获得的支持。McDowell 界定社会支持是人们从依赖、信赖的以及那些使得他们感到受到重视、尊重的人们那里获得帮助。Shumaker 和 Arlene 认为社会支持是为了提高接受者福利的给予者和接受者之间的资源交换。House 强调社会支持是人与人之间关于情感、信息、物质等方面的交易与交换。国内学者普遍认为社会支持是人们从社会中所得到、获得的各种帮助。

总体上，社会支持概念的界定呈现两种观点：①情境型观点。社会支持是为了应对和解决特定的压力性事件。②发展型观点。社会支持被看作是对个人特质和社会发展的一种贡献。社会支持离不开社会网络，通过社会网络这个关键中介，社会支持得以被提供和接受。社会网络是指社会个体成员之间因为互动而形成的相对稳定的关系体系。社会网络关注的是社会成员之间的互动和联系。

社会支持的概念可以从以下几个方面加以概括：①支持客体。谁获得社会支持，即获得社会支持的客体。②支持主体。谁施加社会支持，即给予社会支持的主体。③给予和获得社会支持的途径，即支持主体在社会网络中通过何种途径影响支持客体。例如，配偶之间在经济上、生活上、精神上的相互扶持、照顾和慰藉；朋友之间的相互宽慰等。④获得支持的内容、资源或者性质，即获得何种社会支持。社会支持包含支持主体、支持客体、支持途径和支持内容等基本要素。

综上所述，社会支持是指人们通过各种途径，从其可以信赖、依赖、交换的社会网络中所得到、接受的各种物质上、精神上、情感上的帮助与支持。老年人社会支持，是指老年人从其可以信赖、依赖、交换的社会网络中所得到、接受的各种物质上、精神上、情感上的帮助与支持。社会支持有利于提升老年人的福利，改善老年人的社会功能和身心健康。

社会支持的来源多样化，主要包括政府组织、非政府组织与个人的支持。其中，非政府组织与个人包括企业、社会组织、家庭、朋友、亲属、宠物等。

二、社会支持的分类

（一）根据表现与功能的不同，老年人社会支持包括情感支持、有形支持、信息支持与社会交往支持四种类型

1. 情感支持 情感支持指对老年人给予同情、关心、爱护、接受、怜悯、鼓励等。对老年人提供情感支持使得其感受到自身受到重视和尊重，有时也称为“自尊性支持”或者“评价性支持”。情感支持明显有利于减轻老年人精神压力，是老年人社会支持的核心内容。

2. 有形支持 有形支持指对老年人提供经济支持，实物或者服务，有时也称为“实际支持”或“工具性支持”，是社会支持中较为常见的表现。有形支持包括家务劳动、日常照料、用餐购物服务等，是老年人社会支持的日常内容。

3. 信息支持 信息支持指对老年人提供建议、指导或者其他的有用信息。这种社会支持有利于帮助老年人内部人员及其他人群共同来解决老年人问题。

4. 社会交往支持 社会交往支持是指使得老年人产生和具有社会归属感的一种支持形式或表现。老年人在广泛的如外出、拜访、集体活动等社会活动参与过程中获得社会交往支持。

（二）根据社会支持来源或者主体不同，可以将社会支持分为正式支持和非正式支持

1. 正式的社会支持 正式的社会支持是指借助正式途径实现对个体行为的支持，是解决老年人需求的正式制度支持，指由国家或者政府提供、干预的一种支持，通过政策的制定和实施来实现支持。

2. 非正式的社会支持 非正式支持是指借助非正式途径实现对个体行为的支持，是解决老年人需求问题的一种自然机制，主要包括社会组织、家庭、朋友、同事和邻居的支持。

（三）根据社会支持的客观性，学界也将社会支持分为感知的社会支持和接受的社会支持

1. 感知的社会支持 感知的社会支持指接受者对提供者将会提供怎样的社会支持满足需求的主观判断与预期。

2. 接受的社会支持 接受的社会支持指实际中提供者的社会支持具体行动。

（四）社会支持也可以分为结构性社会支持与功能性社会支持

1. 结构性社会支持 结构性社会支持反映接受者与社会网络的关联程度，如个人的社会关系数量或者如何整合到一个社会网络、家庭关系、朋友、社会组织中等的社会整合功能。

2. 功能性社会支持 功能性社会支持指社会网络发挥情感、信息、工具、交往方面的功能。

三、社会支持的测量

社会支持是可测量的经验现象。不同研究者开发、使用了不同的社会支持的测量手段。被

试自我报告是社会支持测量的最常见的方法。通常，采用事先编写好的调查问卷，被试回忆和回答在某一段时间里获得社会支持的来源、内容、支持力度等情况。研究者也可利用已有的老年人健康、生活相关的大型基础调查数据对老年人社会支持进行分析。

Sarason 等人于 20 世纪 80 年代初期开发的社会支持问卷（Social Support Questionnaire，SSQ）共有 27 个条目，分为两个维度：一是社会支持的数量，即在需要的时候能够依靠别人的程度，主要涉及客观支持；二是对所获得的支持的主观满意程度，评定的是对支持的主观体验。Hendeson 等人于 1981 年编制的社会交往量表主要测量两个维度：社会支持的可利用度和自我感觉到的社会关系的适合程度。该量表是目前比较有影响力的社会支持问卷之一。

我国学者致力于设计符合中国国情的社会支持测量量表。在参考国外有关资料的基础上，自主设计了只有 10 个条目的《社会支持评定量表》，该量表包括客观支持、主观支持和对社会支持的利用度这三个维度。该量表设计具有较好的信度和效度，条目易于理解。张友琴（2001）从三个维度测量老年人的社会支持，即经济支持网、生活支持网和精神支持网。郅玉玲（2006）设计的老年人社会非正式支持系统指标包括生活自理能力（包含洗澡、穿衣、吃饭、室内活动、上厕所）、经费援助（生活费的主要来源）、社会心理支持（婚姻状况、居住状况、身体不舒服时或生病时的主要照顾者）。

四、社会支持的功能

第一，提供经济物质帮助。通过给予资金或者实物能够为个体提供经济支持，提高生活消费能力和消费水平。

第二，缓解精神心理压力。通过沟通、交流等方式能够使人放松心情，缓解精神紧张，减轻心理压力等。

第三，促进身体健康。社会支持能够直接或者间接影响个体的身体健康，一般而言，国家和政府增加医疗卫生投入以及个体提升健康素养有利于提升个人身体健康水平。

第四，增强个体的社会适应性。每个人都面临复杂的社会环境和生活压力，社会支持有利于个体更好地适应社会。

社会支持对个体的生存具有重要意义，使得个体能够从物质上和精神上多方面适应社会压力和社会环境，促进个体身心健康，提高生活质量和主观幸福感。

第二节　老年社会支持的影响因素和效应

影响社会支持的主要因素有制度因素、网络因素和个体因素。老年人社会支持的效应既可能是积极的，也可能是消极的。

一、老年社会支持的影响因素

（一）制度因素

制度因素也指结构性因素。伴随全球化、信息化和人口流动加剧等治理背景的变迁，各国经济社会的发展转型给老年人社会支持带来重大挑战。首先，满足老年人的需求需要大量资源投入。各国的经济社会发展情况不同，政府对老年人的社会支持资源基础与支持模式有所区别。经济发展水平决定了一个国家的老年人社会支持能力。一般而言，经济发展水平越高，老年人社会支持水平也越高。伴随我国经济社会的发展，国家对老年人的社会支持力度不断加大，如我国城乡最低生活保障制度中的补助标准稳步提升。其次，政府组织、第三方部门和家庭都是老年人社会支持的重要力量。如何利用好与统筹协调好各方的资源与功能始终是政府面临的重大的问题；还有，流动老年人的社会支持问题也是实现老年人社会支持公平性、可及性目标不可回避的问题。我国长期实行社会保障制度城乡二元制度，城乡老年人养老保险和医疗保险存在差异。向运华和姚虹（2016）的研究发现以养老保险制度和医疗保障制度的正式社会支持对城乡老年人的生活满意度都具有积极影响。我国二孩政策的启动在一定程度上也会对家庭成员发挥老年人社会支持功能具有重要影响。

（二）网络因素

网络因素主要指老年人所处的社会网络特征对社会支持的影响。社会网络的规模、结构、与其他网络的互动等特点都会影响老年人社会支持的资源和功能。社会支持的网络关系和来源是影响社会支持结果的重要因素。由于居住位置相邻，邻居就能较为便利地为老年人提供紧急性帮助。亲属由于血缘关系和情感纽带更易于提供基于长期承诺的帮助。朋友则在兴趣和价值观方面的事务上能够互相依赖。家庭是社会支持的重要资源和来源，家庭成员数量的变化、结构与功能的转变会极大影响家庭对老年人的社会支持的能力与功能。我国呈现的“421”家庭结构现象中反映出家庭中的中年人既需要照顾子女，同时照顾老年人的责任也较为沉重。贺寨平（2002）的研究发现，老年人社会支持网络成员的社会经济地位、社会支持的数量和质量以及网络变化会极大影响老年人身心状况。收入、职业地位、有无配偶、子女数量、关系强度都会显著影响老年人的身心健康和生活满意度。

（三）个体因素

个体因素主要包括道德观念、性别、年龄、社会经济地位、生理机能、行为习惯、生活习惯，等等。老年人的个体因素也是影响社会支持的重要因素，并与结构性因素、社会性因素发生联系和互动。

1. 思想观念 思想观念会影响个体社会支持的态度和倾向。我国“养儿防老”的传统观念使得我国绝大多数家庭重视男丁在养老服务社会支持中的作用。有调查显示，我国家庭中存在孩子至上，对老年人经济支持意愿低和支持不足的问题。“重幼轻老”的现象反映出一些家庭相对忽视对老年人的支持。

2. 年龄 不同年龄阶段的社会个体对社会支持的需求存在差异。一般而言，婴幼儿需要更多的生活照顾。老年人需要更多的陪伴和护理。

3. 性别 在我国，女性文化程度整体上略低于男性，在经济供养上更多地依赖家庭和配偶，社会参与和社会交往程度相对较低。与男性比较，我国女性更多地承担对家庭中的生活照顾义务，需要国家公共政策的支持。

4. 经济社会地位 老年人社会支持的客体的经济社会地位越高，越能够提供更好更多的老年社会支持。总体而言，经济社会地位越高的个体具有更强的自尊和更加积极的生活态度，有机会获得更多的社会支持。我国城市和农村老年人的经济社会地位存在差异，城市老年人的经济社会地位更高，他们获得的养老保障、医疗保障等方面的正式社会支持优于农村老年人。

5. 健康状况 个体自身的健康状况会影响社会支持功能。健康状况良好的老年人倾向于自助养老，尽量不依赖社会支持。失能老人和半失能老人等特殊老年人则需要较多的社会支持。

6. 行为习惯 居住行为对老年人社会支持具有较大影响。一般而言，与在家庭居住的老年人比较，在机构居住的老年人能够获得更多的行为支持和活动支持，但在家庭居住的老年人能够获得更多的心理支持和情感支持。陈传锋等人（2008）的研究指出，老年人的居住场所或者方式对他们的心理支持、行为支持、活动安排和感情支持具有显著影响。在家庭居住与在养老机构居住的老年人获得的社会支持存在差异。在家庭居住的老年人能够获得的感情支持显著优于在养老机构居住的老年人。

二、老年社会支持的效应

社会支持可分为积极的和消极的两种效应。社会支持对老年人的影响可能是积极的，如改善老年人的心理健康水平，增强老年人的收入维持能力。但社会支持对老年人的影响也可能是消极的，消极的社会支持主要有：老年人的虐待和忽视，来自家庭成员、亲友的指责、批评和要求，无效或者过度的支持，等等。老年人社会支持的效应结果指标主要包括身体上和精神上两种，具体有：①悲痛；②压力；③孤独；④失落；⑤自我认知；⑥健康状况；⑦行动能力；⑧生活满意度，等等。

社会支持通过主效应模型和压力缓冲效应模型两种模型影响老年人的生活状况和满意度。

1. 主效应模型　该模型指社会支持对改善老年人的身心健康具有独立性作用，不一定要在应激情况或者其他因素干预下才能发生作用。

2. 压力缓冲作用模型　该模型指社会支持作为社会心理刺激的中介因素或者缓冲因素，对老年人身心健康产生预防性的保护作用。通过预防压力性事件损害的路径使得老年人免遭压力的破坏作用。

陈立新和姚远（2005）对武汉市 400 多名老年人开展的社会支持问卷调查，对老年人心理健康的主效应和缓冲作用进行研究。缓冲作用主要体现在在不同的心理压力下，社会支持的种类及大小对不同性别老年人的心理健康的影响是不一样的。研究结果表明：社会支持对老年人心理健康具有主效应和缓冲作用；在有轻度及以下心理压力的情况下，较多邻居、同事、家人、经济和活动支持能显著改善男性老人的心理健康水平，较多朋友、同事和活动支持能显著改善女性老人的心理健康状况；在有中度及以上心理压力的情况下，较多家人支持和较多安慰支持能分别显著改善男性老人和女性老人的心理健康状况。

第三节　社会支持与养老服务

养老既是民生事业，也是经济产业。老年人社会支持与养老服务密切相关，是影响老年人身体健康和晚年生活福利的重要因素。老年人养老保障和养老服务是由国家、社区、家庭、社会力量共同负担的整体性的社会支持问题。社会支持是养老服务的重要部分，满足老年人的养老服务需求离不开社会支持，实现“老有所养”的战略目标，必须重视发展养老服务社会支持体系。

一、养老的重要性

在我国，养老既是事关满足人民群众养老需求、维护社会稳定的重大福利事业，也是扩大消费、促进就业和拉动经济增长的朝阳产业。

（一）养老问题是重大民生事业

老年人个体需求能否以及如何得到满足直接关系到广大老年人的生活质量和幸福度。养老问题事关广大群众和家庭的切身利益，是重大民生工程，是社会稳定和国家长治久安的重要保证。我国社会养老保障制度是社会保障建设的重要部分，是社会发展的“稳定器”和“调节器”，对维护社会稳定发挥着重要作用。

（二）养老产业是我国国民经济的重要组成部分

养老既是关乎老年人生活幸福的福利事业，也是有利于促进经济增长的国民产业。不能单纯将养老服务业简单地视为老年人福利事业，更不能将养老服务视为国民经济发展的负担。庞大的老年人群体对照料和医护的需求，有利于养老服务消费市场的形成。一方面，加强养老设施及机构建设，能够直接带动建筑、机械、钢材、水泥等产业的发展；另一方面，开展养老服务，能够有力地促进社会就业和再就业。据推算，2020 年我国老年人护理服务和生活照料的潜在市场规模将超过 5000 亿元，可新增社会就业岗位超过 710 万个。养老产业已然成为国民经济中的重要组成部分。

（三）我国面临人口老龄化的严峻挑战

人口老龄化给全球都带来了挑战。2017 年，全球 60 岁以上的人口已达到 9.62 亿，这一数字预计到 2050 年达到 21 亿。在我国，老年人口基数大，人口老龄化速度快，养老问题更加凸显。据统计，2014 年我国 60 岁以上的老年人已突破了 2 亿，并预测 2055 年将达到 5 亿。养老已成为最重要的社会、经济甚至政治问题。努力实现积极养老和健康养老是我国应对积极老龄化的必然选择，考验党和政府的执政能力和水平。在人口老龄化加速和经济新常态的影响下，我国政府应妥善处理老年人社会保障水平和经济发展之间的关系，将老年人社会福利控制在适度、合理的水平。

二、养老的概念

所谓养老，就是指以国家、社会、家庭和个人作为保障主体，采取多种方式和手段奉养和供养老年人，为老年人在经济支持、生活照顾、医护和精神慰藉提供服务，满足其物质需求和精神需求。“养老”，既包含一种为实现老年人“老有所养”的制度、机制安排，也包括一种老年人的休养生活状态。

“养老”涉及谁来养，怎么养以及养谁的问题。联合国国际人口学会《人口学》词典认为，老年经常用来指大多数人在此时将要退休的那一生命周期，在此年龄以上的人称为老年人。以生理年龄度量老年人是目前通行做法。1982 年，维也纳召开的“世界老龄问题大会”上将老年人的生理年龄起点定为 60 岁。我国《现代汉语词典》中将年龄在 60 岁以上，退出社会生产领域的人口称为老年人。

因时空环境和自我主观评价的变化，对老年人的确认和度量并不是绝对的，具有明显的静态性和动态性相结合特点。各国人口出生预期寿命和健康状况不尽相同，使用统一标准度量老年人口难以真切反映和客观判断老年人实况。

三、养老服务的特征

（一）福利性

养老事业是福利性事业，关乎老年人晚年生活幸福和福利。政府始终高度重视提高老年人福利，为老年人举办或者支持各种养老服务机构建设，提供各种福利性补贴和服务，如举办老年福利院，设置高龄补贴和老年人免费健康体检项目等。

（二）社会性

养老问题是一个关乎家庭和谐甚至社会稳定的社会性问题，需要全社会的参与和支持。老年人具有社会性特点，他们渴望参与社会和自我价值的实现。养老既要关注老年人的生物性，也要重视老年人群体的社会性特点。

（三）多元性

就责任主体而言，解决养老问题是全社会的责任。国家、政府部门、社会慈善组织、企事业单位、老年人所在家庭及其亲属成员共同在养老中发挥了重要作用。就养老服务而言，老年人养老需求多样化，不仅有基本生活需求，还有精神需求、医疗护理需求及社会参与及自我实现的需求。

四、养老服务的内容

养老服务既包含有形的服务，也包括无形的服务。养老服务内容十分宽泛，凡是用于满足老年人养老需求的内容都属于养老服务。养老服务内容主要包括经济供养、生活照料、精神慰藉和医疗保健等七个方面，主要包括以下范畴：

1. 经济供养　为老年人提供养老经济来源、养老保障金、特殊老年补贴、津贴、“三无”“五保”老人社会救济金等。

2. 生活照料　为老年人提供日托、打扫卫生、洗衣做饭、陪购代购、配餐送餐、家政服务等一般照料和陪护等特殊照料的服务。

3. 医疗保健　为老年人提供疾病防治、康复护理、心理卫生、健康教育、养生保健、建立健康档案、开设家庭病床等服务。

4. 法律维权　为老年人提供法律咨询、法律援助及维护老年人赡养、财产、婚姻等合法权益等服务。

5. 文化娱乐　为老年人提供学习、知识讲座、书法绘画、图书阅览、棋牌娱乐、旅游等服务。

6. 体育健身　为老年人提供活动场所、体育健身设施、健身团队等服务。

7. 精神慰藉　邻里结对、老年人互助、志愿者慰问、社区关怀等志愿服务。

上述范畴是养老支持和服务的主要内容，在养老实践中可能呈现出更多的表现形式。

五、养老服务的内容

（一）养老方式的概念

一切服务于老年人晚年生活，满足其生活中全方位需求，以提升其生活质量、满意度、幸福度的形式、途径、方法和手段都可以称为“养老方式”。

（二）养老方式的分类

按照不同的界定标准，可以对养老方式进行不同的划分。

第一，从养老经济支持主体或者来源出发，分为政府养老、家庭养老、社会养老和自我供养。

第二，从客体需要出发，分为经济供养方式、生活照料方式、精神慰藉方式和混合方式。

第三，从居住和服务场所出发，分为居家养老、社区养老和机构养老；还可分为本地养老和异地养老。

1. 居家养老 居家养老，是一种以“家”的场所作为平台，同时依托相对固定的社区，主要由家庭成员、亲友和社区服务人员提供服务的养老方式。居家养老，以上门服务为主要支持形式。服务内容涵盖生活照料、家政服务、康复护理、医疗保健、精神慰藉等。对身体状况较好、生活基本能自理的老年人，提供家庭服务、老年食堂、法律服务等服务；对生活不能自理的高龄、独居、失能等老年人提供家务劳动、家庭保健、辅具配置、送饭上门、无障碍改造、紧急呼叫和安全援助等服务。

2. 社区养老 社区养老，是依托老年人居住地就近社区，主要面向家庭日间暂时无人或者无力照护的社区老年人提供服务，由社区的有关服务机构和人士为老人提供上门服务或托老服务的养老方式。社区养老，以建立和完善老年人日间照料中心、托老所、老年人活动中心、互助式养老服务中心等社区养老设施为主要支持形式。服务内容除了上述居家养老服务外，重点突出搭建老年人的日常社会活动和交往平台以及社区基础设施建设。

3. 机构养老 机构养老，是指老年人通过集中入住专门综合性的老年养护机构或者其他养老机构，获得养老服务的一种养老形式。机构养老，以“托底”服务和“定制化”服务为主要支持形式。我国公办养老机构主要发挥基本养老服务职能，优先保障孤老优抚对象、经济困难的孤寡、失能、高龄等老年人的服务需求，充分发挥“托底”作用。非公办养老机构定位于满足老年人群多样化、个体化、高端化养老需求，重点推进供养型、养护型、医护型养老设施建设。

根据机构产权属性，养老机构可以划分为公办养老机构和民办养老机构。根据服务对象的身体状况类别，养老机构划分为自理型养老机构、助养型养老机构和养护型养老机构，服务对象应分别以自理老年人、半失能老年人、失能老年人为主。根据主要养老服务功能，养老机构划分为看护型、住宅型和健康型。根据名称类别，主要有敬老院、老人院、福利院、老年公寓、护老院、护养院、护理院等。

第四，从集中程度出发，分为集中养老和分散养老；个体养老和群体养老等。

第五，从是否有正式制度安排和保障出发，分为正式养老和非正式养老。正式养老主要指政府部门、社会慈善、志愿组织等正式组织主导的养老；老年人非正式供养体系的主体则主要指配偶、子女、亲属、同事、朋友。

以不同的界定标准区分养老方式并不是绝对客观的。以一种界定标准来划分不能涵盖所有的养老方式。某种养老形式并不一定能归为一种特定的养老方式，如目前社会上出现了“以房养老”等多种新型养老方式。在现实中，不同类型的养老方式往往是同时存在的。养老方式反映手段、途径与目的的有机结合。单一的养老方式不能满足老年人的全部需求，需要其他养老方式共同配合。

六、社会支持在养老服务中的作用

老年人社会支持是养老服务中的重要部分。老年人社会支持强调老年人与社会组织或者社会主体的互动与联系。养老服务的范畴更加广泛，一切有利于老年人养老的途径和手段都属于养老服务，不强调服务主体与服务客体之间的互动。社会支持在养老服务中发挥扩大服务供给来源、补充服务筹资渠道、丰富服务提供方式和增强老年人社会参与机会的作用。

（一）社会支持扩大养老服务供给来源

社会支持有利于扩大非正式形式支持的养老服务。具有相似经历老年人的激励和信息反馈，能够为老年人提供有价值的教育信息和情感支持信息来源。研究表明，来自互联网和社会媒体的支持能够对老年人的养老服务产生积极、显著的作用。

（二）社会支持补充养老服务筹资渠道

养老服务资金投入巨大，主要用于养老机构建设维护、养老保险筹资、老年人上门服务等。社会支持有利于扩大养老服务的资金来源，满足养老需求。除政府财政补助、老年人个人及其家庭出资外，企业、公益慈善组织及其他社会力量加大投入，参与养老服务设施的建设、运行和管理，有利于扩充和健全养老服务筹资渠道。

（三）社会支持丰富养老服务提供方式

社会力量参与支持养老有利于丰富养老服务提供方式。社会支持主体可通过政府直接补贴、公建民营、民办公助、政府购买服务等多种方式参与养老服务的提供。

（四）社会支持增强老年人社会参与机会

社会支持有利于增加老年社会参与机会和满足老年人精神需求。在相对频繁的互动和联系的社会支持中，老年人通过信息交流和情感交流能够形成新的有关养老的自我认知，有利于增加他们的社会活动参与机会，较好地实现精神慰藉和满足，并改变健康行为或生活习惯等。

第四节 我国养老服务社会支持体系的现状与问题

经过多年的努力，我国已经初步形成了养老社会支持与服务体系，养老机构不断增加，养老服务内容不断丰富等，同时我国养老社会支持与服务体系也面临较为严峻的现实挑战。我国养老服务社会支持体系建设也面临一些新形势和新趋势。

一、养老服务社会支持体系的发展现状

养老服务社会支持体系是一个集政府、非正式组织、社区、社会公众力量以及老年人自身和老年人私人社会关系等多元主体的养老服务系统。在党和政府的高度重视下，近些年来我国养老服务社会支持体系建设取得了长足发展。

（一）老年人养老服务社会支持网络初步形成

我国以全体老年人为中心，以保障三无、五保、高龄、独居、空巢、失能和低收入老人为重点，借助专业化养老服务组织，提供生活照料、家政服务、康复护理、医疗保健等服务的立体多维的养老服务社会支持网络已经初步形成。社会养老保险制度不断完善，企业退休人员基本养老金待遇不断提高。老年人社会福利和社会救助制度逐步建立，社会福利和社会救助标准逐渐提高。城乡计划生育家庭养老保障支持政策逐步形成。全国各地的高龄津贴制度覆盖范围和人数不断拓展，津贴标准不断提高。2014 年底纳入社区管理的企业退休人员共 6038 万人，占企业退休人员总数的 80.2%。

（二）老年人养老服务社会支持主体多元化

政府通过建立健全社会保障制度、养老保险制度、医疗康复政策、扶贫政策、最低生活保障制度、老年人津贴等与老年人相关的制度安排和政策干预为老年人提供正式支持。具有公益性、自治性、独立性特点的非营利性组织也成为老年人养老服务社会支持的重要主体。家庭和社会力量也积极参与老年人养老服务社会支持。

（三）老年人养老服务社会支持资源日益丰富

养老机构数量不断增加，服务规模不断扩大。截至 2016 年底，全国各类养老服务机构和设施 14 万个，其中，注册登记的养老服务机构 2.9 万个，社区养老服务机构和设施 3.5 万个，社区互助型养老设施 7.6 万个；各类养老床位合计 730.2 万张，每千名老年人拥有养老床位 31.6 张。社区养老服务设施进一步改善，社区日间照料服务逐步拓展，社区留宿和日间照料床位 322.9 万张。与此同时，全国共有老龄事业单位 1828 个，老年法律援助中心 1.9 万个，老年维权协调组织 7 万个，老年学校 5.4 万个，各类老年活动室 35.9 万个。享受高龄补贴的老年人 2355.4 万人，享受护理补贴的老年人 40.5 万人，享受养老服务补贴的老年人 282.9 万人，受益老年人数量保持增长趋势。

（四）老年人养老服务社会支持标准化建设工作启动

2014 年 1 月 26 日，民政部等五部门联合印发《关于加强养老服务标准化工作的指导意见》，提出到 2020 年，基本建成涵盖养老服务基础通用标准，机构、居家、社区养老服务标准、管理标准和支撑保障标准，以及老年人产品用品标准，国家、行业、地方和企业标准相衔接，覆盖全面、重点突出、结构合理的养老服务标准体系。《社会养老服务体系建设规划（2011—2015 年）》指出要“制定和完善居家养老、社区养老服务和机构养老服务的相关标准，建立相应的认证体系，大力推动养老服务标准化，促进养老服务示范活动深入开展。建立养老机构等级评定制度。建立老年人入院评估、养老服务需求评估等评估制度”。养老服务标准制定成果陆续涌现，包括《养老机构基本规范》、《老年人社会福利机构基本规范》、《养老护理员国家职业标准》、《老年人居住建筑设计标准》、《老年人能力评估》等。

二、养老服务社会支持体系存在的问题

（一）社会支持网络和机制仍不健全

1. 政府主导的老年人正式社会支持有待改善 老年人整体社会保障程度有待提高，社会养老保险制度公平性有待改善；政府购买服务形式的养老服务工作仍然处于起步阶段，政府购买养老服务内容、资金投入、服务监管、绩效考核等方面的制度建设尚不健全；政府制定的养老服务优惠政策落实难以到位，缺乏配合家庭提供的老年人社会支持的社会政策；政府主导的正式养老服务社会支持体系“碎片化”，涉及民政、残联、社保等部门，政策支持之间配合不足。我国有利于平衡老年人家庭照顾者处理工作与家庭关系，激励和保障他们为家庭老年人提供养老服务支持的社会政策较少，家庭中的老年人照顾者尤其是女性照顾者需要平衡好工作与家庭的关系。老年人社会养老保险与社会救助之间存在脱节问题。老年人医疗保险制度和老年人照护保险制度关系不明晰。

2. 非正式社会组织和社会力量的老年人社会支持作用有限 社区养老服务和养老机构床位严重不足，供需矛盾突出；养老设施简陋、功能单一，难以提供照料护理、医疗康复、精神

慰藉等多方面服务；布局不合理，区域之间、城乡之间发展不平衡；民间养老服务队伍专业化程度不高，行业发展缺乏后劲；服务规范、行业标准有待加强；老年人服务的社会公益组织中的人员队伍的规模、素质有待提高；民营养老机构因法律法规不健全、优惠政策难落实、专业人才难挽留等因素面临困境，发展较为缓慢。

3. 老年人养老服务社会支持专业化程度亟待提升 社会工作者和照护者是养老服务中十分常见并且重要的社会支持来源。老年社会工作者是运用社会工作的专业知识，以老年人及其相关人员和系统为工作对象，帮助老年人特别是处境困难的老年人，改善老年人社会功能，提高生活质量，使老年人有更好的社会适应和福祉。社会工作者主要通过关怀服务、心理疏导、精神慰藉、兴趣活动、信息咨询等形式介入居家养老、社区养老和机构养老，为老年人养老提供社会支持。我国养老服务社会工作者存在专业性不高、专业素质偏低、职业认同度低下、社会地位和薪酬待遇偏低等现象，造成人员流动性大、素质参差不齐等突出问题，这些问题极大地影响社会工作者在养老服务中的支持性作用。

我国养老服务照护人员呈“四多一少”现象。文化程度低、外来人员多；流动频繁、年龄偏大的多；持有上岗证及初级证书的多；中高级护理人员少；工作任务多。全国民政职业教育教学指导委员会“养老人才”课题组研究结果显示，受调查的近 80%养老护理员年龄超过 40 岁，约 70%的受教育程度在初中及初中以下；养老护理员与单位签订劳动合同的占 64.9%，没签订合同的占 27.8%；不清楚的占 7.3%。另据长期照护全国联盟秘书处于 2013 年发布的养老护理员行业工资指数，我国养老机构中养老护理员 8 小时工作制的平均月薪为 2272 元，即便财政给予每名护理员 1000 元一次性职业补贴，薪资水平仍较为低下。家庭照护对老年人照护具有基础性作用，但较低的素质、社会认同感和薪酬待遇直接制约了照护人员对家庭照护的辅助性作用发挥，老人尤其是失能老人的照护问题令人担忧。

（二）养老服务社会支持内容和方向单一

老年人的养老服务社会支持，以生存层次的生活照料和经济供养为主，相对忽视了心理健康、精神慰藉、社会交往和人格尊重。目前，我国老年人的养老服务社会支持以生活消费“救助型”的服务为主，对于老年人的发展能力的支持力度较弱。在面向的社会支持参与者方面，老年人的养老服务社会支持以支持被照顾者为主，忽视了支持家庭照顾者尤其是女性照顾者。在社会支持方式上，过于依赖国家和政府提供的正式社会支持，国家相对忽视非正式社会支持，例如家庭亲友、社区邻里、宠物等来源的非正式支持，缺乏对这些非正式社会支持功能的重视和制度保障或激励。

（三）特殊老年人养老服务社会支持力度不足

我国企业退休老年人养老金待遇仍然偏低，难以满足其养老需求。2014 年我国企业退休养老金人均为 2000 元左右。老年人医疗费用支付能力不足，医疗费用负担仍然较为沉重。特殊老年人的社会支持难以保障他们的基本生活、生存需要，仍不能“托底”。例如，老年人的最低生活保障标准和五保供养标准仍然较低。政府面向空巢老年人、失独老年人、失能老年人和残疾老年人这些特殊老年人实施的正式“托底”社会保障制度和机制才刚开端。这些特殊老年人维持生活所需的经济供养等社会支持仍然缺乏制度性的“托底”保障。

1. 空巢老年人 根据全国老龄办统计数据显示，有近一半的老人属于城乡空巢家庭或类空巢家庭。据北京老龄办公布的数据，北京市老年人口约 250 万，其中空巢老人约 100 万，占老年人口总数的 40%。到 2030 年，我国老年人口将近 3 亿，空巢老人家庭比例或将达到 90%。

空巢老年人尤其是农村空巢老年人经济收入普遍不高，主要依靠自己劳动所得和子女支持。空巢老年人面对病痛常常面临几大困境：急病突发无人知晓、慢性急病无人照料、医疗费用过高无法承担。由于子女不在身边陪伴，空巢老年人容易感到心理失落、精神寂寞、情绪状态欠佳。

2. 失独老年人 家庭中的唯一子女不幸离世，家中的老年人被称为“失独老年人”。据测算，我国每年将新产生大约15万失独老年人。目前，我国失独家庭至少超过百万，失独老年人已经超过200万。对失独家庭来说，传统的家庭养老方式失去之后，失独老年人只能依靠国家和社会。我国对失独家庭的帮扶制度并不完善，几乎处于空白状态。失独老年人被称为“生活无依、病无所医、老无所养、死无人送”的社会边缘群体。他们的生活能力和生活信心严重不足。政府提供给失独家庭的补贴大约每人每月100～200元。这种保障水平的养老服务社会支持功能十分有限。

3. 失能老年人 我国部分失能和完全失能老年人大约有4000万。这些特殊老年人的生活照料和医疗护理的养老服务需求十分迫切。然而，我国失能老年人的社会支持资源严重不足。我国《2009年民政事业统计报告》和中国老龄科学研究中心发布的《全国城乡失能老年人状况研究》显示，全国老年人的收养机构有将近4万家，总床位数大约为266.2万张，其中收养的失能老年人数量为24万～35万，只占全部收养老年人数量的17%。将近50%的收养机构只接收自理老人或者以接收自理老人为主，不接收失能老人。仅有30.4%的农村养老机构不以失能作为限制条件，超过40%的农村养老机构只接收自理老人。城市中的养老机构尤其是民办养老机构有关接收条件相对宽松。

4. 残疾老年人 老年人残疾包括视力残疾、听力残疾、言语残疾、肢体残疾、智力残疾、精神残疾、多重残疾和其他残疾状况。据统计，我国大约有8500万残疾人，其中包含大量老年人。残疾人福利是我国社会福利的重要组成部分。国家和社会在保障参加老年人基本物质生活需要的基础上，为他们在工作、教育、医疗、康复等方面提供设施、条件和服务支持。2015年1月，国务院印发《关于加快推进残疾人小康进程的意见》，指出我国将建立残疾人基本生活托底保障机制。国家正加大对残疾老年人的社会支持。但是，残疾老年人及家庭能够获得的社会支持资源仍然有限，大多数人员生活较为困难甚至难以为继，较难享受到照护和康复服务，严重影响他们的晚年生活质量和生活幸福感。

三、养老服务社会支持体系存在的问题

（一）从依靠家庭支持向社会化支持与家庭支持相结合转变

人类社会发展到一定阶段，产生了家庭。我国五千年的历史和文化孕育了独具特色的养老方式，主要养老方式与家庭发展密切相关。《中国大百科全书·社会学》中的“家庭养老”词条提及家庭的存在这个社会历史条件是家庭养老的基础，是一种最主要、最普遍、最根本的养老方式。学者陈功认为我国经历了宗族大家庭养老、小家庭养老、大家庭养老和家庭养老四个阶段。在悠久的古代和近代历史长河中，我国养老方式以家庭养老为主，政府养老和社会养老为辅。在尊老、敬老、爱老的中华民族传统美德熏陶下和“养儿防老”的传统观念影响下，家庭几乎成为养老的唯一主体。我国宪法中有条款规定，“成年子女有赡养扶助父母的义务”。中华人民共和国成立以来，我国养老服务经历了改革开放前的国家、单位统包统揽到政府主导、市场和社会参与的过渡，老年人的养老保险从单一的退休金制度向社会养老保险制度转变。虽然目前对我国家庭养老功能与地位存有争议，但基本认同家庭养老功能有所转变，应加强社会养老功能。目前学界关于家庭养老的地位与功能主要有两种观点：一种认为我国家庭模式基本稳定，老年人家庭养老意愿强烈，家庭养老仍然是主要的养老形式；另一种认为伴随我国经济社

会和家庭结构的变化，家庭的养老功能正在弱化，社会养老应成为主要方式。在儒家思想的影响下，我国长期以来形成了家庭养老的传统方式。“养儿防老”的传统观念仍深入人心。但是，伴随经济社会的变迁，我国家庭规模小型化、流动家庭和留守家庭的数量增多以及计划生育工作的实施等都给传统的养老观念带来冲击，仅仅依靠家庭养老已不再能全面有效满足老年人多样化、多层次的养老需求，需要社会化的养老服务加以支持和补充。因此，我国逐渐从依靠家庭养老转向家庭养老和社会养老相结合。

（二）从侧重物质需求向“医养结合”和精神需求与物质需求相结合转变

过去，老年人主要依赖土地和家庭维持基本的生存生活需要，现在老年人对健康医疗的需求逐渐强烈，对生存生活质量需求提高。根据国家卫生和计划生育委员会发布的《中国家庭发展报告 2015》显示，我国人口老龄化中高龄、失能老人增多，加之老年人愈加重视自身的身体健康，其最强烈的需求是健康医疗服务，其次则是社会化需求。老年人这个特殊的群体，容易孤独和失落，他们拥有大量的空余时间，精神生活需求旺盛。他们的精神文化需求如果长期无法得到满足，就会严重影响到生活品质和身体健康。如何丰富老年人的精神文化生活，使得他们参与社会活动和交往，如何使老年人摆脱孤独寂寞的困扰，已是全社会包括老年人群体自身都不应忽视的问题。

“医养结合”发展前景远大。老年人身体健康状况相对较差，健康服务需求强烈。我国拥有大量失能老人和半失能老人，他们的医护服务需求十分强烈。据中国老龄科学研究中心于 2011 年发布的《全国城乡失能老年人状况研究》报告指出，2010 年末全国城乡部分失能和完全失能老年人约 3300 万，占总体老年人口的 19.0%。其中完全失能老年人 1080 万，占总体老年人口 6.23%。而据全国老龄办统计预测，到 2020 年我国的失能老年人将达到 4200 万，80 岁以上高龄老年人将达到 2900 万。目前我国大多养老院只能单一地为老年人提供基本生活养老服务，难以给老人提供专业的医疗服务。老年人如果在养老院和医疗机构之间奔波，对他们和社会而言是一项沉重的负担。“医养结合”是养老服务的必然发展趋势。

（三）个人自助与社会支持相结合

养老是一项需要巨大资金投入和时间投入的事业，单靠国家、家庭和个人难以承担，需要个人自助和社会支持相结合。养老的资金来源由过去的家庭成员或者社会保险供给为主向个人储蓄、资产积累为主转变。虽然我国社会养老保障制度得到发展和完善，养老人群覆盖面不断扩大，保障水平不断提高，但仍存在保障水平偏低，地区行业不公平等问题，许多居民偏好加强自我储蓄以抵抗养老风险。近几年来，我国的居民高储蓄率和房产投资现象在一定程度上反映了居民对未来养老保障预期向个人资产积累转变。目前我国一些地方创新的“养老时间银行”养老模式就是自助养老与社会养老相结合的有益探索。

（四）补充养老保险与商业养老保险快速发展

国际上社会养老保障体系有三大支柱，分别是社会保险、企业年金与个人商业养老保险，后两者属于补充养老保险，不具有国家强制性。近年来，伴随养老需求的多样化和个性化需求难以得到满足，我国补充养老保险和商业养老保险得到不断发展。补充养老保险是由单位（企业、机关事业单位等）根据自身经济实力，依据相应的法律法规，为本单位职工提供的作为退休收入保障的补充性、辅助性的养老保险制度。据我国人力资源和社会保障部统计，2014 年底全国有 7.33 万户企业建立了企业年金，比上年增长 10.8%；参加职工人数为 2293 万人，比上年增长 11.5%；年末企业年金基金累计结存 7689 亿元。根据西南财经大学中国家庭金融调查

（CHFS）数据显示，未来可能会有越来越多的居民选择商业养老保险作为重要的养老保障方式。补充养老保险和商业养老保险正日益成为我国养老体系中的重要部分。

（五）加快建设"适老社区"

"适老"指的是适合老年人居住和生活，能够保证老年服务的可及性，使得"老有所养、老有所乐、老有所为"。"适老社区"建设，就是指以社区为平台，将适老住宅、环境与养老服务相结合，开展融合老年人生理、心理和社会交往等各方面需求的养老服务机制及实践创新。我国老年人的主要养老意愿是以上门服务为支撑的居家养老和以社区为依托的居家养老。社区是老年人生活和社会交往、情感交流的主要场所，社区作为承担养老功能的重要场域的作用日益得到重视。各地积极探索"适老社区"建设，致力于衔接整合居家养老和社区养老功能与资源，包括老社区改造和新社区的投资建设两种基本形式。"适老社区"建设不仅是城市创新管理的一种崭新思路，更是强化对老年人的社会支持与联系，融合居住、服务和保障的养老方式创新。

第五节　建设"适老社区"

伴随我国经济社会的转型，我国的养老模式也处于重构与转型期。因文化传统的影响，居家养老和依靠家庭支持养老在我国仍处于基础性地位。2006年全国老龄办发布的《我国城市居家养老服务研究》显示，中国85%以上的老年人有享受居家养老服务的意愿。中国是具有家庭养老服务传统的国家，建设和完善"适老社区"是符合中国传统文化、适合中国基本国情的养老服务方式。

（一）加快建设和完善我国"适老社区"，应尽量遵循以下几点原则

1. 住宅环境的宜居性　住宅设计和建设应符合国家有关老年人住宅的标准规范。社区住宅环境应在绿化景观、通风采光等各方面适合老年人心理、生理特点；住宅设计应考虑利于老年人出行和活动安全要求，如无障碍设施等。

2. 服务设施的配套性　楼房以及社区公共范围的基础服务设施直接关系到老年人活动功能，能否就近享受到养老服务等。社区中的老年人照料、护理、用餐、文娱等基础配套设施应全面合理配备。

3. 社会支持内容的可及性　除日常生活照料外，医疗保健、社会交往和自我实现等也是老年人的普遍迫切需求。建设"适老社区"应重视满足老年人文化娱乐、社会交往等精神需求，这是实现老年人全方位社会支持和满足多样化养老需求的必然要求。

4. 交通出行的便利性　老年人普遍行动能力较弱，应确保老年人出行无障碍和便利性。

（二）我国加快建设"适老社区"面临较为严峻的挑战

1. 当前我国适老化住宅设计和规划还未引起政府部门和全社会重视　实际上，适老化住宅设计和规划并不会增加过多投入，关键在于理念的转变。当前我国社会老龄化形势日趋严峻，然而与老龄化社会紧密相关的老年居住环境及住宅建设严重滞后的问题却远未引起全社会的重视，甚至有些人认为适老化设计影响了自身的居住质量，亟待转变观念。

2. 缺乏住宅适老化设计的强制准入标准　目前我国有关老年人住宅建筑规范仅为指导性意见，对参与主体并无强制性要求，影响老年人居住质量。

3. 责任主体不明晰　我国有大量老年人居住在旧宅中，不适宜老年人居住，亟待开展旧宅适老化改造，然而我国制度层面改造的责任主体并不明确。建设规划部门和民政部门等管理部

门权责不清晰，导致建设的筹资主体不清，投入不足。因此，全国只有极少数地区开展旧宅适老化改造，绝大部分老年人仍然居住在环境较差、基础设施不配套、养老服务单一的旧住宅和社区中。

第六节　国内外典型养老服务模式

一、美国太阳城：打造慢城市养老社区

太阳城是美国较大的老年社区之一。该中心始建于1961年，坐落在佛罗里达西海岸，现有来自全美及世界各地的住户1.6万户，并一直处于持续增长的态势。

美国太阳城整个社区由包括“太阳城中心”（独立家庭别墅）、“国王之殿”（连体别墅）、“湖中之塔”（辅助照料式住宅和家庭护理机构）、“庭院”和“阿斯顿花园”（出租的独立居住公寓）以及“自由广场”（辅助照料式住宅和家庭护理机构）六大居住社区。

“太阳城”还有一个名字就是“老人城”。之所以叫“老人城”，是因为这里明文规定：所有居民年龄必须在55岁以上，在该年龄以下者，即便是亲属也无居住权；子女想护理生病的老人，只能住在城外；18岁以下的陪同人士，1年居住时间不能超过30天。这样的规定使“太阳城”的人口独具特色：18岁以下的人口占0.4%，18～24岁为0.3%，25～44岁为2%，45～64岁为17.5%，65岁以上为79.8%。

这里的建筑规划完全按照老年人需求设计，小区内实现无障碍设计：无障碍步行道、无障碍防滑坡道，低按键、高插座设置，社区住宅以低层建筑为主。社区内的空间导向性被强调：对方位感、交通的安全性、道路的可达性均做了安排，实施严格的人车分流。

对老人们来说，这座城市的魅力，绝不仅仅是气候好、适宜老人居住。实际上，这里的住宅与老人娱乐活动场所交织，所有设施全都以方便老人为第一宗旨：整个城市节奏慢，车辆最高时速为48公里/小时，高尔夫球车是居民的主要交通工具；城区除了拥有几所专为老人服务的综合性医院外，心脏病中心、眼科中心等数百个医疗诊所遍布大街小巷。许多患有突发性疾病的老人，脖子上都佩戴着一个项链一样的报警装置，遇到危险，只要按一下“项坠”，救护车就会立即赶到。

二、日本港北新城：“镶嵌式”养老住宅

日本港北新城把老年人住宅产品与其他租售性质的住宅产品混合设计在一个生活社区内，使老年人的生活更加活泼多彩。

港北新城把老少户住宅、老人专用住宅、养老公寓等镶嵌在普通住宅中。老少户住宅指同一楼层中相邻或相近的两套住宅，或者同一单元内上下层相邻的两套住宅，其中一套为老人居住，另一套为子女家庭住。老人专用住宅套型是指将普通住宅楼栋中的一部分套型进行适老化设计，例如，增加扶手、满足轮椅通行需求、考虑护理人员陪住等。养老公寓通常为社区中专门的楼栋，其居住对象既可以是自理老人也可以是需要护理的老人。在规划设计时，建议将养老公寓靠近小区出入口或社区边沿布置，一方面人员、车辆，如救护车出入方便，另一方面便于对养老公寓进行单独管理。

在日本，现在并不主张建大型养老院，而是强调老人们在自己的家中养老，加强与社区的互动。目前，日本的养老服务已在主推“小规模、多技能的社区养老”。在小规模、多技能的社区养老院中，床位在20至30张左右，包括24小时的入住照顾服务、白天的日托服务和居家上门服务。

三、绿城：学院式颐乐养生养老

绿城 • 乌镇雅园是绿城集团推出的首个养生养老项目，中国首创学院式养老模式。项目坐落于国家著名 5A 级景区乌镇。乌镇是江南水乡文化的典型代表，地理位置优越，位于上海、杭州、苏州等长三角核心城市群的中心位置，距离上海虹桥机场仅 110 公里，距离杭州仅 60 公里，交通十分便利。

颐乐学院作为绿城 • 乌镇雅园最主要的园区配套之一，建筑面积约 3.5 万平方米，相当于浙江老年大学的 1.5 倍，是目前国内规模最大、设施最全的老年大学之一。颐乐学院类似于“寄宿制老年大学”，设置了五大课程体系，从运动养生，到书法国画，到武术下棋，或是烹饪园艺，涵盖了老年人需要的各类课程。除了丰富的课堂教学外，还鼓励老年人自己组建学生社团。

“活到老、学到老”是颐乐学院的一个重要特质，老年课程实行学分银行制，通过考勤认定、学分积累的计分形式，对修满学分或表现突出的学员颁发学位证，提供游学奖、支教机会等。住在绿城 • 乌镇雅园的这个大社区中，还可以继续一边养老，一边学习和教学，退休的社会精英可以在这里发挥自己的余热。

四、亲和源：高端会员制养老

亲和源老年公寓坐落于上海南汇区康桥镇，占地 8.4 公顷，建筑面积 100000 ㎡，是一个以会员制为主要形式，以实现健康、快乐的老年新生活为目标，融居家养老和机构养老优化为一体的与上海国际大都市相匹配的中、高档的养老社区。

亲和源以会员制模式为载体，通过会员制的运营构建了俱乐部式的服务模式。在 2008 年，亲和源设计了 A 卡、B 卡共两种形式，购买会员卡的老年夫妇可以选择大套（120 平方米）、中套（72 平方米）和小套（58 平方米）三种户型。A 卡无论选择何种套型一律售价 75 万元，但根据套型的不同需缴付 2.98 万至 6.98 万元不等的年费；B 卡无论选何种套型年费一律为 2.38 万元，但根据套型的不同售价分别为 45 万元、55 万元和 88 万元。

A、B 卡性质不同，A 卡在亲和源是永久有效的，其有效期与房屋土地的使用年限相同；B 卡的有效期至老人生命终结，但有一个 15 年的界限，未住满 15 年多余费用可退，居住超过 15 年则超过部分免费。

整个社区全部采用无障碍化设计 +“生活、快乐、健康”管家式的服务，不同于传统意义上的养老院，亲和源是个不脱离社会，又独立又开放的老年生活社区。社区内含 12 幢多层电梯住宅楼，共计 838 套居室，可入住 1600 位老人。公寓内全装修全配置，柜橱床椅和家用电器俱全，有线电视+宽带网络+电话，全部开通，冷暖水 24 小时供应。

（杨海云　丁淑娟）

第五章　生理健康与老年生活

衰老是一种正常而复杂的生物学过程，是所有生物的共同特征。人类个体和群体老龄化都是以个体的生理变化、机能衰退变化为基础的，个体的老龄化主要是生物学变化的表现，群体变化同时受到人口结构等社会因素影响，但仍是以个体生理衰老为基础。伴随个体和群体的老龄化、生理机能衰退，老年人生活、活动能力下降，调节、适应外界环境能力也明显下降，患病和发生意外伤害的风险显著增加，对老年人健康、生活质量和保持积极老龄化状态产生巨大影响。

第一节　生理老龄化

生理老龄化指人体在经过成长、发育、成熟的过程中，伴随着机体器官功能衰退的现象，同时适应外界环境的能力也日益减弱。

一、衰老发生机制

跨入 21 世纪，老龄化国家增多，老龄人口的比例加大，探索衰老的原因与机制并求得有效的延缓衰老、防止老年疾病药物的任务日益迫切。衰老是一种正常而复杂的生物学过程，机体要经过生长发育期、生殖期、衰老期的生命过程，不同物种在寿限决定上有相似机制。目前对人们来说，衰老机制还不十分清楚，由此出现了与衰老有关的几大重点学说。

（一）自由基和氧化损伤衰老学说

1. 自由基与衰老　Haman 于 1955 年最早提出了自由基与衰老有关。自由基是指带有未配对电子的粒子，化学性质极为活泼，易对机体产生迅速而强烈的损伤。自由基的种类繁多，其中以 $\cdot O_2^-$和 $\cdot OH$ 等活性氧簇自由基最为重要。它对生物体内大分子产生极大的危害作用，自由基攻击的主要目标是质膜、细胞内膜系统、细胞核内的 DNA 以及胞内的蛋白质。自由基最易与细胞膜中的不饱和脂肪酸作用，形成脂质自由基，对生物膜类脂结构破坏性极大；自由基还可直接或间接氧化蛋白质，有关研究实验证明，自由基对蛋白质的氧化损伤是有选择性而非随机性的，氧化损伤可引起机体特定生物功能的丧失，如造成老龄动物骨骼肌纤维的破坏；另外自由基还可使蛋白质生物合成的量下降，自由基可氧化修饰蛋白质合成中的 EF-2 或使其成为碎片而阻碍蛋白质的合成；尤其是自由基可与 DNA、RNA 反应，引起主链断裂、碱基降解、氢键破坏、发生基因突变、细胞老化，导致机体衰老疾病的发生与发展。机体的正常代谢会产生自由基，机体同时能有效地清除自由基。随着年龄的增长，机体内产生自由基以及防御自由基系统之间的平衡被打破，自由基的累积增多，清除率下降，同时伴随衰老的发生。

2. 线粒体损伤与衰老　呼吸链反应是产生自由基的重要来源，线粒体在活细胞内产生 90% 的自由基，同时也是自由基损伤的重要目标。尤其是线粒体 DNA（mtDNA）裸露，无组蛋白保护，并且修复校正系统功能较差。因此 mtDNA 比核内 DNA 更易产生突变。自由基对 mtDNA 造成的突变积累到一定程度，会导致 mtDNA 重要功能的丧失。许多资料证明 mtDNA 突变随年龄增高而积累，饮食限制可以降低线粒体 DNA 的突变发生率。mtDNA 的突变与衰老、心肌缺血、老年心衰等老年性疾病的发生有密切关联。自由基还可通过氧化心肌磷脂而影响线粒体电子传递链复合体 1 的活性，从而破坏线粒体的功能。细胞线粒体的衰老反映了机体的衰老过程，由此说明了自由基-线粒体衰老学说的成熟性。

（二）褪黑素与衰老的松果腺学说

松果腺是一个多功能的器官，称为神经内分泌的传感器。松果腺能分泌多种激素，这些激素除了参与性腺、肾上腺功能、昼夜节律的调节外，还具有免疫调节、抗氧化及镇痛、镇静的作用。松果腺的形态功能和年龄密切相关。随着年龄增长，腺体钙化、体积缩小、重量减轻、细胞减少，激素的合成分泌逐渐降低。

褪黑素（MT）是吲哚类物质，主要来源于松果腺。人类婴幼儿期夜间分泌水平最高，从儿童期到青春期 MT 分泌水平下降约 80%，以后一直维持在低水平，自 50 岁以后分泌水平进一步降低。MT 合成的降低造成生物钟同步作用弱化、机体内部调节功能降低，出现渐进性、退行性变化，表现为机体衰老。补充外源性 MT 可以延缓衰老的进程。

延缓衰老是生命科学研究的重点。松果腺与褪黑素的研究进展使这项研究得到了新的启示，MT 的抗衰老作用是目前研究的热点，它的抗衰老作用表现在很多方面。MT 可改善下丘脑视交叉上核（SCN）的功能，是有效的轻自由基清除剂，同时还可增强免疫系统的功能，在分子与基因水平上对抗衰老。目前 MT 广泛应用于老年性失眠、时差反应综合征、关节炎、阿尔茨海默病等的治疗方面。MT 防止衰老的巨大潜力有待开发，基于良好的市场价值和广泛的应用前景，还需要对 MT 作进一步深入研究。

二、生理老龄化引起机体功能减退

（一）皮肤系统变化

机体的皮肤系统包括皮肤、毛发和指甲。皮肤皱缩是伴随老化过程出现的最早且最明显的变化，这主要由于皮下脂肪和表皮下的水分丢失，同时还伴随着皮肤细胞中的弹性纤维损失。随着机体老化，导致皮肤变薄，弹性减低，皮肤再生较慢。

（二）神经系统的变化

神经系统由大脑和分布于机体内的神经网络组成，到 50 岁，脑细胞每年约减少 1%，到 75 岁时，人脑的重量由于液体的流失减轻 10%，这种变化本身并不引起大脑功能的丧失，大脑对其生理结构的变化有惊人的补偿能力。其受损的功能会被再分配给大脑其他部分，尤其是给控制智力和认知功能的部分。对老化的近期研究表明，在没有疾病时，智力敏锐度与老化的关系较少，与脑力不活跃关系较多。因器官疾病或外伤引起的大脑损伤程度并不是经常能预测哪些功能将受影响。

睡眠模式的改变也被认为是与正常衰老相关的神经系统变化的一部分。老年人的有效睡眠减少，意味着他们处于深度睡眠阶段的时间减少，当醒后，会觉得休息得不够，这是由脑电波活动、昼夜节律以及正常睡眠与清醒模式的改变所致。老年人被认为是轻度睡眠者。尽管每个人的睡眠需求量差异很大，但平均睡眠时间为每晚 7～8 个小时。随着年龄增长，睡眠时间会逐渐减少，一般老年人每天只需要 6 个小时的睡眠。到 75 岁后，由于多种原因，许多人会发现每晚要醒几次，而在白天会常常打盹，这种作息节律更类似于婴儿睡眠模式，而非成人模式。但是，不管多大年龄，如果睡眠模式发生改变就要去咨询医生。

（三）心血管系统变化

随着身体老化，包绕在心脏外面的间质纤维、结缔组织增多，束缚了心脏的收缩和舒张，导致心脏血液的输出降低；加上心肌纤维的老化，会导致心脏顺应性变差；心脏传导系统也会发生退行性变化。老年人血管因弹性蛋白减少、胶原蛋白增加而失去原有的弹性，加上钙和脂肪沉积（与生活相关有关）于血管内膜导致管腔狭窄和弹性降低，造成收缩困难，会影响血液输送到全身的主要大器官，如胃、肝和脑。由于血液减少，这些大器官的功能也随之降低。

（四）运动系统变化

随着人的衰老，骨骼中的有机物质，如骨胶原、骨黏蛋白含量减少，使骨质萎缩、骨量减少，容易导致骨质疏松而骨骼发生变形，如脊柱弯曲、变短，身高降低、甚至骨折等。骨量减轻开始于 40 岁左右，妇女更明显，这与雌激素水平降低有关，因而女性发生身高降低也较明显。

老化常伴着肌肉力量和耐力的丧失，这是由于肌纤维的萎缩、弹力下降，肌肉总量减少和力量减弱，容易出现疲劳和腰酸背痛等。由于肌肉力量、敏感度下降，加上脑功能的衰退，活动更加减少，最终导致动作迟缓、笨拙、步态不稳等。

老化常伴有关节软骨、关节囊、椎间盘和韧带等发生退行性变化，使关节活动范围减少。

以上原因，特别是骨质疏松，会导致老年人容易摔倒，容易发生骨折。

（五）消化系统变化

人体的消化系统主要包括食管、胃、肝、胆、胰、小肠和大肠等。老化会导致消化系统中的消化腺分泌减少，如唾液腺、胃液、胰腺、胆汁等，胃液到 60 岁下降到正常水平的 40%～50%，会出现消化功能降低，如对淀粉、脂肪的消化等。老化还会导致口腔黏膜萎缩、易于角化，牙齿的咀嚼功能下降，食管、胃、小肠和大肠扩张和蠕动减少，容易出现食欲减退、消化不良、营养不良以及胃肠病变。

（六）呼吸系统变化

呼吸系统同心脏一样，个人生活方式和环境因素可影响其老化的过程。事实上，很难区分呼吸系统变化是由于污染和有害物质所引起的，还是和正常老化过程有关。通常，老化会导致嗅觉功能减退、呼吸道纤毛运动减弱，因而容易出现呼吸道感染；老化还会使肺泡萎缩、弹性回缩功能下降，胸廓变形、呼吸肌失去弹性和力度，会导致肺换气和贮存功能降低，清除肺内分泌物的能力减低，容易发生呼吸道感染和阻塞，严重影响呼吸功能，甚至是心血管系统功能。

虽然这些改变是很显著的，但如果不出现其他肺部疾病，老年人在休息时仍表现出呼吸正常。只有在活动时，即机体需要更多氧气时，这些变化才会明显。在活动期间有休息机会或进行较慢速度的机体活动，老年人通常并没有明显的呼吸系统功能异常。

（七）泌尿生殖系统变化

对一些老人而言，泌尿系统（包括肾脏、输尿管和膀胱）的变化总是最令人烦恼的。肾脏在机体内有两种主要功能：肾脏过滤血液中的水分和排泄物，并以尿的形式排出体外。在滤过的血液回到血液循环之前，肾脏对于恢复血液中离子和矿物质之间的平衡也非常重要。随着机体的老化，肾脏执行这两项功能的能力会降低 50%。因为很少有药物会被肾脏自然过滤掉，一些药物如抗生素对老年人会更有效。肾脏会失去吸收葡萄糖的能力，从而增加老年人发生严重脱水的可能性。

老化会使输尿管和膀胱肌肉张力减弱，导致尿潴留在膀胱里。当尿在膀胱里不能完全排空，尿道便容易受感染。同时由于膀胱贮量降低，老年人排尿更频繁，这种情况最常发生在夜间，从而也干扰了老年人的睡眠质量。

（八）内分泌变化

机体的运作依赖于一个由内分泌系统产生的复杂而细致的激素调节系统。老化过程中主要有两种激素发生明显变化，即由胰腺调节的胰岛素水平的改变和男女体内雌雄激素水平的降低。胰岛素由胰腺产生，调节血液中葡萄糖水平。葡萄糖是食物中的一种糖分，代谢后能产生能量。对一些老人而言，由于胰腺分泌胰岛素的功效降低，葡萄糖不能被代谢，结果血糖水平升高。当体内胰岛素水平长期不足时，就会产生糖尿病。一般情况下，老人不一定会出现与糖尿病相关的如疲劳、食欲旺盛、虚弱、伤口愈合延迟和尿频等糖尿病症状，常常是通过体检而被发生。如果糖尿病不积极治疗，容易导致多发感染、肾衰竭和心血管受损。

大多数妇女在停经后会出现内分泌系统的改变。随着卵巢功能中止，雌性激素和黄体酮减少。雌激素不仅与生殖能力有关，而且在保护妇女不患心脏病和阿尔茨海默病方面起着重要作用。

（九）感觉系统变化

皮肤是老化过程中最早且最容易观察到的征象。眼睛的晶状体调节功能和聚焦功能在 40 岁以后开始逐渐减退，视近物能力下降，出现老视。在听觉上最先失去的是对高频率声音的辨认。到 70 多岁时所有的感觉系统都会出现各种转变，大多数老人的视觉、听觉、味觉和嗅觉减退，但触觉区提高。这些感觉系统的变化会逐渐发生，当老人体验到某一种感觉系统损失时，他们大多数都会利用其他感觉以补偿失去的能力。

第二节　老年常见疾病

一、心血管疾病

（一）心血管疾病对老年人群的危害

心血管疾病是一组心脏和血管疾患引起的疾病，包括冠心病、脑血管疾病、高血压、外周动脉血管疾病、风湿性心脏病等。据世界卫生组织（WHO）报告，全球每年有 1670 万人死于心血管疾病，其中大约有一半是女性患者。虽然不同国家和地区发病水平不同、变化趋势有升有降，但从全球整体情况看，心血管疾病的发病率和死亡率一直呈现上升态势，近十年在死因构成中的比例呈上升趋势，心血管疾病不仅是欧美发达国家导致人们死亡的主要原因，目前也已经成为发展中国家主要的死亡原因，而中国和印度两国心血管疾病发病率超过了所有发达国家。

20 世纪 50～60 年代，我国人口死因顺位中，心血管和脑血管疾病分布排第 4 位和第 5 位，到 80～90 年代排第 1 位和第 2 位，2000～2009 年间，心血管疾病排位超过恶性肿瘤居死因顺位首位。随着社会经济的迅速发展，生活水平和方式的变化，人群暴露于心血管疾病危险因素的机会明显增加，加上老龄化进程加快，心血管疾病的危害进一步凸显。据美国相关数据估计，1/3 的 65 岁以上的老年人遭受某种形式的心脏疾病或脑卒中。有研究发现，男性人群中第一大心血管事件的年平均发病率从 35～44 岁的 7‰上升至 85～94 岁的 68‰；女性人群发病率与大其年龄 10 岁年龄段男性发病率相当，但男性和女性之间的差距随着年龄增长而缩小。 75 岁以后，女性心血管疾病的患病率大于男性。绝经后妇女患冠心病风险是绝经前妇女的2～3倍。

冠心病是心血管疾病导致死亡的主要杀手。据WHO报告，2008年全球约有730万人死于冠心病，占全球总死亡人数的13%。2009年我国冠心病死亡率，城市居民为94.9/10万，农村为71.3/10万。冠状动脉狭窄导致心脏供血、供氧不足，冠心病引起心绞痛（胸痛），心肌梗死（MI或心脏病发作）和心搏骤停。冠心病发病年龄一般在40岁以后增多，每增加10岁，其患病率递增约1倍。在美国，冠心病导致死亡病例中，83%是65岁以上老人；一个人经历首次心肌梗死的平均年龄是男性65.8岁和女性70.4岁。有临床确认的心肌梗死病史的，25%的男性和女性中38%会在一年内死亡。因为女性发生心肌梗死的年龄偏大，她们更可能在心肌梗死发生后的几个星期内死亡。幸存的心肌梗死患者，再次发生心肌梗死的风险和猝死、心绞痛、心脏衰竭或脑卒中等风险显著增加。冠心病是导致劳动力人口过早死亡和终身残疾的主要原因；是引起短期住院治疗的主要病因，这其中58%为老年人。70岁及以上老人，因心血管疾病引起的对处方药和社会服务（如社会工作者、成人日间护理、康复、交通和送餐等服务）的需求量显著升高。

约33%的51～61岁、约50%的70岁及以上冠心病患者有一项或多项日常生活（ADL）活动困难，40%需要家庭、社会外来援助。因此，冠心病患者人群更倾向于出现提前退休现象。心血管疾病更易侵犯社会阶层较低的人群，这部分人群往往对社会性服务的需求量也相对较大。患有心血管疾病，特别是出现ADL受限的老年工人，其收入水平常低于其他工人。冠心病导致男性体力劳动者早死的发生率比非体力劳动工人（如律师）高出58%。女性体力劳动者则是非体力劳动女性的两倍以上。在发达国家，处于社会经济地位（SES）低层人口有较高的心血管疾病（包括冠心病）发病率和死亡率。发展中国家，随着经济转型、城市化、工业化和全球化带来生活方式的改变，心血管疾病流行模式同样发生着变化，冠心病等心血管疾病也将呈现出向低社会经济地位阶层转移的趋势。

抑郁症是慢性疾病最常见的并发症。心血管疾病（包括冠心病、心肌梗死和脑卒中等）患者人群中，抑郁症的发病率为16%～23%，出现抑郁临床症状的为31.5%～60%。通过系统综述分析显示，抑郁与冠心病引起的死亡、心梗后死亡率和心血管事件相关。同样，研究表明，抑郁症是冠心病发病、预后及卫生资源消耗的重要预测指标。

（二）心血管疾病防治

医学技术的发展，近年如冠状动脉旁路移植术和瓣膜置换术在临床上应用于改善心脏功能、拯救生命方面取得了骄人的成绩；心理健康状况对相关心脏外科手术的治疗效果产生影响，如手术前心理压力、悲观情绪与术后恢复相关指标相关。大部分冠状动脉旁路移植术（CABG）患者在手术前会出现心理反应，包括心理并发症到社交功能受损。

医疗费用是产生术前心理压力等问题的重要原因之一，年龄与心脏手术患者术前心理症状发生呈负相关；在进行心脏手术的患者中，抑郁症的发病率波动在7.5%～47%之间，术前为19%，术后为61%，但手术前后的抑郁症症状表现差异无统计学意义。随访研究表明，抑郁症是接受心脏手术患者心血管疾病复发、发生新的心血管事件、生活质量下降，特别是心源性死亡的主要风险因素。

应引起注意的是，到目前为止，对患有心肌梗死、心衰或进行心脏手术的患者采取常规筛查、预防或治疗抑郁症等相关措施在实践中仍未得到足够重视和普遍实施。其中一个制约因素可能与相关研究尚未证明治疗和控制抑郁等心理问题对心血管疾病预后有明确作用。

积极态度预示着心血管疾病患者更好的预后。发生过首次心肌梗死患者中，持乐观情绪者较少再次住院，而持悲观情绪者发生死亡的风险增加。在接受CABG（冠状动脉搭桥术）的患者，持乐观态度与有更好生活质量、住院期间身体恢复速度和出院后更快恢复到正常生活能力、以及术后 6 个月拥有更好生活质量有关。

心理健康和社会文化因素在心血管疾病中发挥着重要作用，大多数类型的心血管疾病都可以治疗和预防，社区医务人员可以采取政策分析、宣传、社区干预和心理护理等措施来促进心血管疾病的良好转归与预后。

二、恶 性 肿 瘤

（一）肿瘤对老年人群的危害

恶性肿瘤又称为癌症，其特征是不受控制的异常细胞生长，其往往侵入附近的组织，并可以通过淋巴系统等向远端转移，侵袭其他脏器，最终导致机体衰亡。恶性肿瘤包括实体肿瘤和液体肿瘤，实体肿瘤在各实质组织或器官内生长，起源于上皮组织的称为癌；肉瘤始于骨、软骨、脂肪、肌肉、血管或其他结缔组织；淋巴瘤是开始于免疫系统细胞的癌症类型。白血病起源于骨髓造血细胞，白细胞发生癌变并随血液流动，属于液体肿瘤。恶性肿瘤不是一个单一的疾病，而是可能出现在几乎所有的器官和人体各个解剖部位的 100 多种疾病的统称。

恶性肿瘤是威胁人类生命健康最严重的疾病之一。WHO 监测数据显示，2008 年全球新发恶性肿瘤患者约为 12 700 万人，死亡 760 万人；现患病人数约为 24 600 万，预计到 2030 年，恶性肿瘤死亡人数将上升到 1150 万。我国国家癌症中心根据分布在全国 32 个省、直辖市、自治区的肿瘤监测点报告数据估计，我国 2011 年新发恶性肿瘤 3 372 175 例（男性 1 918 533 例，女性 1 453 642 例），全国恶性肿瘤发病率为 250.28/10 万（男性 277.77/10 万，女性 221.37/10 万）。恶性肿瘤发病率在 0～39 岁年龄段处于较低水平，40 岁以后开始快速升高，80 岁及以上年龄组达到高峰。2011 年全国恶性肿瘤死亡 2 113 048 例（男性 1 345 998 例，女性 767 050 例），2011 年全国恶性肿瘤死亡率为 156.83/10 万（男性 194.88/10 万，女性 116.81/10 万）。全国恶性肿瘤死亡率在 45 岁年龄组以前处于较低水平，45 岁以后年龄组开始快速升高，全国和城市地区 85 岁及以上年龄组达到最高，而农村地区在 80 岁及以上年龄组死亡率最高。

全球范围内，全人群发病顺位前 3 位的恶性肿瘤分别是肺癌、乳腺癌和大肠癌，死因顺位前 3 位的分别是肺癌、胃癌和肝癌。2011 年我国恶性肿瘤发病第 1 位的是肺癌，每年新发病例约 65 万，其次为女性乳腺癌、胃癌、肝癌和结直肠癌；男性发病第 1 位为肺癌，其次为胃癌、肝癌、食管癌和结直肠癌；女性发病第 1 位为乳腺癌，其次为肺癌、结直肠癌、胃癌和肝癌。2011 年全国因恶性肿瘤死亡第 1 位是肺癌，其次为肝癌、胃癌、食管癌和结直肠癌。妇女 65 岁及以上的 5 个最见肿瘤是肺癌、乳腺癌、结肠癌、直肠癌、胰脏癌，在老年男性中是肺癌、前列腺癌、结肠癌、直肠癌和胰腺癌。

持续进行的公共卫生工作取得成效，如社区肿瘤筛查工作的推广、群众参与率升高，以及诊断技术提高和治疗方式的进步，使得确诊肿瘤患者的存活时间和数量持续上升。一些有良好治疗效果的肿瘤患者，往往带癌的生存时间延长，但常表现出一种或多种慢性疾病症状，对这样的肿瘤患者，更应把其作为慢性疾病患者进行管理，而不是当成临终疾病。这一点尤其适用于那些被诊断患有肿瘤的老年人群。

虽然恶性肿瘤可以切除以及癌细胞可以通过放射和化学疗法进行杀灭，但这些肿瘤幸存者中肿瘤复发率仍处于较高水平；复发可以在原发部位，也可以在其他部位。因此，不论年龄大小，有癌症既往史的个体都必须认真监测肿瘤的复发或新的肿瘤发生。当然，不可回避的是，尽管医学科技有了长足进步，但肿瘤仍然是一个致命的、对人类生命健康危害严重的疾病。

广泛的、跨学科的综合防控策略和措施已被证明在控制肿瘤发病率和死亡率方面具有肯定的累积效应。但由于年龄、衰老对肿瘤发生、发展的影响，随着人口老龄化，可以预见，肿瘤患病率将会呈现上升趋势。

（二）老年人群常见肿瘤及危险因素

1. 肺癌 是60岁及以上男性和女性肿瘤患者导致死亡的首要病因。肺癌的发病率随着年龄的增加呈显著相关。吸烟是已知的肺癌主要危险因素，风险与开始吸烟年龄、持续时间和吸烟量显著相关。任何年龄戒烟都有利于发病风险的降低，年龄越小，戒断香烟危害获得的益处越明显。其他环境因素，如暴露于石棉、氡气、铬酸盐、镍、聚烃，以及烷基化的化合物都能增加肺癌的危险性。

2. 乳腺癌 是65岁及以上妇女癌症患者导致死亡的第二大原因，在这个年龄组发生的新诊断病例约占50%。65岁及以上女性乳腺癌患者死亡率高达67%，腺癌发病率年龄段出现在75岁左右。老年妇女乳腺癌风险因素包括年龄增长，家族史和遗传倾向，更高的雌激素水平，初潮年龄早，绝经晚，良性乳腺疾病，饮酒，妊娠次数或高龄妊娠，激素替代疗法，接触辐射等。其他不太确定的危险因素还包括高脂饮食，肥胖和使用口服避孕药等。

3. 前列腺癌 40岁以前男性罕见前列腺癌的发生，但在40岁以后，年龄每增长10岁，发病率将增加一倍。男性65岁及以上患者占前列腺癌总病例的80%，年龄在74岁及以上患者占全部前列腺癌死亡病例的近一半。

年龄在65岁及以下男性前列腺癌的发病率为50/10万，死亡率为2.6/10万，65岁及以上男性为1025/10万，死亡率为225/10万。前列腺癌的确切病因未明确，使得预防性行为很难推荐。已知与前列腺癌有关的危险因素包括年龄增长，非洲裔种族/族裔，疾病的家族病史，以及高脂肪的饮食。

4. 结肠和直肠的癌症 结直肠癌（CRC）是第二种最常见的老年男性和女性癌症，其发病率和死亡率随着年龄的增长而增长。高血压、心脏疾病和慢性阻塞性肺疾病等并发症随着年龄的增长而增加，并与CRC导致过早死亡相关联。

80%的CRC是从腺瘤性息肉经过5～10年时间发展为恶性肿瘤。多达1/3腺瘤性息肉发生于50岁中期。CRC筛查的重点人群为老年人群，因为75岁老年人群大肠腺瘤性息肉患病率达50%。CRC风险因素包括年龄增加、溃疡性结肠炎既往史、CRC家族史或家族性腺瘤性息肉病家族史，以及乳腺癌、卵巢癌或子宫癌既往史。大约75%CRC患者在诊断前没有可发现的、明确的危险因素。缺乏体力活动，肥胖，高红色肉类饮食和蔬菜水果摄入不足、饮酒等都是危险因素，可以增加其发病率。

（三）老年人群的肿瘤防治

1. 社会、心理因素 患者对肿瘤疾病、预防和治疗、治疗后机体康复和维持等相关防治知识的知晓情况直接对该疾病防治措施的实施以及产生的效果等产生影响，特别是对那些首次被确诊为肿瘤的患者。相关治疗引起的并发症会对患者身体健康和情绪产生影响，如果患者承受的治疗并发症甚至比肿瘤自身症状更严重、难受，可能会导致患者对治疗的排斥或不合作，这在肿瘤引起相关症状还较少或较轻的早期阶段，应引起足够重视。治疗延误和不遵守预防、筛查和治疗方案等将增加发生肿瘤转移的发生风险，导致治疗预后差、生存时间缩短和生活质量下降。对肿瘤防治知识的知晓率低，延迟或违规治疗现象可能由认知障碍所造成。

老年人身体机能和认知能力受损可能使得肿瘤的治疗变得复杂。有些老年人身体可能难以耐受化疗，从而需要特殊医疗照顾。对老年肿瘤患者，必须进行仔细的个性化评估，以了解治疗可能引起的并发症等对患者的影响，并纳入相关治疗方案和决策条件。化疗可导致营养不良、贫血、粒细胞减少等副作用，在治疗过程中应仔细监测。还必须考虑老人可能同时患有其他慢性疾病，如糖尿病、关节炎和呼吸系统疾病，每种疾病的治疗药物相互间的影响等。老年患者可能出现的听力、言语和识字等机能损害，可能限制其日常生活能力，如烹饪、穿衣、洗澡、购物、服用药物及去医院接受治疗，都会对治疗效果产生间接影响。

2. 情绪、心理反应 癌症产生一系列情绪和心理困扰，如害怕、焦虑、睡眠障碍、抑郁症、肿瘤本身的相关症状、治疗的副作用、以及对治疗后复发或死亡的恐惧。

缺乏社会支持和活动能力受限是导致老年癌症患者情绪和心理受到困扰的危险因素。患者对恶性肿瘤手术可能导致的容貌损害或身体机能残疾等担忧会产生一系列的困扰，如结肠造瘘患者可能生活在担心泄漏的恐惧中，特别是手术后的初始适应阶段。尽管老年妇女不太可能在乳腺癌切除后接受重建手术。但需要注意并纠正相关人员认为老年患者对外貌、自我意识无所谓的傲慢态度，必须为患者提供舒适环境。

老年癌症患者年龄往往是服务提供者的两倍，所以服务提供者应充分认识老年患者活动能力等方面的衰退情况。并适应以老年患者的角度观察分析他们所面临的情绪、心理问题，充分认识年龄并不能削弱乳腺癌手术带给老年妇女的绝望情绪，服务人员也难以减少老年男性前列腺癌治疗后的副作用产生的影响。科学的情感和心理评估，以及提供支持服务应具有针对性并以满足老年肿瘤患者情感和心理需求为目标。

3. 社会与经济支持 老年肿瘤患者所拥有的社会和经济资源影响治疗方案的决定、选择及治疗效果。

老年患者收入来源、收入水平以及医疗费用支付方式等直接影响对肿瘤治疗费用的承担能力，对于收入固定的老年肿瘤患者，即使很小的医疗费用负担都可能构成其真实的或主观感觉上的获得治疗的障碍。

去往医疗机构的交通问题、确保门诊药物治疗，接受家庭护理，获得必需的医疗用品等，对于老年患者都可能是十分艰巨的任务，并会带来心理困扰。因此，适宜的老年肿瘤患者治疗方案必须有效消除相关服务中可能存在的障碍，包括专业医护人员的家庭访视、社区支持和财政援助，这些都是老年癌症患者治疗的关键环节。

社会支持对治疗的效果有直接的影响。如果没有某些形式的社会支持，老年人可能在日常生活方面面临非常严重的问题。家庭成员或照顾者是为老年患者提供各种情感、社会支持的一个重要来源。照护者照顾老人日常起居、家务劳动、帮助他们进行药物治疗、协助他们就诊和处理治疗副作用，照护者是与老年肿瘤患者保持直接接触与信息交流的最密切个体。

癌症患者的照顾者中 80%是女性，老年肿瘤患者与照顾者之间往往存在责任关系，如伴侣、父母等。提供老年肿瘤患者照护者，特别是患者亲属在面临临终相关治疗方案决策时，往往要承受巨大的心理压力与道德伦理障碍。

照护者在心理、生理、经济负担等方面的感受体验与癌症患者显著相关，而且照护者自己承受的压力将对他们提供的照护工作质量产生影响。

临床医生应该为照护者提供患者相关的疾病信息，情感上的支持和患者管理的建议。同时关注肿瘤患者和照护者的生活质量与幸福感，如采取喘息服务，即给提供照护者一定的时间处理个人问题或进行休闲活动等。同时应呼吁社会、政府加强对老年肿瘤患者社会支持相关制度、法律法规及社区环境建设方面的关注。

社会工作者可以帮助老龄肿瘤患者和照护者根据所处环境、医疗条件、患者经济状态等在明确诊断后制订初步的临床病例管理设计方案，包括治疗过程中和出院回到社区后的管理方案。并制订适应肿瘤不同发展阶段的计划，包括当疾病已经发展到无法治愈或无法控制、面临临终姑息治疗情形的心理治疗计划。服务老年肿瘤患者的应该是一支跨学科的团队，其中必须有临床社会工作者，因为他们熟悉不同类型肿瘤的疾病特点及临床治疗副作用，掌握疼痛管理和自我保健需求评估等专业知识，能够帮助患者了解治疗的总体情况、弥合该疾病生物医学和社会心理之间的差距。

三、糖　尿　病

（一）糖尿病对老年人群的危害

糖尿病（diabetes mellitus）是一组由多种遗传和环境因素相互作用而引起的代谢紊乱，其特点是慢性高血糖，伴有胰岛素分泌不足和（或）作用障碍，导致碳水化合物、脂肪、蛋白质代谢紊乱，造成多器官的慢性损伤、功能障碍。临床表现为多饮、多尿、多食、消瘦、头晕、乏力等症状。糖尿病通常分为 1 型、2 型、其他类型和妊娠期糖尿病等四种类型。其中 1 型糖尿病的高发年龄为青春期，发病风险最高的年龄段为 10～14 岁。2 型糖尿病可发生于任何年龄，多见于 40 岁以后，但近年有研究报道，2 型糖尿病发病年龄有趋向年轻的态势，多起病缓慢，临床症状相对较轻或缺如。糖尿病中 90%为 2 型糖尿病，1 型糖尿病仅占 4%～6%。

糖尿病的急、慢性并发症，尤其是慢性并发症常侵犯多个器官，致残率和致死率高，严重威胁患者的身心健康，给患者个人、家庭及社会带来沉重的负担。近年来，随着生活水平的提高、生活方式的改变和人口老龄化，糖尿病患病率在全球范围内呈现上升趋势，成为继心脑血管疾病、肿瘤之后严重危害大众生命健康安全的慢性疾病。据 WHO 预测，2030 年世界糖尿病患者总数将达到 3.66 亿人，80%的糖尿病患者分布在发展中国家，患者人数最多的国家依次为印度、中国和美国。

老年人是糖尿病发病率上升最快的年龄段人群，据 2002 年全国范围营养与健康状况调查结果显示，18～44 岁年龄段，糖尿病患病率为 1.3%，45～59 岁为 4.3%，60 岁及以上老年人群为 6.8%。全球糖尿病好发年龄为 65 岁，在中国则提前到 45 岁。老年糖尿病患者并发心脑血管疾病，肾脏损伤，视力损伤，神经病变，足部问题和认知障碍等的风险增加。糖尿病可造成对生理、心理功能毁灭性的打击，如果不能及时发现并采取防治措施，可能危及生命。了解糖尿病及其老年患者并发症的影响，将促进社会向老年人群提供更合适、更有效的服务；而且这类服务不仅直接针对老年患者，同时通过老年患者家人和朋友发挥间接支持作用。

（二）糖尿病主要并发症及其危险因素

1. 心脑血管疾病（CVD）　可能是威胁糖尿病患者生命最严重的并发症。诊断出患有糖尿病的成年人往往同时具有心脑血管发病风险，甚至部分患者之前就已经罹患心脑血管疾病。大约 2/3 的糖尿病患者因心脏疾病或脑卒中导致死亡，近 90%的 65 岁以上老年人有一种或多种与营养相关的心血管疾病危险因素存在。而女性糖尿病患者，不仅并发心脑血管疾病风险较高，而且产生的负面影响较大。

2. 脑卒中　尽管老年人群具有最高的脑卒中发病风险，但往往极少数老年人能识别、发现相关危险因素。同时，在老年人群开展心血管危险因素防控的效果差于一般人群，在老年糖尿病患者中更差。因此，从社会工作角度看，应加强一般人群及老年人群关于糖尿病并发心血管疾病的危险因素及早期警告标志的相关防治知识教育。采取防治措施进行早期干预能有效降低 1 型糖尿病患者并发微血管疾病的风险，儿童和青少年时期进行早期预防控制，对 2 型糖尿病并发症控制同样具有重要意义，特别在当前 2 型糖尿病发病趋于年轻化的形势下。

3. 微血管并发症　微血管并发症位列老年糖尿病并发症第二位，微血管并发症包括视网膜病（损伤视网膜上的小血管而造成视力损失）、肾病（肾脏疾病，阻碍血液中废物和多余液体的排泄）和外周神经病变（脚、腿和手发生神经痛）。大多数的微血管并发症可以预防和推迟，甚至在有效控制血糖的前提下出现病情反转。

糖尿病患病的病程时间是视网膜病变发生、发展的强关联因素。有21%的2型糖尿病患者在初次诊断时已经发生视网膜病变，其中大部分将发展成为某种程度的非增殖性视网膜病变（NPR）。虽然1型糖尿病发病比2型糖尿病发病率少，但几乎所有1型糖尿病患者在20年后都会发生非增殖性视网膜病变（NPR）。非增殖性视网膜病变病情进展相对温和，也称为背景视网膜病变，它不显著改变视野，但可以逐步发展为中度至重度，最后发展到增殖性视网膜病变（PR），同样可导致失明。其他眼部糖尿病并发症还有青光眼和白内障。预防视网膜病变是防治糖尿病、降低糖尿病危害的关键性措施之一，无论在青年、中年还是老年人群都具有同样的积极意义。

有随访25年的队列研究结果显示，2型糖尿病患者中发生视网膜疾病和肾病风险同样呈现年轻化趋势。肾病发生主要与患糖尿病病程时间相关，不同年龄段发病患者发生肾病风险的差异无统计学意义。虽然糖尿病发病年龄越小其发生视网膜病变的风险会越低，但其发病率依然较高。有研究显示，平均发病年龄为30岁的年轻糖尿病患者中，有57%并发肾病和45%并发视网膜病变。

病程10年和20年以上的糖尿病患者，微量蛋白尿的发病率可分别达10%～30%和40%，这些微量蛋白尿患者再过20年后，将有5%～10%发展为终末期肾病，临床需要肾透析治疗，甚至肾脏移植以维持生命。老年糖尿病患者因肾脏感染而需要住院治疗的风险是健康老年人群的2倍。因此对糖尿病患者应常规监测微量蛋白尿，以早发现并防止更严重的肾脏损伤。

4. 神经系统病变 糖尿病是引起神经系统病变的最常见原因。神经系统病变严重者主要侵犯脊髓和脑部的神经，相对轻症者主要影响足部、腿和手部神经，且疼痛明显。神经受损的主要症状表现为感觉丧失、肢体麻木、刺痛、灼热及针扎样痛等。有研究发现，相比于高龄患者（80岁及以上），糖尿病引起的神经系统病变在相对年轻的老龄患者（65～79岁）中更常见。因此，在相关社会服务工作中，密切注意高龄糖尿病患者十分重要。

糖尿病患者有56%发生周围神经病变。足部问题是周围神经病变的一种表现。一个值得关注的现象是，大多数老年糖尿病患者，即使发现存在足部并发症危险因素，也都未能做到每年进行足部检查。同样，很多老年糖尿病患者难以按照医嘱进行常规的足部护理。老年患者共患的其他疾病或健康问题都可能加剧这些并发症的危害，如一个有视力问题的老年患者可能较难发现自己的足部溃疡。一般看来，相比于其他并发症，足部并发症只是小问题，但如果足部溃疡得不到及时发现与治疗，任其发展，一旦出现坏死，可能会导致下肢截肢这样的严重后果。考虑到老年期的特殊情况，提供有关预防足部并发症发生的健康教育和提供足部护理服务，对老年糖尿病患者尤为重要。

（三）老年人群的糖尿病防治

糖尿病与其他慢性终身性疾病一样，能引起一系列严重甚至致命的并发症，它与多种心理疾病存在不同程度的风险关联，如抑郁症，约有66%的2型糖尿病患者合并抑郁症，这些患者常常出现焦虑、意志消沉、情绪不稳定、对能否控制疾病缺乏信心等症状；同时抑郁症又可反过来导致其他并发症的发生。尽管众多研究证明糖尿病与抑郁症之间存在明确的关联，但是目前尚无法确定糖尿病和抑郁症之间的因果关系。有研究表明，抑郁症患者更容易患上糖尿病，患有严重抑郁症的患者更可能在6年后患上2型糖尿病。研究还证实糖尿病和焦虑症、厌食症、孤独、痛苦和使用抗精神病药物之间的关系。

糖尿病引起的身体活动能力受限，对身体功能衰退的老年患者更易产生直接且严重的心理打击。心理障碍是筛查糖尿病患者发生抑郁症的常规性评价内容。对为何糖尿病患者极易发生心理并发症的一种解释是，糖尿病的治疗方案可能是任何常见疾病中最复杂、要求最严格的方案，如复杂的膳食营养标准与控制、严格的疾病管理、经常性的血糖或尿糖监测、足部护理，对即使患上常见的感冒或流感也需要特殊的处理，以及部分患者需要不间断注射胰岛素等。同时，即使采取了最先进的治疗技术，实施了细致、严格的疾病管理，糖尿病患者仍有可能因为疾病自身或并发症导致神经损伤、肾衰竭和截肢等严重后果。这种长时间、不间断的严格控制和治疗以及不可逆转的损害，极易给糖尿病患者带来一定的心理和情绪反应。常见的情绪反应包括对自身患病状态的怀疑或否定，压力，恐惧，悲伤，愤怒，内疚，沮丧，厌烦，不堪重负的心理感受等。因此，在开展老年糖尿病患者相关社会服务时，关注这些常见的情绪反应十分重要。

生存质量是常用的评价糖尿病患者身心健康的方法，研究普遍认为糖尿病患者生存质量显著低下，尤其是有并发症的患者。糖尿病对患者生存质量的影响包括躯体和心理两个方面。在躯体方面主要表现为记忆力减退，注意力不集中，娱乐活动减少，工作能力减退等；在心理方面则表现为情绪的异常改变等。有研究发现，70 岁及以上的糖尿病患者中仅有 25%身体功能状态良好。另一项研究中，将患有糖尿病的老年和年轻的成年人进行比较，发现老年患者存在较多的身体问题并导致身体功能受到限制，但报告中显示受到糖尿病特异性情绪困扰者较少，以及会主动采取积极应对和接受生活方式的改变也较少。

糖尿病患者个人的应对技能、社会关系等因素可以缓冲、避免糖尿病所引起的各种痛苦。充分认识与糖尿病有关的心理和社会问题对老年患者的生活质量存在潜在的不利影响，以及其复杂性，可提醒在开展相应心理评估时必须持谨慎态度，避免简单地归纳或假设。

（四）社会因素对老年人群糖尿病的影响

国际糖尿病联盟提出的 5 项糖尿病治疗原则为：教育，饮食控制，运动疗法，血糖监测和药物治疗。糖尿病自我管理教育一直被认为是临床糖尿病管理的一个重要组成部分。

阻碍患者开展预防并发症的综合性自我保健措施因素包括：经济负担（患者无法获得有效的经济来源接受相关医疗照顾），缺乏正确的疼痛处理措施，缺乏关于糖尿病防治知识的教育，缺乏连续的护理服务，个人受教育程度低，收入水平低和社会支持情况不佳等。其他影响因素还包括：居住在农村地区（因医疗服务体系的不完善、医疗保险等覆盖不足导致相应服务无法与城市地区相比），以及收入低、交通不便、距离医疗机构远、早期筛查和预防性服务措施不足及无法实施规范的防治措施等。

四、骨关节疾病

（一）骨质疏松症

骨质疏松症（osteoporosis）是一种以骨量低下、骨微结构损坏导致骨脆性增加，以易发生骨折为特征的全身性骨病。该病多发生于绝经后妇女和老年男性，据统计，老年妇女发病率为 13%～18%，老年男性发病率为 3%～6%。随着人口老龄化程度增加，骨质疏松症发病率逐年提高。

骨质疏松症的临床表现主要为疼痛，身长缩短、驼背，脆性骨折等。老龄、钙摄入低、家族史、维生素 D 缺乏、性腺功能减退的男性，使用类固醇类药物、酗酒、吸烟和糖尿病等因素，都会增加罹患骨质疏松症的风险。

骨质疏松症可严重危害身体健康，疼痛和高度的脊椎弯曲会导致患者活动受限。骨质疏松性骨折（脆性骨折）是骨质疏松症的严重并发症之一，其致残率、致死率很高。我国70%～80%的中老年骨折是由骨质疏松症所引起，给个人、家庭、社会带来沉重的负担。另外，患骨质疏松症老年人行动受限、社会活动减少，增加了他们对家庭和社会的依赖性以及因脱离社会和未能自理家务而产生担心、焦虑等心理。

骨质疏松症早期症状不明显，很多患者往往是在第一次骨折后甚至多次骨折后才被诊断出来，因此被学者称为"隐形的杀手"。骨质疏松症早期诊断和治疗不足，还被认为与医生的有效沟通不足、高比例的老年人群对骨质疏松症相关防治知识知晓率低有关。

需要注意的是，骨质疏松症是可以预防的，补充钙和维生素D具有减少骨质丢失、维持骨量水平的作用；通过有效社会支持活动鼓励老人，尤其是老年妇女了解骨质疏松症防治知识，开展适当的运动和保证合理营养的膳食，是预防骨质疏松症、促进积极老龄化的重要环节。提倡老年人进行骨质疏松症测试，及时发现、治疗骨质疏松症，对预防老年人可能发生更严重的后果至关重要。

（二）关节炎

关节炎是100多种不同的可引起关节病变的疾病的统称。关节炎和类风湿关节炎的特征都是关节发炎；后者被认为是一种自身免疫性疾病。两者都与关节僵硬，肿胀和疼痛有关。关节炎是老年人最常见自我报告的健康问题，关节炎的发病率随着年龄的增加而增加。关节炎患病率高与受教育水平低，社会经济地位较低，女性和肥胖有关。

关节炎是导致中老年人失能残疾的首要原因之一。关节炎患者可有不同程度的行走，提举和提携物品，爬楼梯以及家务劳动困难。关节炎与机体功能衰退风险增加、和老年人日常生活活动（ADL）及器具日常生活活动（IADL）失能状况改善机会减少相关。

由于关节炎引起的疼痛，许多老年人减少参与社会和体育活动，严重的关节炎患者可能停止参与社会活动。这样可能会引起严重的生理和心理后果。如抑郁症在关节炎患者中呈现高水平发病，其他健康风险包括：依赖他人程度上升，总体健康状况不佳，关节活动丧失和生活质量下降。

适宜的运动处方是维持关节炎老人生理功能的重要工具。打太极拳、有氧运动、阻力训练和健步走等，被证明对减少关节炎引起的疼痛和僵硬具有积极作用。对于严重关节炎的后期阶段，关节置换是一种有效的治疗方法。

五、感 觉 障 碍

对老年人来说，相比于癌症或心脏疾病，虽然感觉障碍可能并不危及生命，但感觉障碍对他们的身体、心理健康和生活质量状况均产生深远的影响，冲击极大。

对老年人生活影响、冲击严重的感觉障碍主要有视觉、听觉以及味觉、嗅觉等损害。老年时期患有的感觉功能障碍可分为两种情况：一种是随年龄的增长，机能退化或疾病所引起的视觉、听觉等功能损害；另一种则是在生命早期阶段就发生的视觉、听觉等功能损害，随着时间推移，这部分患者进入了老年时期。

（一）常见老年时期视觉损害

在人生历程中，所有人都会体验到视觉的正常功能发生衰退变化的过程，通常开始于40多岁之后。最常见的年龄相关的视觉变化是眼睛的老花现象。眼睛的晶状体变混浊，缺乏弹性，使视觉难以聚焦于邻近物体，如阅读。常通过带老花镜或双焦点透镜、渐进多焦镜片来纠正。另一个正常的与年龄相关的变化是瞳孔变小。因此，老年人需要比年轻人更多的照明，而照明水平发生变化时需要更长的反应时间来适应变化。一般情况下，老年人对对比色的敏感度下降，对色彩的感觉会显得不那么敏感。所有这些正常的变化通常是逐渐发生的，并且常是可以忍受的或可以通过佩戴眼镜来矫正的。

除了这些因机体功能退化导致的“正常”视觉功能变化外，老年时期视觉损害还可以由眼部疾病所引起。美国对中老年人一项电话调查结果显示，在那些65～74岁至75岁及以上老年人群的自我报告中有视力障碍的比例是17%和26%。

最常见的与年龄相关的眼部疾病有黄斑变性、青光眼、糖尿病视网膜病变和白内障。这些视功能损伤既可以单独发生，又可以同时发生，是相关老年服务工作需要重点关注的工作内容之一。

（二）常见老年时期听觉损害

如同老年期视觉损害一样，听觉会因正常机体功能退化以及疾病导致听觉损害。人的听觉系统会随年龄老化而出现退行性变化。Corti器又称螺旋器，是蜗牛形的耳蜗内结构，也是对年龄变化影响最敏感的听觉器官，年龄相关听觉系统功能退化主要影响对高频声音的接收，这使得这部分老人即使在安静的环境里对言语交流的理解能力也会下降。美国调查数据显示，如果将有一个或两个耳朵耳聋，或任何听力问题定义为听力障碍，70岁及以上老年人群听力障碍患病率为33%，该调查同时报告这些老人中使用助听器械的只有11.6%。

临床医学一般将听力损失分为传导性、感音神经性和混合性三类。传导性听力损失的病变发生在外耳或中耳，影响声波向内耳传导。感音神经性听力损失的病变在耳蜗、听神经或听觉中枢，引起对声音感觉和认知功能障碍。混合性听力损失是指任何同时存在的导致传导性听力损失和感音神经性听力损失的因素所引起的听力损失。

伴随着老龄化的听力损失被称为老年性耳聋。同时应引起注意的是，调节内耳平衡功能的相关感官也随着年龄增长而发生退行性改变，在一定程度上导致老年人群出现常见的眩晕、步态不稳、跌倒等症状和现象。

除年龄引起的功能衰退外，听力损失也可以由其他因素所造成。例如，长时间暴露于噪声、遗传、外伤、血管疾病、代谢性疾病和感染都可造成听力丧失。另一种高风险是老年人服用药物，如服用某些利尿剂，进行具有耳毒性作用的化疗，也可带来听力和平衡能力损害的副作用。

如果同时出现听力和视力损害，被称为双重感觉障碍，这在老年人群中也相当普遍，也是从事老年人群服务工作者面临的一个非常特殊的挑战，特别是在相互间的沟通交流方面。关于人口老龄化的纵向研究分析中发现，70岁以上老人有35%的人报告出现一定程度的视力障碍，42%报告有听力障碍，有21%同时有视觉和听力障碍。按年龄分层，年龄70～74岁双重感觉障碍发生率为13%，75～79岁为20%，80～84岁为27%，而超过85岁老年人群高达40%。

有听力、视力损害老人往往表现出多方面的负面效应，有视力障碍老年人自我报告健康状况不佳的发生率明显高于对照人群（分别是15.3%和6.7%）。有听力、视力双重损害的老人报告健康状况不佳的发生率更高，为18.5%。双重感觉障碍老年人的跌倒风险发生率超过健康对照人群的3倍，发生髋关节骨折风险率为对照组的2倍。对于有视力和（或）听力损害的老人，即使很小程度的损害，都会在工具性日常生活活动（IADL）和日常生活的个人活动（PADL）方面表现受到影响，同时会表现出对社交的不满意。因此，该老年人群需要更多的卫生服务等照顾。

（三）味、嗅觉异常

味道的敏感性减弱会随着年龄增长呈现一定程度的增长，所以常见到老年人抱怨食物味道不对。男性嗅觉灵敏度下降要比女性更早，这可能与雌激素具有一定保护作用有关。有文献报道，出现味觉、嗅觉等化学感觉损害可能是由于一些神经系统病变，如帕金森症、阿尔茨海默病的早期征兆。有 1/3 的老年人报告他们对味道或气味的感觉出现了问题。

对味道和气味感觉的变化，可能会引发老年人的安全问题，如不能判断食物是否变质、家里煤气等有害气体泄漏不能及时发现等。还会因对美食的享受性下降而影响老年人的生活。

（四）感觉损害老人的社会支持

因为机体老化而引起一定程度的视力下降、受损，在一定程度上被认为是老年时期的正常现象。但应注意有些视力受损与疾病相关，如果不及时进行治疗处理，有可能导致加重，甚至导致完全失明。因此，当老年人出现视力下降时，应寻求专业人员进行专业的检查评估，明确病因。

对出现视力损害的老人，帮助他们学会在家里、在工作中、在社会上保持独立的相关技能十分重要。包括学习适应及使用日常用品，如烧饭的炉灶或微波炉，标记并识别常用药物和适应社会活动。教会他们充分利用残余视力、用眼镜辅助、应用其他辅助方式如手杖、导盲犬等帮助，保证其在室内外行动的安全。同样，老人出现听力障碍时，首先应请专业医师进行检查，明确是否可以通过手术等医疗手段恢复听力，并明确导致听力损害的病变部位，以进一步寻求合适的听力辅助技术、器械如助听器等。由有经验的社会工作人员向出现听力损害的老人提供个人的、家庭的咨询服务是一个重要的康复干预措施，老人的家人、朋友及照顾者参与，对听力损害老人在信息获取、日常生活能力维持方面都可发挥积极作用。

听力障碍会干扰面对面交流和远程通信沟通交流，影响家庭关系，损害生活的独立性。听力下降的老年人呈现生活质量多维度限制、下降的情况，包括功能状态和认知、情感和社会功能等。同样，视力损害会对老人的行为和社交活动模式产生显著冲击，产生广泛的心理方面的影响，如自我概念、自我意识改变，以及社交活动、工作和娱乐活动方面的限制，因此，对其的干预需要包括社会工作在内的跨学科技术的综合应用。

抑郁症是伴随老年人感觉功能障碍的一个主要问题。老年时期的听力和视力损害会对老年人幸福感产生巨大影响，失能是抑郁症的关键性危险因素，而抑郁又会进一步引起生理性疾病和其他身体功能的损害，随着年龄增长而出现的视力和听力损害与老年期抑郁症发病关系密切。其可能原因包括：①即使较小程度的视力障碍也会影响其日常独立生活能力，而目前极少有老年人在有视力障碍之后会主动了解或接受视力康复服务、学习独立完成日常任务的新方法，使得老人视力损害后有效康复干预不足；②调查发现，人们害怕失明的心理几乎比其他任何障碍都严重，排在艾滋病、癌症和阿尔茨海默病之后，位列第四。对该人群进行心理疏导，将有利于抑郁症的预防控制。

目前已开发出相关老人视力、听力损害筛查评价量表，通过这些量表的调查，可以帮助识别老人是患有因年龄退化而出现的视力、听力改变，还是有相关疾病所造成的改变，以及是否需要相应的医疗服务。

一直以来，传统的康复模式主要是针对个人的治疗，家庭在康复过程中的参与度偏低。有研究证明：家庭在对患有生理和认知能力损害老人的情感和工具性支持方面发挥着重要作用。家人和朋友在康复过程中参与的重要性，是可以最大限度地发挥功能和心理康复的作用。

建立以家庭为中心的康复模型是一个根本性的转变，家庭成员参与康复过程，能有效改善感觉障碍老年人的自主权削弱感。在某些情况下，帮助老人改善与其亲属关系往往是最主要的干预。因此，需要了解老人的家庭结构、文化差异及大的社会环境背景等，以及评价亲属中哪些人是老人康复过程中的支持因素、哪些可能是负面的阻碍因素。

第三节 老年伤害

一、老年伤害定义

所谓的伤害是指能量——机械能、热能、化学能、电能及放射能等扩散到人体，使人体发生损伤。按国际疾病分类标准（ICD-10编码）将伤害分为：交通伤害、跌倒、烧烫伤、触电、中毒、中暑、溺水、锐器伤、挤压碰撞伤、硬物击伤、殴打伤、动物伤害、异物哽噎或卡喉和其他共14类。老年人由于其生理功能的衰退、慢性疾病的影响、心理状态的变化和社会功能的减弱，成为了伤害的高危、高发人群，严重影响了老年人的生命质量。

二、常见的老年伤害

各地老年人伤害死因分析研究结果显示：60岁及以上老年人因伤害死亡的前3位死因排序不尽相同，但主要是跌倒、交通事故、自杀，其流行现状和危险因素研究进展如下。

（一）老年跌倒

老年跌倒是造成老年人常见的一种伤害。据国外研究报道，每年有1/3～1/2的65岁及以上老年人发生跌倒，老年人因跌倒入院的人数约为其他伤害入院人数的5倍，而且住院时间一般比其他伤害延长2倍。跌倒后骨折发生率为2%～7.8%。尽管不足10%的跌倒会导致骨折，但约有20%的跌倒需要医学护理。我国各地居民伤害死因分析结果均显示，70%以上的因跌倒死亡者发生在老年人群，在有的地区，跌倒死亡者占60岁及以上老年人意外死亡构成比的50%以上。跌倒除了影响生活能力和生活质量外，还会对老年人的精神与心理状态产生负面影响，即产生跌倒恐惧心理，这将更增加跌倒的危险性，形成恶性循环。据世界卫生组织报告，中国跌倒死亡疾病负担在全世界最高，跌倒造成伤残调整生命年（DALY）损失约为世界其他地区的2倍。在人群分布上，有研究发现，每5岁组距相邻年龄组老年人跌倒死亡率随年龄增长而成倍增加。老年女性跌倒发生率高于老年男性。在地区分布上，农村老人跌倒死亡率略高于城市，但是我国城市人群伤害死因排序中跌倒的位次为第3位，高于在农村人群中的第5位。各地老年人跌倒死亡率存在明显的差异，东部地区较高。在时间趋势上，我国最近10余年来，全人群跌倒的死亡率和位次没有明显的变化，老年跌倒近年来有所下降。

（二）老年自杀

老年自杀行为逐渐增加。湖北省麻城市调查的老年伤害中，无论死因构成还是死亡率，自杀在男女人群各年龄组中均居第1位；同时该研究还对60岁及以上城市老年人自杀造成的潜在寿命损失进行了估算。结果显示：自杀造成的男性平均寿命损失率为16.07%，女性为10.42%，分别占伤害总潜在寿命损失的46.66%和77.77%。在人群分布上，年龄越大，自杀死亡率越高，老年男性上升尤其明显。我国对老年人不同年龄段的自杀平均死亡率进行研究比较，发现有随年龄增大而呈上升的趋势。老年男性自杀死亡率明显高于女性。我国有调查显示，男性自杀死亡率为273.49/10万，女性为193.29/10万。另有报道，中国每年自杀老年人中51%为男性，49%为女性。在地区分布上，我国1990～1994年调查数据显示，老年自杀死亡率为44.37/10万，农村发生老年自杀多于城市，死亡率也存在城乡差别。1995～1999 年自杀死亡率调查表明，农村老年人自杀率是城市老年人的 5 倍。农村老年女性自杀死亡率是城市老年女性的 3 倍多，农村老年男性自杀死亡率几乎是城市老年男性的 4 倍。但各地老年自杀死亡率有明显差别。在时间趋势上，最近 10 年来，我国女性自杀死亡率呈下降趋势。自 1996 年起，自杀被交通事故取代成为我国人群伤害死亡的第 2 位原因。老年人自杀率的时间趋势，各地报告不尽相同。上海市静安区 1986～2000 年期间数据反映了老年人平均年自杀死亡率总体呈下降趋势。但湖南省城乡部分老年人口自杀研究发现，该地区自 1990～1998 年来，老年人口自杀率有上升趋势。

（三）老年人交通伤害

据 1951～1999 年中国道路交通伤害流行病学分析，65 岁及以上人群是车祸死亡的高峰年龄组。在人群分布上，2000 年全球 60～69 岁组老年人道路交通伤害死亡率为 29.6/10 万，而 70～79 岁组老年人上升为 34.3/10 万，80 岁及以上老年人高达 40.6/10 万。男性的道路交通伤害死亡率约为女性的 3 倍。老年男性道路交通伤害死亡率明显高于老年女性。在地区分布上，各地报告的老年人交通伤害死亡率各异，上海市闵行区高达 41.50/10 万，浙江省为 39.76/10 万，福建省为 19.86/10 万，江西省为 6.15/10 万。从结构上来看，我国 60%～70%的交通伤害发生在郊县农村地区，但由于我国郊县农村人口明显多于城市人口，所以城市与农村的交通伤害发生率基本相同。在时间趋势上，近年来，我国由于经济快速发展，交通伤害呈明显上升趋势。1996 年开始，交通伤害成为我国伤害死因的第一位。全人群交通事故死亡率由 1991 年的 10.24/10 万上升为 2000 年的 17.82/10 万，城市和农村、男性和女性的交通事故死亡率均上升明显。国内道路交通伤害的模式研究发现，随着老年人口在构成中的比重增加，65 岁及以上人口的伤亡人数也在逐年上升。

三、老年伤害的危险因素

（一）年龄

年龄增大带来的生理功能减退是老年人容易发生伤害的重要危险因素。年龄增大导致的身体虚弱和日常生活能力受限制使老年人跌倒的危险性增高。伴随年龄老化所产生的社会功能削弱，也会导致老年人出现负性不良情绪而产生自杀念头。55 岁及以上老年人的生理功能明显衰退、感知能力下降、瞬间判断能力差、反应迟钝，因此该年龄段的老年人易发生道路交通伤害。

（二）性别

老年伤害发生有性别差异。老年女性跌倒发生率和死亡率均高于男性，可能与女性活动少、肌力差、平衡差、反应迟钝等老化因素明显有关。同时女性绝经后雌激素水平下降会导致骨质疏松和代偿性骨质增生，这也使女性更容易跌倒，而且使跌伤后果更严重。老年男性的自杀率高于女性，可能与男性普遍面临更加明显的社会角色的变化有关。男性暴露于交通危险的机会高于女性，老年男性发生交通伤害的危险也高于老年女性。

（三）疾病

各种老年疾病，如中枢神经系统疾病、体位性低血压和急慢性疾病都可导致跌倒。同时，躯体疾病是一个公认的老年人自杀的前提因素，患有躯体疾病的自杀老年人占自杀老年人总数的 34%～94%。新近一项老年人自杀病例—对照研究发现，自杀组中 56%的人患有严重躯体疾病，而对照组中仅有 16%的人患有严重躯体疾病；视觉受损、神经疾病、恶性肿瘤等独立因素与老年人自杀相关；而且患有严重躯体疾病和受较高的疾病负担影响而自杀的危险性男性高于女性。一些精神疾患也是自杀的重要危险因素，如抑郁症患者的自杀率比一般人群高 6 倍，约 10%的精神分裂症患者会自杀。疾病所带来的面对交通动态反应不灵活，也是老年人躲避危险能力较差的原因。

（四）社会心理因素

失去健康、地位、社会角色、独立性、重要的人际关系等重大社会心理变化，给老年人带来的压力不容忽视。随着社会人口构成的变化，家庭结构的改变，独居老人增多，他们不仅容易感到孤独，而且常常缺乏照料。有研究发现，新近丧偶的老年人有较高的自杀风险。更多的研究提示，独居、独处是老年跌倒的危险因素。

（五）个体素质

大量证据显示，缺乏有效应付方式、高度神经过敏和冲动的人格特征容易发生自杀行为。Pierre 研究发现，57 例有自杀行为的老年人中 45%存在人格障碍。此外，个人的视觉、速度知觉、信息处理功能、智力水平、心理素质等都可能影响其发生交通事故的概率。

（六）药物与酒精

老年人更容易受到酒精和药物副作用的影响。老年人服用药物越多，发生跌倒的危险性越大。酒精中毒与自杀行为关系密切，约 1/3 的自杀者有酒精依赖，酒精中毒患者自杀发生率较一般人群高 4 倍。在交通伤害中，酒精使人反应迟钝、思维判断力降低、操作精确度减弱，不能控制自己的意识和行为；而有兴奋或镇静作用的药物会影响人的情绪和认知感觉，从而减弱对环境的判断和应对。

（七）环境因素

多数老年人跌倒是环境因素造成的。外界环境因素中，路面不平和照明不足是老年人在公共场所跌倒的最常见原因。然而，老年人跌倒多发生于室内，最容易发生跌倒的地点是门口、洗澡间、厨房、楼梯等，这说明老年人身体虚弱和日常活动能力差以及室内设施的潜在危险性是共同起作用的。除了天气等自然生态环境对交通事故的影响外，地形复杂、道路设计不良等道路因素和车辆驾驶控制系统的故障等车辆因素也增加了交通伤害的发生。在我国，城市人口流量大、车辆多、交通设施不完善和人车混合流动是客观的危险因素。

四、老年伤害的预防对策

伤害的发生有其自然性和社会性。因此，伤害的预防应从观念的转变、政府的干预、个体的防护等多方面考虑。在发展中国家，伤害预防工作尚处于初级阶段，当务之急是应该消除对保障安全工作的障碍与阻力，使决策者和民众提高对伤害是可以预防和必须控制的认识。只有在观念上转变，才能将认知变为行动（改变不良的习惯与行为）。能不能把伤害预防与控制作为一个公共卫生问题来对待是关键所在，因为人们习惯把它作为一个单纯的“卫生”问题，而忽略了其中“公共”的含义。所以，理所当然地认为这是卫生部门的事，其他部门只不过是配合与协作而已，这是一个从观念上到认识上的误解。实际上，“公共卫生”是指关系到居民生活、生产和健康的社会卫生问题，它既是一项政府行为，也是全社会关注和每一个居民都必须参与的事情。

政府干预的主要内容是五个“E”，即工程干预（engineering intervention）、经济干预（economic intervention）、强制干预（enforcement intervention）、教育干预（educational intervention）、第一时间的紧急救护（emergency care and first aid），这也是被动干预的具体内容。所谓被动干预是指所设计的方法能自动起作用（如行车限速，设立护栏、屏障或警告标志），是最有效的控制伤害方法，而主动干预则需要个人的合作与参与，其效果取决于正确对待、执行或维护，以至强制（如使用安全带和头盔）。

此外，为预防伤害的发生，个人还应积极配合政府的工作，遵守有关规章制度，特殊人群如老、幼、病、残应有家人的陪伴和照顾，保障所接触的周围环境安全、方便。

老年人伤害的发生有其常见的原因，因此可以针对具体的原因进行预防。

1. 老年人跌倒的预防 老年人跌倒的预防应重在加强一级预防，即控制老年跌倒危险因素。将改善老年人自身的潜在危险因素与创造安全适宜环境相结合，进行综合干预。包括在社区内对老年人进行多学科、多因素的健康/环境危险因素筛检/干预。

2. 老年人自杀的预防 为高龄老年人提供诸如养老金、可支付得起的住房、医疗保健等经济支持，退休前发展个人兴趣和社会支持性网络等准备工作，提高老年人对抑郁和自杀警示征兆的认识，重视老年人的价值并给予他们更多的尊敬，帮助老年人寻找、维持、更新其人生目的和意义。

3. 老年交通伤害的预防 道路交通伤害的预防包括交通安全管理、控制行驶、防止碰撞、改变不良行为、控制损伤以及伤后处理等。国外有研究表明，改进行人道路安全性和保护性设施可预防老年交通伤害。老年人交通事故受伤后对健康损伤影响严重，因此，高效的救护方案也是减轻伤害后果的重要环节。

第四节 老年健康管理

健康管理是基本医疗卫生保障不断深入发展的一个必然趋势，它能够更有效地保障个人健康、降低医疗费用、提高人力资源质量。

一、老年健康管理的定义

老年健康管理是以老年人的健康需要为导向，对老年人的健康问题和健康危险因素进行管理。其管理的对象是老年人群，包括对处于健康状态、亚健康状态、亚临床和疾病状态的健康问题的全过程动态管理。

二、老年健康管理的基本步骤

（一）收集健康管理对象的个人健康信息

了解其健康需要，发现其存在的健康问题，查找健康危险因素，并对健康危险因素进行检测和分析。

（二）进行健康和疾病风险评估

在收集个人健康信息的基础上，综合运用多种方法对健康问题和健康风险进行分析和评估，预测个人在以后一段时间内发生某种疾病或存在健康危险的可能性，制订健康管理和健康风险干预计划。

（三）实施健康干预

根据评价结果，提出健康改善措施，制订个性化的健康促进计划，并充分调动个人、家庭和社会积极性，帮助其实施健康计划。通过生活方式干预、膳食营养指导、心理健康干预、运动干预、健康教育和指导等个性化干预措施的综合运用来实现促进健康的目的。

（四）干预效果评价

对健康干预的实施效果进行动态追踪，了解存在的问题，评价计划金额措施实施效果，并对干预方案进一步改善。

三、老年健康管理的综合策略

健康管理应以服务为载体，以管理为手段，通过有计划有组织的系统活动来对老年人群中的健康问题和危险因素进行检测、评价、干预、再评价，这些核心环节要素组成一个动态循环过程。

（一）心理健康管理

老年心理健康是指个体内部心理过程和谐一致，与外部环境适应良好的心理状态。具体表现在5个方面：认知功能正常、情绪积极稳定、自我评价恰当、人际交往和谐、适应能力良好。目前在老年人群中广泛出现的“离退休综合征”“空巢综合征”等都是由于老年人心理调节不足、家庭温暖不够，心理健康问题得不到重视，最终引发的身体功能障碍。中国科学院老年心理研究中心的研究显示，老年人心理健康与身体健康、居住环境、社会参与度、社会文化氛围和养老保障情况密切相关，还与所在地区经济发展水平相关。

（二）生活方式管理

生活方式管理是健康管理的重要手段和策略，它致力于对人们不良的行为和生活方式进行干预，运用科学的方法来指导人们改掉不利于健康的习惯，培养和建立健康的行为和生活方式，最大限度地降低其健康风险暴露水平。生活方式管理是通过健康促进技术，如行为纠正和健康教育，来保护人们远离不良行为，减少健康危险因素对健康的损害，预防疾病，改善健康。在实践中，可以运用健康教育、激励、训练和推广健康行为等方式来促进人们改变生活方式。

（三）慢性病、多发病的管理

我国总人口中慢性病的患病率仅为169.80‰，而老年人却占540.3‰。在65岁以上人口中，主要患有白内障、抑郁症、糖尿病、阿尔茨海默病，而且有42%的老年人同时患有两种以上疾病。老年慢性病、多发病的管理包括预防、治疗、护理的全部过程。据研究显示，影响老年人慢性病患病率的因素有年龄、吸烟情况、体重指数、精神状况、体育锻炼等，干预或控制这些因素可以有效地预防慢性病的发生发展。许多研究结果表明，社区卫生服务对于慢性病的防治具有重要作用，如社区健康教育、社区家庭访视护理、社区医生随访监测等，都能够有效地降低中老年人的慢性病患病率。目前也有许多疾病管理研究项目，如糖尿病管理、心脏病管理等，已经制订了该种疾病的综合防治策略，社区卫生服务机构应建立专业的慢性病防治护理小组，根据这些慢性病管理规范，为慢性病患者提供服务。

（四）建立健康档案

健康档案是用来记录一个人生命体征的变化以及自身所从事过的与健康相关的一切行为与事件的记录，具体内容主要包括个人的生活习惯、过敏史、既往病史、诊断治疗情况、家庭病史及历次体检结果等。它是一个动态连续且全面的记录过程，通过其中详细完整的记录，为每个人提供全方位的健康服务。老年人记忆力衰退，表达、认知能力也有不同程度的下降，对医生提出的许多问题都难以准确回答，这给医生诊治疾病带来了很大麻烦。然而，一个详细的健康档案就可以解决这些问题，它可以让医生更仔细、全面、准确地了解老人的身体状况，从而更有效地进行诊断、治疗或者指导老年人自我保健康复。

（五）建立健康管理信息平台

健康管理信息平台可以与因特网和手机联机，健康信息可以实时共享、随时查询。信息平台的功能包括：①网上进行健康体检预约登记；②网上查询健康档案；③网上生活习惯调查和评估；④网上查询保健计划；⑤网上随访干预指导；⑥网上咨询。目前有一些新的信息技术可以引入到健康管理信息化平台的建设中，如蓝牙生命信息监测器，主要用来随身携带、无创监测生命信息（如血压、脉搏等）。其监测的结果通过蓝牙同手机联机，把数据传递到手机中的自助健康管理平台中。手机自助健康管理平台，是一个基于手机的软件系统，用来进行健康信息的采集、健康科普知识的查询、开展自助的健康管理。该平台通过蓝牙通信技术同蓝牙生命信息监测器相连，接受监测器采集的数据；该平台通过移动无线应用通信协议（WAP）同健康档案存储平台相连，能够进行双向的、即时的数据传输，从而实现手机携带者同健康管理师的实时通信。

（六）建立老年人就医绿色通道

从社区卫生服务机构到医院，为老年人建立一个就医绿色通道，可保证老年人能够方便、及时地就医，保障老人从入院开始就享有特殊照顾，防止老年人因无人陪同、无人照顾而发生摔倒等意外情况。医院内应组织一些对老年人护理有专业知识和丰富经验的护理人员，设立一支专门的老年人护理小组，他们能够更了解老年人的需求，具有更强的耐心和责任心，能够更细致更准确地处理突发事故，能够更有效地给予老人全面周到的护理。医院和社区的信息要求互通，保证医务人员在老年人入院时能更快速而准确地了解老人的身体情况，从而更好地进行处理。

第五节　老年人健康教育与健康促进

联合国规定：60 岁及以上人口占 10%以上或 65 岁及以上人口占 7%以上的国家称为老年型国家。随着我国经济的发展、人民生活水平的提高和人均寿命的延长，人口老龄化已呈现出一种不可逆的趋势。2010 年我国第六次人口普查显示，60 岁及以上的人口占 13.26%，65 岁及以上人口占 8.87%，我国已经进入老龄化社会。人口老龄化不可避免地会给国家和社会带来卫生保健、赡养、社会福利、社会负担等一系列问题。因此，老年人是健康教育和健康促进活动的重要目标人群之一。社会必须针对该人群的特殊需要，在膳食营养、体育锻炼、修身养性、心理调适、预防、治疗和康复服务等各方面提供足够的帮助，使老年人能正视自身客观弱点，努力提高生活质量，在人生的晚年阶段仍可感受到幸福。

一、老年健康教育与健康促进的意义

人进入老年期，全身各器官系统的功能逐渐衰退，生理、心理、精神各方面都出现老化现象，易患各种疾病。为了老年人能健康、长寿、愉快地安度晚年，要求我们关心老年人的健康问题，广泛开展老年人健康促进工作，使老年人在参与各种有益于健康的活动中陶冶身心、延年益寿。

一般来说，老年人最大的愿望是愉快地、健康地安度人生的最后阶段，最大的要求是老有所用，老有所为，获得基本的社会保障。老年人最大的心理障碍是基本灾害和死亡的威胁。大多数老年人希望借助外界各种有利因素和完善的社会服务，维护和促进身心健康，参与有益于健康的活动，掌握保健知识和技能。医务工作者对老年人主要健康问题进行诊疗的同时，要及时矫正老年人不健康的观念和就医行为，定期给予健康检查，将预防和医疗、保健、康复等有机地结合于一体，广泛开展健康教育活动，指导和促进老年人群实现这一愿望。

老年健康教育与健康促进有两层含义：一是唤起全社会对老年人群身心健康的关注，承担维护、支持、促进老年人从事有益于健康的活动，让他们重新融入社会，提供更为完善的保健服务，预防疾病，促进康复，真正提高生命价值；二是教育和指导老年人树立正确的健康观，开展自我保健，提高防病抗病能力，完善心理调适能力，以充满尊严和无悔的心情走完人生的最后旅程。

二、老年人健康教育的目标和基本内容

老年人健康教育和健康促进活动的中心目标是化消极因素为积极因素，从单纯的延年长寿上升为全面提高老年人的生命质量。

老年健康教育的内容是由健康教育和健康促进的目的所决定的。老年健康教育的目的是促进老年人树立健康意识，维护身心健康，采纳和培养良好的行为和合理的生活方式，不断提高健康水平、群体素质和生活质量，促进老年人智力资源的开发，继续为社会贡献力量，而不是单纯为了推迟衰老，延长生命。一般来说，应着重从老年人的日常生活、心理卫生、常见疾病防治知识等三方面开展健康教育。

（一）日常生活指导

合理科学的生活方式对老年人的健康至关重要。特别是随着年龄的增长，常会伴随一些慢性病。如果能根据老年人的特点，指导他们选择科学合理的生活方式，纠正不良的行为和生活方式，就可减少某些疾病，延缓已患疾病的发生及进程。日常生活指导主要从衣食住行、运动、睡眠、文娱生活等方面开展健康教育。

1. 让老年人懂得衣食住行的一般常识　如老年人的衣服以松软宽大为好，冬季要保暖，夏季要防暑；住房最好阳光充足，空气新鲜，保持合适的温度和湿度。这些一般常识虽说是老生常谈，却是健康的根本，非常重要。

2. 讲究营养和注意饮食卫生，是保持健康的重要条件　在日常生活中，应注意指导老年人科学合理地安排饮食和注意饮食禁忌，指出日常生活中存在的对健康有危害的不良饮食习惯。老年人的饮食应以高蛋白、低脂肪、少糖、少盐、富含维生素为原则，以碎、易消化为基本条件，并要遵循定时、定量、不冷、不热、不过饥、不过饱、不暴饮、不偏食的原则。对体质弱或患有慢病的老年人，可指导他们选择合理的传统膳食。

3. 要从体能运动和智力运动两方面，向老年人讲明运动对身体的好处　根据老年人的体质

特点提供适合老年人的运动种类和方式供老年人选择。除宣传教育外，还应帮助社区积极组织适合当地实际情况的活动项目，并要给予具体指导和监督，特别是要指导开展各项运动的运动要领和原则，以达到合理的运动目的。

4. 对老年人的不良行为方式应指导戒除，重要是戒烟、戒酒 吸烟和饮酒是有损害健康的行为，应予戒除。但一些老年人有长期吸烟史，一下子不易戒掉，此时可指导其减少吸烟量，以减少烟草中的有害物质对人体的危害。

5. 对在家久病不起的病人及其家属，应提供具体的日常生活指导 如指导其根据实际情况调整合理的卧姿，指导翻身和清洁皮肤。对老人要耐心，要经常给予精神安慰，同时注意防止产生依赖心理，在监护下尽可能让老人自己完成力所能及的事。

（二）心理调适指导

加强老年人的精神卫生是提高其晚年生活质量的关键。对老年人进行精神卫生健康教育，主要是通过提供有利于修身养性、陶冶情趣的活动和场所，通过积极的语言、表情、态度和行为去影响老年人，促使其不良行为的改变。具体内容有：

1. 宽容待人、淡泊名利，学会控制情绪 要使老年人懂得“气怒损生”的道理，在生活中以理智提醒自己，做到“无故加之亦不怒，从容应付大变故”。对社会上的势利现象不必耿耿于怀，应以开阔胸怀对待，多想生活中的光明面，少为蝇头小利而烦恼。

2. 正确对待突然发生的意外事情 老年人对自身的衰老有比较敏感的体验，不少老年人经常处于怕早死、怕出意外的担惊受怕之中。老朋友的相继去世，也会使其产生濒死感或心灰意冷等。

3. 注意安排继续学习文化知识的学习活动，丰富生活内容 学习是强身健体、延年益寿的需要。勤于思考是促进人体健康的积极因素，可使人心地开阔、乐观向上。这是防治老年抑郁症、自暴自弃和悲观失望等不良心理的良药。

4. 多参加社会活动，继续保持密切的社会关系 原来工作中建立的社会关系会因退休而交往减少，应鼓励老年人多参加能发挥自己才智的公益活动、社会活动，组建新的交际圈，以积极的方式延缓衰老进程。

（三）常见疾病防治知识指导

慢性病是当今老年人的主要死因，除心脑血管病外，还有慢性支气管炎、糖尿病、白内障、耳聋、肺癌等常见病。通过医疗服务和健康教育，可以及时筛选出无症状的老年人，有效地阻止慢性病的发生；采取有效的综合防治措施，能够及时阻止慢性病的进程，明显提高对慢性病的诊治效果，改善因慢性病所导致的功能残疾和生活能力下降，提高老年人的生活质量和健康寿命。

三、老年人健康教育与健康促进的常用方法

（一）开展慢性病防治培训班

可以举办各种以促进健康行为为主题的系列讲座。如老年人应怎样合理安排生活，怎样戒除烟酒等成瘾行为，高血压病人的健康保健措施，老年人应怎样对待新生事物，怎样进行心理调适，怎样消除家庭中的代沟等问题。在讲解时应注意老年人的学习特点，特别注意扩大教育者与受教育者的双向交流。可安排老年人现身说法，以老年人身边的事做榜样示范。

（二）举办丰富多彩的文化、体育活动

养花、钓鱼、结伴郊游、琴棋书画等活动，只要运用得当，不过度伤神，其作用往往比心理治疗和行为指导作用更大，健康教育者应多为老年人创造集体活动的机会，指导老年人开展丰富多彩的文化体育活动。可组织以老人集体活动为主要方式的"读书会""科技余热交流会"等活动，在活动中让老年人阅读书报、学习新知识新技术、交流信息、畅所欲言，有利于重新焕发青春。对知识的渴望又可使老年人勤于思考，相互启发，促使了人际间的交流，使生活有了更明确的目标。健康教育者如在活动之中加入某些促进健康行为（如戒烟酒、合理膳食安排、老年有氧运动）的学习内容，将使老人受益匪浅。

（三）选择合适的传媒手段

许多大众传播媒体如报刊、电视、广播等对老年人是适用的，而且健康信息量很大。但应选择适合老年人特点的传媒推荐给老人。另外，利用当地社区健康教育宣传栏，编写适合老年人实际情况的传单、小册子等，也是向老年人传播健康信息的重要手段。

（四）开展社区健康咨询

组织医务工作者到老人常聚集的场所开展有关健康问题的咨询活动。因势利导，现场答疑，指导老年人树立正确的健康观，采取积极的健康行为。针对老年人常见的心理健康问题，进行心理疏导和心理调适指导。

（五）进行心理咨询

老有所养是老人健康幸福的基础，老有所为是老年人心理活动和安度晚年的需要，老有所医是老年人增进健康的保证，老有所学、老有所乐才能提高老年人的生命质量。针对老年人普遍关心和需求的问题，举办合理膳食营养指导、老年运动指导等讲座，提供保健咨询、心理指导、家庭巡视等多种内容的服务。通过个体化指导和全面性服务相结合的服务，可促进相互互动，必将得到老年人的欢迎和积极参与，收到满意的防治效果。

（倪进东）

第六章　心理、情绪健康与老年生活

第一节　心理的老龄化变化

老龄化既包括生理上的衰退，也包括心理上的变化。

对于老年期发生的心理变化，有两种截然不同的观点，即老年丧失观和毕生发展观。

老年丧失观认为，从出生到机体成熟的心理活动变化，是心理的“发展”，即心理活动的某种“增长”。成年以后，先有一段稳定时期，然后开始衰退。年龄越大，其心理活动的衰退也会越明显和严重，这一阶段的变化只能称为老化而不能叫作“发展”。其理由：①他们把人主要看作生物有机体，心理的发展随着机体的发育而增长，随着机体的衰老而老化。②心理发展是有方向的，是由不成熟到成熟、再到衰老，是不可逆转的。③生理年龄是心理发展或衰退的根据，并且具有普遍性。但对老年人的心理活动和心理状态的这种简单的线性上升或下降的认识，并不完全符合实际情况。

毕生发展观认为：个体心理发展贯穿人的一生。原因为：①心理发展和行为变化可以发生在人生的任何时候，即从胚胎形成到老去的整个一生都在发展，人的一生都包含着生长（获得）和衰退（丧失）。②不同心理机能发展的速度、方向和形式各不相同。例如，感知觉出现和发展得最早，也较早衰退，而抽象逻辑思维开始和发展较晚，随着年龄的增长而不断发展并将继续增长。③以年龄为依据的发展框架是不完全恰当的，因为影响人发展的因素错综复杂，在这些因素中存在着许多与年龄并不相关的因素。毕生发展观强调人到成年期以后，心理仍继续发展，是一种积极、乐观的老年心理变化观。

一、老年人的认知变化

认知（cognition）是对作用于人的感觉器官的外界事物进行信息加工的过程，是人获取知识和运用知识的心智活动，包括感觉、知觉、记忆、言语、思维、想象等心理现象。

（一）感知觉的变化

感觉（sensation）是个体对客观事物的个别属性的反映，人体的眼、耳、嘴、鼻和皮肤等感觉器官是人与外部世界接触的主要感觉系统，人通过感觉获取事物的个体属性。知觉（perception）是人脑对直接作用于感官的客观事物的整体反映。是一种基本的心理过程，它比感觉要复杂，并常常和感觉交织在一起，也被称为感知活动。随着年龄的增长，老年人在感知觉方面不同程度地出现衰退性变化。

1. 视觉　通常人在中年后期，视力在原有基础上会有所下降，而进入老年期后，由于眼球的晶状体弹性变差，视觉的调节能力下降，就会出现人们常说的老花眼。受老视现象影响的老年人，最大的问题就是看不清近物，这是老年人对近距离的物体的视觉能力退化程度更快更深的缘故。于是老年人普遍感觉近距离看东西模糊，老年人的视觉器官对光线的敏感性和对颜色的辨别力也相应降低，所以老年人需要不断提高照明灯光的亮度来看东西。

2. 听觉　听力的衰退包括对高音敏感度和低音敏感度两方面的下降。老年人听力最常见的改变是重听，即耳聋或耳背，为听力下降所致，其特征是对高音敏感度的下降要远远超过对低音敏感度的下降程度。因此老年人听男性的声音要比女性的声音容易，听低沉的声音要比听高亢的声音容易。在对这两种不同音调的识别能力方面，人自 25 岁开始就出现下降，55 岁以后变化明显，70 岁以后更为显著。这种变化主要体现在对高音调的识别上，低音调识别能力的保持好于高音调。

在通常情况下，听力的衰退主要由耳部听觉感受器的改变所造成，也有少数与脑内的听觉中枢病变有关。因此，老年听力衰退的实质是耳的结构功能和脑内神经中枢等部位出现程度不一的退变，主要表现为听力的下降和对声音的辨别能力以及分辨他人言语内容的能力持续下降。在这种情况下，人们与他们交谈时要用更大的声音，这使他们与人交流时产生困难。

这种因生理性原因所导致的耳聋，就是我们常说的老年性耳聋。导致老年性耳聋还存在心理社会方面的因素，如有些老年人认为身边存在非常糟糕的人际关系，并且通过长期努力也无法改善时，就可能出现“保护性耳聋”，久而久之也会造成功能的丧失。

听力的变化直接影响到老年人对言语的感知能力和理解能力。老年人的言语知觉虽然因年龄增长而下降的幅度不大，但因环境和其他认知能力的不同而存在很大的个体差异。

3. 嗅觉　在中年后期就开始有所下降，进入老年期后会更为明显，但嗅觉的衰退在老年人总体心理特征变化中影响是较少的。

4. 味觉　味蕾的数量和状况决定味觉的敏感度，对食物刺激产生的快感需要有味蕾上的感受器参与和实现，因此味觉功能的完好对于维持高质量的味觉效果较为重要。进入老年期后，味蕾的数量会明显减少，功能也呈直线下降，所以老年人明显感觉吃东西没有味道。最先受影响的是甜味觉，最迟的是酸味和苦味觉。

5. 皮肤觉　老年人的皮肤变化明显，主要是皮肤的张力和弹力下降。老年人的皮肤对触觉刺激产生的最小感觉所需要的刺激强度在衰老的过程中逐渐增大，所以对触压觉不如年轻时敏感。由于神经功能的衰退，老年人的触觉定位也较年轻人差。

在应对感知觉老化方面，感觉器官的老化直接导致感觉功能的退化。人类所生存的外部世界及人体的内部环境时刻都处于复杂的变化过程之中，所有内外条件的变化，必须由人体的感觉器官收到感受信号后，才能转变为特定的神经信号传入大脑而形成各种各样的“感觉”，也就是说，人们只有通过感觉器官才能获得信息，才能有根据现实情况制订策略和发起行动的可能。所以，感觉器官和感觉过程的老化对人们心理特征的影响是决定性的。

面对“越来越看不清，越来越听不见，越来越闻不到，越来越吃不香”的现状，应该以科学的方式与老年人沟通，让他们正视身体的正常老化过程，坦然接受身体的正常变化，同时加强对其生活的照料和安全的维护。

（二）记忆的变化

记忆（memory）是人类存储和提取信息的容量。记忆力是指个体识记、保持和重现信息的能力。

老年人记忆的特点和主要变化可归纳为：

1. 初级记忆与次级记忆　老年人初级记忆比次级记忆好。初级记忆是人们对于刚刚看过或听过的，当时还在脑子里留有印象的事物的记忆。初级记忆随年龄的递增而减退得较为缓慢，老年人一般保持较好，与青年人差异不明显。次级记忆是对于已经看过或听过了一段时间的事物，经过复述或其他方式加工编码，由短时储存转入长时储存，进入记忆仓库，需要时再加以提取的记忆。这类记忆的保持时间长，但随年龄而减退的现象明显高于初级记忆，年龄差异较大。

2. 再认与回忆　再认是当人们对于看过、听过或学过的事物再次呈现在眼前，能立即辨认出自己曾经感知过的过程；而回忆是刺激物不在眼前而要求再现出来，其难度大于再认。老年人再认能力明显比回忆能力好，因此回忆的年龄差异大于再认的年龄差异。

3. 理解记忆与机械记忆 老年人理解记忆比机械记忆减退缓慢，他们对有逻辑联系和有意义的内容，尤其是一些重要的事情或与自己的专业、先前的经验和知识有关的内容，记忆保持较好。理解记忆出现减退较晚，一般到 60～70 岁才有减退；相反，老年人对于需要死记硬背、无关联的内容很难记住，机械记忆出现减退较快也较早，40 多岁已开始减退，60～70 岁减退已很明显。这些结果也说明不同性质的记忆出现减退的时间有所不同，记忆减退具有阶段性。

4. 日常生活记忆与实验室记忆 记忆时时联系着人们的生活，对于保持日常生活能力，如取放生活用品或上街采购东西、社会交往、与朋友约会等都十分重要。有资料显示：老年人对于日常生活中的记忆保持尚好，其对日常生活记忆的保持比实验室记忆好。

总体来说，老年人的记忆存在逐渐减退的趋势，但在减退出现的时间、速度和程度等方面存在很大的个体差异，提醒我们可以通过有效干预来促进老年人记忆功能的保持。

（三）智力的变化

智力（intelligence）是一个综合的概念。它是由人们认识和改造客观事物的各种能力有机地综合而成。包括人的注意力、观察力、想象力、记忆力、思维力、实际操作力和社会适应能力等。智力的核心是思维力。美国著名心理学家韦克斯勒说：“智力是人有目的地行动、合理地思维和有效地处理周围环境的汇合的或整体的总能量。”

有一种观点认为：随着人年龄的增长，人的智力会逐步减退，到老年时则显著下降。这种观点曾影响着许多人。但最新的研究表明，作为人脑主要机能的智力，并非像这一观点所描述的那样迅速衰退。

按照美国心理学家卡特尔（Cattell）的理论，人的智力可以分为流体智力和晶体智力两种，流体智力的高低主要与个体的神经生理功能发展状况有关。老年人由于脑神经功能的退行性变化，流体智力受到较大影响。而所谓晶体智力是以习得经验为基础的认知能力，是通过学习语言和其他经验发展起来的，晶体智力的高低与个体知识的多寡、受教育的程度、学习的机会及抽象思维有密切的关系。老年人一生经验丰富，阅历深广，因而晶体智力保持较好。据研究，流体智力和晶体智力的测验成绩随着增龄的变化而变化，但流体智力每隔 10 年下降 3.75%，而晶体智力反而增长 3.64%。有人对自然科学、人文科学、社会科学、文学、美术、音乐等各个领域中的名人进行过年龄统计分析，结果显示，60 岁以后出成果人数最多的领域从高至低依次为：哲学、医学、美术、文学、自然科学等。可见，凡与人生阅历和经验关系密切的领域越会大器晚成。不少学者认为，过去运用横断法（即将各种年龄层次被试的测验成绩进行比较）来研究人的智力变化，认为老年人的智力随增龄而减退，其实是不准确的结论。因为这种方法容易混淆年龄的因素和人群因素对智力的影响。事实上，出生年代不同其生活经历和受教育的机会可以有很大的差异，而这种社会历史和所受教育的差异对智力的影响甚至远远大于年龄因素的影响。换而言之，测验中老年人的智力不如年轻人的结果，不一定只反映了年龄带来的差异，而是还可能包括了生活经历和受教育程度等因素的影响。事实上，如果老年人自己将现在与过去相比，其智力下降并不明显。心理学家鲍尔特斯（Baltes）和维利斯（Willis）提出了一种新的看法，认为在人的整个生命历程中，各个年龄阶段上实际运用和表现出来的作业成就仅仅只是最大潜在智力的一部分而已，经过学习和训练后就能够把潜在保存的智力转变为运用中的智力。老年人由于社会角色的转变，参与社会活动和进行创造的机会变少，潜在保存的智力尚未完全发挥出来。所以，经过学习、训练和激励，老人的智力水平可以发挥得更好。此外，某些老人的智力明显减退，可能是由于脑血管等其他疾病所造成的，而非智力本身的问题。

二、老年人的性格变化

性格（character）是指表现在人对现实的态度和相应的行为方式中的比较稳定的、具有核心意义的个性心理特征。性格表现了人们对现实与周围世界的态度，对自己、对别人、对事物的态度，并表现在人们的行为举止中。性格的形成和发展贯穿整个人的一生，不仅受到个体的生物学因素的影响，也受后天环境的影响，而且后者的影响更大。老年人的性格既有持续稳定的一面，又有变化的一面。

（一）老年人的性格变化

我国学者认为老年人由于身心老化所导致的性格变化体现在以下方面：一是以自我为中心。性格由开始的固执己见和盲目自信，最后发展到专横任性和顽固不化；二是猜疑心。由于视力和听力等感觉器官的老化，造成对外界事物的认识模糊和反应迟钝，往往容易陷入胡乱猜测、嫉妒和偏见暴躁等偏激之中；三是保守性。由于学习能力和活动能力的降低，因而讨厌或难以接受新鲜事物，但却非常注重以往的习惯或想法，守旧思想严重；四是情绪化。随着对外界事物的关心程度日趋淡漠，老人对自己身体的注意会日趋集中，性格变得极易过敏和神经质；五是愚鲁和傲慢。不能正确地认识生活现状，每天大多沉溺于往事的回忆中，对于“当年之勇”即自己过去的成绩，却不厌其烦地整日挂在嘴上，唠叨不已，喋喋不休。

美国心理学家纽加顿等人经过调查研究，把老年人的个性分为：整合型、防御型、被动依赖型和不整合型等四种类型。

1. 整合型　整合型个性的老年人，对生活很满意，退休以后能适应环境的变化，以新的活动方式来代替过去的工作。有些老人即使不参加社会活动，也能自寻其乐。

2. 防御型　防御型个性的老年人，多数对生活满意，他们可以维持中年时期所从事的工作，不求有功，但求无过，由于怕受挫折，常抱有戒心，慎重处事。

3. 被动依赖型　被动依赖型个性的老年人，常需要别人的帮助和支持，如满足他的要求就感到心满意足。

4. 不整合型　不整合型个性的老年人，情绪不稳，往往容易失去控制能力，遇到不顺心的事，或大动肝火，或悲观失望，对生活不满意。

（二）老年人性格变化的应对

1. 老年人主动调整心态、自我保健　老年人要主动尝试角色的转变和重新适应社会、家庭环境，特别是要处理好离、退休之后角色和生活的变化，保持积极、乐观向上的心理状态。老年人还要勤于学习，科学用脑，不断丰富精神生活，来延缓大脑衰老。

2. 社会成员要正确认识老年人性格的变化　社会成员，特别是老年人家庭其他成员要认识到老化是一种正常的心理年龄特征的体现，因而不要嫌弃老年人因老化而出现的各种“不如意”。针对老年人的特点，要巧妙地加以引导，不要强硬地对抗，而是在尊重的基础上不知不觉地对老年人的心理生活给予引导。

第二节　常见老年人心理问题

随着年龄的增长，老年人的心理状况也发生一些变化，比如出现明显的失落感、情绪波动大、易激动、焦虑和烦恼等；也有可能出现一些心理障碍，需要我们更多的关爱。

一、老年人的心理特点

1. 孤独感和失落感 多见于失去配偶，家庭关系、经济条件欠佳或刚离退休的老年人。这类老年人常表现为郁郁寡欢、倦怠、懒于活动、喜欢独处。老年人退休前工作稳定、生活规律，而退休后长期闲着、心理难以适应，便会产生莫名的空虚与失落。有的老年人退休前有一官半职，或有一份体面的工作，退休后由于社会环境和角色的转变，存在心理落差而变得情绪低落。而大多数子女只注重对老人生活上的照顾，却忽视了情感上的交流，特别是当老年人生病时，这种孤独感与失落感会与日俱增。

2. 否定自己 这一心理特点与老年人的自尊感和自卑感的共存密不可分。自尊表现为老年人希望得到他人的尊重，维护自己的荣誉和尊严。但是一旦老年人的自尊感得不到相应的满足时，便产生心理落差，从而走向另外一个极端——自卑。自卑感的产生常常使老年人感到悲观失望、怀疑甚至否定自己的存在价值。自卑感常常使老年人自我否定、自我封闭甚至自我退缩。

3. 控制力下降、易怒 老年人性格的改变，同老年人的脑退化有密切关系。同时脑的各部分发生退化的程度不一致，比如大脑额叶比其他区域先退化，而额叶与性格关系密切，故老年人性格的改变较易发生。同时皮质的退化，对皮质下的控制减弱，造成皮质下原始冲动占优势，也可影响性格。所以老年人会出现控制力下降，易发怒的心理特点。老年人情绪变化较大、激动易怒或多愁善感，有的人会因一点小事而大发脾气或者发无名之火，经受不住挫折和打击，因一点不顺心就会伤心不已、过于动怒或过于悲伤。

4. 固执多疑 有人常用“老顽固”形容老年人，虽然这一描述不太礼貌，但在一定程度上描绘出了老年人这一心理状态。老年人的固执表现在如下几个方面：一是不接受或难以接受新事物、新知识、新观念，难以认识和适应社会、生活、环境的变化。他们常常追忆过去的时光，充满怀旧感，总认为过去的比现在的好，甚至否认现在；二是自我中心。总认为自己是对的，生活中养成的一些不利于健康的习惯难以改掉，听不进别人的劝告，对别人产生不同程度的戒心和不信任感。

5. 依赖、顺从 多见于家庭和谐，性格脆弱的老年人。他们自觉年事已高，万事不能，凡事依赖子女，缺乏信心，对自己的衰老估计太重，对生活缺乏积极、乐观的态度。

二、老年人心理障碍

老年人常见的心理障碍或情绪异常有：抑郁症、恐惧症、焦虑症、疑病症等，当这些症状发生时常常诱发生理和心理并发症。

（一）老年抑郁症

老年抑郁症是指年龄在 55 岁或 60 岁以上的抑郁症患者，狭义的也可以是指首次起病年龄在 55 岁或 60 岁之上的抑郁症患者，无论是哪一种，都有着诸多老年期的特点。在临床上常见为轻度抑郁，但其危害性不容忽视，如不及时诊治，会造成生活质量下降、增加心身疾病（如心脑血管病）的患病风险和死亡风险等严重后果。

目前病因尚不明确，可能与遗传、大脑解剖结构和病理改变、生化和社会心理等因素有关。这些因素错综复杂并相互交织，对抑郁的发生均有明显影响。有研究者认为老年人的抑郁症常与他们无法接受生活中的变动，如丧偶、空巢、重病等有着密切的关系。

典型抑郁发作表现为情绪低落、思维迟缓及言语活动减少等。老年抑郁发作的临床症状常不太典型，与青壮年期患者存在一些差别，多以认知功能损害和躯体不适为主诉。

1. 情感低落　情感低落是抑郁症的核心症状。主要表现为持久的情绪低落，患者常闷闷不乐、郁郁寡欢、度日如年；既往有的兴趣爱好也变得没意思，觉得生活变得枯燥乏味，生活没有意思；提不起精神，高兴不起来，甚至会感到绝望，对前途无比失望，无助与无用感明显，自责自罪。半数以上的老年抑郁症患者还可有焦虑症状，如紧张担心、坐立不安，有时躯体性焦虑会完全掩盖抑郁症状。

2. 思维迟缓　抑郁症患者思维联想缓慢，反应迟钝。自觉“脑子比以前明显的不好使了”。老年抑郁症患者大多存在一定程度认知功能（记忆力、计算力、理解和判断能力等）损害的表现，比较明显的为记忆力下降，这需与阿尔茨海默病相鉴别。阿尔茨海默病多为不可逆的，而抑郁则可随着情感症状的改善有所改善，预后较好。

3. 意志活动减退　可表现为行动缓慢，生活懒散，不想说话（言语少、语调低、语速慢），不想做事，不愿与周围人交往。总是感到精力不够，全身乏力，甚至日常生活都不能自理。减退或丧失既往应有的对生活的热情和乐趣，越来越不愿意参加社交活动，甚至闭门独居、疏远亲友。

4. 自杀观念和行为　严重抑郁发作的患者常伴有消极自杀观念和行为。老年抑郁症患者的自杀危险性比其他年龄组患者大得多，尤其在抑郁与躯体疾病共患的情况下，自杀的成功率较高。因此患者家属需加强关注，严密防备。

5. 躯体症状　此类症状很常见，主要表现为：疼痛综合征，如头痛、颈部痛、腰酸背痛、腹痛和全身的慢性疼痛；消化系统症状，如腹胀腹痛、恶心、嗳气、腹泻或便秘等；心血管系统疾病症状，如胸闷和心悸等；自主神经系统功能紊乱，如面红、潮热出汗、手抖等。此外，大多数老年患者还会表现为睡眠障碍，入睡困难、睡眠浅且易醒、早醒，体重明显变化，性欲减退等。

6. 疑病症状　这与老年患者过度关注自身健康有关。多以躯体不适症状为主诉（消化系统最常见，便秘、胃肠不适是主要的症状），主动要求治疗，但往往否认或忽视情绪症状，只认为是躯体不适引起的心情不好。其对躯体疾病的关注和感受远远超过了实际得病的严重程度，因此表现出明显的紧张不安、过分的担心。辗转于各大医院，遍寻名医，当进行各项检查的结果是阴性或者问题不大、程度不严重时，会拒绝相信检查的结果。要求再到其他大医院、其他科室检查，也会埋怨医生检查不仔细、不认真、不负责任等。

预防老年抑郁症，需要老年人自己和家人的共同努力。首先是老年人自己要多参加集体活动，多结交朋友，培养兴趣爱好，积极进行户外活动；其次是子女要多关心、陪伴、支持，营造良好的家庭氛围。

（二）老年焦虑症

焦虑是个体由于达不到目标或受到不能克服的威胁，自尊心或自信心受挫，或失败感、内疚感增加，所形成的一种紧张不安带有恐惧性的情绪状态。一般而言，焦虑可分为三大类：一是现实性或客观性焦虑，如爷爷渴望心爱的孙子考上大学，孙子目前正在加紧复习功课，在考试前爷爷显得非常焦急和烦躁；二是神经过敏性焦虑，即不仅对特殊的事物或情境发生焦虑性反应，而且对任何情况都可能发生焦虑反应。这是由于心理—社会因素诱发的忧心忡忡、挫折感、失败感和自尊心的严重损伤而引起的；三是道德性焦虑，即由于违背社会道德标准，在社会要求和自我表现发生冲突时，引起的内疚感所产生的情绪反应。有的老年人怕自己的行为不符合自我理想的标准而受到良心的谴责，如自己本来是被周围人认为是一个德高望重的人，但在公交车上看到歹徒围攻售票员时，由于自己势单力薄，害怕受到伤害而故意视而不见，回来后，感到自己做了不光彩的事，深感内疚，继而坐立不安，不断自责。

焦虑心理如果达到较严重的程度，就会发展为焦虑症，又称焦虑性神经官能症。焦虑症是以焦虑为中心症状，呈急性发作形式或慢性持续状态，并伴有自主神经功能紊乱为特征的一种神经症。老年焦虑症有一般焦虑症所没有的特点，而且往往容易被人们所忽略。

老年焦虑症可分为急性焦虑和慢性焦虑两大类。急性焦虑主要表现为急性惊恐发作，患者常突然感到内心焦灼、紧张、惊恐、激动或有一种不舒适感觉，由此而产生牵连观念、妄想和幻觉，有时有轻度意识迷惘。急性焦虑发作一般可以持续几分钟或几小时，病程一般不长，经过一段时间后会逐渐趋于缓解。慢性焦虑症的焦虑情绪可以持续较长时间，其焦虑程度也时有波动，一般表现为平时比较敏感、易激怒，生活中稍有不如意的事就心烦意乱，注意力不集中，有时会生闷气、发脾气等。老年焦虑症起初只表现为突出的焦虑情绪，长期累积便会引发焦虑症。焦虑症和焦虑情绪不同，它会导致老年人身体免疫力下降，心情抑郁，严重影响老年人的正常生活，所以一旦发现老年人出现焦虑前兆最好及时就诊，防止病情恶化。

发生焦虑症的原因既与先天的素质因素有关，也与外界的环境刺激有关。通常认为这类患者的人格特质中焦虑特质偏高。这种焦虑特质通常表现为容易焦虑不安，对焦虑不安的耐受性也差，交感神经容易兴奋等症状。惊恐障碍的发生往往同快节律、高压力的生活方式相关，患者往往具有自己催赶自己的A型人格倾向，障碍的发生往往在脑及躯体持续疲劳之后。广泛性焦虑往往同存在冗长的现实压力、患者对压力始终缺乏合理的应付方式、又对以上毫无自知有关。具体而言，主要有以下相关因素：

1. 遗传因素 在焦虑症的发生中起重要作用，其血缘亲属中同病率为15%，远高于正常人群；双卵双生子的同病率为25%，而单卵双生子为50%。有人认为焦虑症是环境因素通过易感素质共同作用的结果，而易感素质是由遗传决定的。

2. 生物学因素 焦虑反应的生理学基础是交感和副交感神经系统活动的普遍亢进，常有肾上腺素和去甲肾上腺素的过度释放。躯体变化的表现形式决定于患者的交感、副交感神经功能平衡的特征。

3. 病前性格特征 多表现为自卑、自信心不足、胆小怕事、谨小慎微、对轻微挫折或身体不适容易紧张、焦虑或情绪波动等性格特征。

4. 精神刺激因素 轻微的挫折和不满等精神因素可为诱发因素。

（三）老年恐惧症

老年恐惧症是指少数性格内向的人，到了老年会产生一种莫名其妙的恐惧心理。他们处处胆小拘谨，总感到忐忑不安。这种现象发展到严重时，当事者会自感心神不定，坐立不安，焦躁烦闷，甚至陷入不能自拔的痛苦境地，也会由此而引起血压升高、心跳加快、食欲减退和头痛失眠。

老年恐惧症可以表现在日常生活的各个方面，常见的有：对鬼怪的恐惧，对疾病的恐惧或对食物的恐惧等。世界上并没有鬼神，但有的老年人自述曾经见过，这实际上是由心理学上所说的错觉和幻觉所造成；有的老年人不敢吃鸡，因为怕得癌症；有的不敢吃鸡蛋，怕胆固醇增高使血管硬化；有的不敢吃花生，因为怕吃到变质的花生也会诱发癌症等。

（四）老年疑病症

疑病症是疑病性神经官能症的简称，是以患者一心想着自己的身体健康，担心某些器官患有其想象的难以治愈的疾病为特征的神经官能症。人进入老年期，由于生理功能的退化，身体不免会出现这样或那样的不舒服，这本来是正常现象，属于自然规律。但是，有许多具有一定文化素质的老人，对自己患有的任何一种病，哪怕出现一种症状，便对照医学书籍或科普文章进行比较分析，由于对医学的一知半解，通常是越比越像，表现出高度的敏感、关切和紧张，周而复始地为莫须有的症状焦虑不安，由此而产生恐惧、悲观的消极。

老年疑病症有如下几大特点：

1. 患者长时间地相信自己体内某个部分或某几个部分有病，求医时对病情的诉说不厌其烦，甚至喋喋不休，从病因、首发症状、部位、就医经过，均一一介绍，生怕自己说漏一些信息，唯恐医生疏忽大意。

2. 患者对自身变化特别敏感和警觉，哪怕是一些微不足道的细小变化，也显得特别关注，并且会不自觉地加以夸大和曲解，形成患有严重疾病的证据。

3. 患者常常感到烦恼、忧虑甚至恐慌，其严重程度与实际情况极不相符，他们对自己的病症极为焦虑，别人劝得越多，疑病就越重。

4. 即便客观身体检查的结果证实患者没有患病，患者仍然不会相信，医生的再三解释和保证不能使其消除疑虑，有些患者甚至会认为医生有故意欺骗和隐瞒行为。

老年疑病症的发生与个人的人格特征、早期经历以及外界的不良刺激等因素有关。首先，那些性格内向孤僻、敏感多疑、固执死板、谨小慎微的人容易产生疑病症，患者往往有较强的自恋倾向，过度关心自己的身体，对周围的事物和环境却不感兴趣。有心理学家认为，疑病其实是自恋的另一种形式。其次，从根源来看，患疑病的老人往往接触过疾病的环境，如家庭中有人患过病，或者亲密的家庭成员在患者成长的关键时期去世，或者在童年时家人对患者漠不关心等，这些早期的不幸经历对患者造成心理创伤，也有可能引发疑病。例如，耳闻目睹自己社交范围内的老朋友或老同事患病或死亡，有疑病倾向的老人往往会联想到自己，因而变得忧心忡忡。在求医过程中，一些因素，如医生的诊断失误或治疗失当，或者医务人员使用不恰当的言语、态度和行为等，也会成为刺激因素促使老年人产生疑病心理。

（五）常见老年人心理疾病的治疗

心理疾病的治疗需要专业的心理治疗师的介入，在这里不详细介绍。一般而言，心理疾病的治疗手段主要有药物治疗、心理治疗、物理治疗和环境治疗等。研究发现，真正患有各种严重心理疾病的老年人比例并不高，因此，老年工作者应将工作重点放在预防此类心理疾病的发生上。

第三节　老年痴呆症

一、老年痴呆症的基本概念

老年痴呆症，又名阿尔茨海默症（Alzheimer disease，AD），是一种进行性发展的致死性神经退行性疾病。起病隐袭，病程呈慢性进行性，主要表现为渐进性记忆障碍、认知功能障碍、人格改变及语言障碍等神经精神症状。阿尔茨海默症通常发生于 60 岁及以上的老人。65 岁以前发病者，称早老性痴呆；65 岁以后发病者称老年性痴呆。

该病起病缓慢或隐匿，患者及其家人常说不清何时起病。多见于 70 岁及以上（男性平均 73 岁，女性为 75 岁）老人，少数患者在躯体疾病、骨折或精神受到刺激后症状迅速明朗化。女性较男性多（女：男为 3：1）。主要表现为认知功能下降、精神症状和行为障碍、日常生活能力的逐渐下降。

根据认知能力和身体机能的恶化程度分成三个时期。

第一阶段（1～3 年）为轻度痴呆期。表现为记忆减退，对近事遗忘突出；判断能力下降，患者不能对事件进行分析、思考、判断，难以处理复杂的问题；工作或家务劳动漫不经心，不能独立进行购物、经济事务等，社交困难；尽管仍能做些熟悉的日常工作，但对新的事物却表现出茫然难解，情感淡漠，偶尔激惹，常有多疑；出现时间定向障碍，对所处的场所和人物能做出定向，对所处地理位置定向困难，复杂结构的视空间能力差；言语词汇少，命名困难。

第二阶段（2～10 年）为中度痴呆期。表现为远近记忆严重受损，简单结构的视空间能力下降，时间、地点定向障碍；在处理问题、辨别事物的相似点和差异点方面有严重损害；不能独立进行室外活动，在穿衣、个人卫生以及保持个人仪表方面需要帮助；计算不能；出现各种神经症状，如失语、失用和失认；情感由淡漠变为急躁不安，常走动不停，可见尿失禁。

第三阶段（8～12 年）为重度痴呆期。患者已经完全依赖照护者，严重记忆力丧失，仅存片段的记忆；日常生活不能自理，大小便失禁，呈现缄默、肢体僵直，查体可见锥体束征阳性，有强握、摸索和吸吮等原始反射。最终昏迷，一般死于感染等并发症。

二、与老年痴呆症有关的因素

该病可能是一组异质性疾病，在多种因素（包括生物和社会心理因素）的共同作用下才发病。从目前研究来看，该病的可能因素和假说多达 30 余种，如家族史、女性、头部外伤、低教育水平、甲状腺病、母育龄过高或过低、病毒感染等。

1. 家族史 绝大部分的流行病学研究都提示，家族史是该病的危险因素。某些患者的家属成员中患同样疾病者高于一般人群，此外还发现先天愚型患病危险性增加。进一步的遗传学研究证实，该病可能是常染色体显性基因所致。最近通过基因定位研究，发现脑内淀粉样蛋白的病理基因位于第 21 对染色体。可见痴呆与遗传有关是比较肯定的。

2. 一些躯体疾病 如甲状腺疾病、免疫系统疾病、癫痫、老年期抑郁症史等，都被认为是该病的危险因素。

3. 头部外伤 这里的头部外伤指伴有意识障碍的头部外伤，临床和流行病学研究提示严重脑外伤可能是该病的病因之一。

4. 其他 免疫系统的进行性衰竭、机体解毒功能削弱及病毒感染等，以及丧偶、独居、经济困难、生活颠簸等社会心理因素都可成为发病诱因。

三、老年痴呆症的早期表现

一般说来，老年痴呆症有以下早期表现。

1. 近事遗忘 即越近的事情越容易忘掉，甚至瞬间即忘，但对一些陈年旧事却记得很清楚。

2. 言事迟钝或啰唆 言语表达不流畅，含混迟钝，说话啰唆，对一些无关的事纠缠不休。

3. 定向障碍 如对时间的感知淡漠或混乱，经常出门后找不到回家的路，且记不清从何处来到何处去、去干什么等。

4. 思维与判断能力差 经常忘记年月日，不知道自己存了多少钱，甚至连自己有几个子女也记不清。

5. 主动性与条理性差 失去以往的积极主动性，变得消极被动不愿交往，料理家务无条理，做事颠三倒四。

6. 敏感多疑 认为亲人对自己不好，子女不幸，怀疑自己的东西被家人或邻居偷窃，把自认为贵重的东西经常东藏西放，但实际上藏得并不隐蔽。

7. 性格改变，情绪不稳　喜怒无常，易激怒或伤感，抑郁或欣快，戏谑、任性、自私、幼稚，或与孩子斤斤计较。

8. 行为反常　将废物视为珍宝予以收藏；行动诡秘但动作愚笨；行为不检点，偷窃、撒谎、随地大小便；饮食不规律或白天睡觉夜间活动。

四、老年痴呆症的预防

老年痴呆症迄今为止尚无特效治疗方法。唯一可行的办法是“防”字当头。具体概括为以下建议，供参考：

1. 科学进餐，坚持低脂低盐、荤素搭配的饮食原则　医学研究表明，相当一部分痴呆症与脑血管硬化有关，称为血管性痴呆。因此，防止动脉硬化可减少痴呆症发生。

2. 少用铝制炊具　尸检发现，痴呆症患者脑内铝的含量是一般人的 4 倍。人体内铝的增多，铝制炊具无疑充当了助纣为虐的角色。

3. 坚持用脑　晚年仍要坚持阅读、下棋、猜谜、吟诗作赋等脑力活动，使脑细胞始终处于活动兴奋状态，以减慢老化。

4. 补充维生素　维生素 B、叶酸可阻止动脉硬化；维生素 B 可防止老年痴呆症的发生；维生素 E 能直接消除人体内的氧化物，保护脑细胞免受其害。因此，维生素是预防老年痴呆症的又一“秘密武器”。

5. 防治便秘　据专家对万余名老年人的调查证实，长期便秘可使人的智力大为下降，并查明 80%以上的老年痴呆症患者与便秘呈“正相关”现象。故消除便秘有保脑作用。

6. 多听音乐　日本专家发现，音乐对脑波、血流、荷尔蒙等都会产生积极影响，并能刺激人的各种感觉，进而活跃脑功能。

7. 多做运动　如叩齿运动可增加颜面及脑部的血流量；散步或慢跑等脚部运动可为大脑提供更多的“能量”；手指运动可直接刺激脑细胞，均有利于脑保健。

8. 进食一些有益药物　在日常生活中，可以进食一些单味中药如茯苓、红枣、麦冬、首乌、当归、莲子、山楂等，六味地黄丸等中成药，女性更年期后可以酌情补充雌激素。但最好都要接受专科医生的指导，不可胡乱使用，以免弄巧成拙。

9. 戒烟忌酒　香烟中的尼古丁、镉、铅等有毒物，酒中的甲醇等，都可使脑神经纤维发生颗粒空泡样变性，这些是脑细胞的一大“天敌”，故务必“敬而远之”，以保安康。

第四节　老年心理保健

世界卫生组织认为：“健康是一种身体上、心理上和社会上的完满状态，而不只是没有躯体疾病和虚弱状态。”也就是说，健康包括三层含义：一是躯体健康；二是心理健康；三是良好的社会适应能力。如果一个人躯体健康，而没有一个健康的心理，社会适应能力不强，那么这个人也不是一个健康的人。因此，健康不仅表现为躯体形态的健壮和没有疾患，也表现在良好的精神状态与内心世界，以及对社会的良好适应能力、与他人能和睦相处、具有正常的社会活动能力和能利用社会环境因素为自身健康服务。

一、心理健康的定义与内涵

心理健康（mental health）是指个人心理所具有的正常的、积极的状态和同环境保持良好心理适应的能力。有人认为，心理健康就是没有心理疾病，其实不然，有些人虽然没有心理疾病，如精神病、神经症或变态人格，但他们或缺乏积极的生活态度，对生活感到厌倦，认为生活没有意义，对别人不信任，拒绝与人交往；或唯我独尊、狂妄自大，人际关系严重失调；或情绪偏执、缺乏自我调控能力，遭遇不幸往往不能自拔等，这些都不属于心理健康。心理健康是指个体通过对心理素质的整合所表现出来的持续、高效、满意的状态，是外显的。心理素质是心理健康的基础，心理健康是心理素质的表现形态。

要正确理解人的心理健康的本质，必须先理解人和人的心理本质。人既是一个生活实体，又是一个社会实体，人的心理既受身体的生物性制约，也受个体的社会性制约。因此，人的心理健康不仅受到个体生物性与社会性的双重制约，还受到主体的意识与自我意识的支配。这表明，心理健康的人，不仅在于他的心理活动符合人们的心理活动的共同规律，还在于他心理活动的倾向与内容要符合人们共同的社会规范，并受到个体的意识与自我意识的调节和控制。

二、心理健康的标准

为了进一步使人们完整和准确理解健康的概念，世界卫生组织又规定了衡量一个人是否健康的十大准则：

1. 有充沛的精力，能从容不迫地担负日常生活和繁重工作，而且不感到过分紧张与疲劳。

2. 处事乐观，态度积极，乐于承担责任，事无大小，不挑剔。

3. 善于休息，睡眠好。

4. 应变能力强，能适应外界环境的各种变化。

5. 能够抵抗一般性感冒和传染病。

6. 体重适当，身体匀称，站立时，头、肩、臂位置协调。

7. 眼睛明亮，反应敏捷，眼睑不易发炎。

8. 牙齿清洁，无龋齿，不疼痛；牙龈颜色正常，无出血现象。

9. 头发有光泽，无头屑。

10. 肌肉丰满，皮肤有弹性。

三、老年心理健康的标准

国外心理学家对老年人心理健康的参考标准为：有充分的安全感；充分了解自己，并能对自己的能力做出恰当的估计；有切合实际的目标和理想；与现实环境保持接触；能保持个性的完整与和谐；具有从经验中学习的能力；能保持良好的人际关系；适度的情绪和控制；在不违背集体意识的前提下有限度地发挥个性；在不违反社会道德规范的情况下，能适当满足个人的基本需要。

我国著名的老年心理学专家许淑莲教授，将老年人心理健康的标准概括为五条：热爱生活和工作；心情舒畅，精神愉快；情绪稳定，适应能力强；性格开朗，通情达理；人际关系适应性强。

综合国内外心理学专家对老年人心理健康标准的研究，依据我国老年人的实际情况，王江陵认为老年人心理健康的标准可以从以下五个方面进行界定。

1. 有正常的感觉和知觉，有正常的思维，有良好的记忆。就是说在判断事物时基本准确，不发生错觉；在回忆往事时记忆清晰，不发生大的遗忘；在分析问题时条理清楚，不出现逻辑混乱；在回答问题时能对答自如，不答非所问；在平时生活中有比较丰富的想象力，并善于用想象力为自己设计一个愉快的奋斗目标。

2. 有健全的人格。情绪稳定，意志坚强。积极的情绪多于消极的情绪，能够正确评价自己和外界的事物，能够控制自己的行为，办事较少产生盲目性和冲动性，意志力坚强。

3. 有良好的人际关系。乐于帮助他人，也乐于接受他人的帮助。在家中与配偶、子女等亲属保持情感上的融洽。在外面，与朋友能保持良好的关系。对人不求全责备，不过分要求于人。

4. 能正确地认知社会，与大多数人的心理活动相一致。

5. 能保持正常的行为。在正常的生活、工作、学习、娱乐等活动中，其一切行为符合自己的身份和角色。

四、维护与增进老年人心理健康的原则

1. 适应原则　人对环境的适应和协调，不仅仅是简单的顺应、妥协，更主要的是积极、能动地对环境进行改造以适应个体的需要或改造自身以适应环境的需要。因而，需要积极主动地调节环境和自身，减少环境中的不良刺激，学会协调人际关系，发挥自己的潜能，以维护和促进心理健康。

2. 系统原则　人是一个开放系统，人无时无刻不与自然、社会文化、人际之间等相互作用、相互影响。所以，只有从自然、社会文化、人际关系等多方面、多角度、多层次考虑和解决问题，才能达到系统内外环境的协调与平衡。因此，在界定老年健康标准的问题上，也应该把握其系统性。

3. 发展原则　人和环境都在不断变化和发展，人在不同年龄阶段、不同时期、不同身心状况下或变化的环境中，其心理健康状况不是静止不变的，现在的观点已经将老年划为青老年、中老年、老老年，整个老年过程是动态发展的，所以，要以发展的观点动态地把握心理健康与否的界限。

（禹玉兰　谭贞晶）

第七章　经济状况与老年生活

随着近年来社会保障和养老保险的覆盖面以及收入水平的提高，大部分老年人的经济状况有了很大的改善。有少数仍在工作的老年人，薪酬构成他们总收入来源的大部分。据统计显示，老年人作为一个群体的经济状况，目前与人口中的其他群体越来越相似，他们从前的劣势地位已经发生了巨大的转变，他们的经济状况得到了一定程度的改善，并且大部分地区老年生活也趋于健康化与多样化。

第一节　人口老龄化与经济发展

人口老龄化与经济发展的关系要从老年经济学与人口老龄化的基本概念说起。老年经济学（economics of aging），又称老龄化经济学，属于老年学的一个分支学科，是介于老年人口科学和经济科学之间的边缘学科，它以人口的老化过程为考察对象，研究个体人口老化和群体人口老化所产生的经济问题。人口老龄化是指总人口中因年轻人口数量减少、年长人口数量增加而导致的老年人口比例相应增长的动态。它存在两个含义：一是指老年人口相对增多，在总人口中所占比例不断上升的过程；二是指社会人口结构呈现老年状态，进入老龄化社会。国际上通常是指，当一个国家或地区 60 岁及以上老年人口占人口总数的 10%，或 65 岁及以上老年人口占人口总数的 7%，即意味着这个国家或地区的人口处于老龄化社会。

21 世纪前半叶中国人口老龄化的特点有以下表现：一是速度比较快，达到的水平比较高；二是时间上具有阶段和累进性质；三是空间上城乡和地域分布不平衡。

中国当前处在老龄化前期，需要抓住年龄结构变动“黄金时代”提供的“人口盈利”“人口红利”来推动经济较快增长，并为老龄化后期“人口亏损”“人口负债”的到来做好相应的准备；利用老龄化加速推进老年人口累进增长消费需求，在加快老年社会保障体系和制度建设的同时，完成由投资、外贸主导型向消费主导型经济发展方式的转变。

一、经济学角度人口老龄化对社会的影响

当社会步入老龄化以后，从人口的结构特征来看，表现为抚养比的迅速增加；从个人、家庭和社会的资源配置来看，表现为代际分配的重新调整、收入按生命周期理论重新分配以及政府对老年人的转移支付仍处于主导地位。

（一）抚养比的迅速增加

抚养比是比较（划分）老年人和年轻人数量的一种数字测量方法，一般是将 65 岁及以上的人和 18 岁以下的人之和与处于中间年龄段的人（如 18～64 岁的人）进行比较。例如，现在的“老年人抚养比”水平是每 100 个 18～64 岁人比 19 个老年人。而根据预测，在 2030 年，这个比率会增加至 100 个人中有 37 个老年人。

（二）代际分配的重新调整

在现代经济条件下，一个人一生拥有的个人资源除了自身拥有的时间、人力资本、收入等资源以外，还包括家庭内部以及社会范围内的转移资源。家庭内部资源的代际转移主要通过人

力资本投资、赡养、遗赠等形式实现，而社会资源的代际转移则主要通过社会保障制度等社会转移支付等收入再分配机制实现。在传统的社会中，家庭内部的资源代际流动是资源代际转移的主要形式，这是一种封闭式的代际资源转移模式。而在现在经济条件下，以社会保障为基础的开放性的社会资源代际转移已经成为主导模式。所以在老年与老龄化经济学研究中，社会代际资源转移是一个重要的理论前途。

（三）收入的重新分配

生命周期理论是指消费者将一生的资源在其生命的各个阶段作最优分配，以解释人们一生中收入、消费和储蓄关系的理论。经济学家们多年来一直在推测个人的储蓄行为。生命周期假设认为人们是根据整个生命周期来制订消费或储蓄计划的，消费者的效用是他在当前和未来时期总消费的函数。如果假定不存在遗产，则消费者就会把他在当前和未来所能够得到的全部收入，按照一定的比例分配到生命周期各个阶段的消费上去，以使它的效用达到最大。例如，某个消费者现龄为 t 岁，寿命为 n 岁，于是从当前算起，其生命周期为 $n-t$。设该消费者在当前时期，即 t 岁时的生命周期收入为 V_t，则他为了从当前和未来的消费中得到最大满足，就会把 V_t 按照一组他认为合适的比例 K_t，K_{t+1}，…，K_n 分别分配到他年龄为 t 岁，t+1 岁，…，n 岁的各个阶段的消费上去，特别是他将按照 K_t 的比例把 V_t 分配到 t 岁这个当前时期。因此，该消费者是当前的消费与生命周期收入成比例，即 $C_t=K_tV_t$。因此，该假设预测人们动用储蓄的主要活动发生在晚年（人们希望把资产传给继承人的情况除外）。

（四）政府的转移支付

在某种意义上，转移支付是把公共部门的税款重新返还到私人部门中的个体和群体的手中。政府返还个人的收入，政府支付的不是产品或服务，大多数政府的福利开支都属于此类别，如社会保障供给、失业补偿等。“离退休金”是居民转移性收入中的主要组成部分，从若干年份的统计年鉴来看，其所占份额为 60%～70%。但由于支付对象的不同，“离退休金”又可分为“行政事业单位离退休金”和“国有、集体企业离退休金”两部分，其中，“行政事业单位离退休金”由国家财政对国家行政事业单位离退休人员进行支出，“国有、集体企业离退休金”由（国有、集体）企业对企业内部离退休职工进行转移性支付。如果考虑到国有企业、集体企业与政府财政的关系，“国有、集体企业离退休金”可视为间接性的政府转移性支出。事实上，在国家财政中尚有一部分支出用于补助国有、集体企业由于效益滑坡而无法支付其企业职工的离退休金。

二、人口老龄化对经济发展的影响

人口老龄化是指 60 岁或 65 岁及以上老年人口在总人口中所占比例不断上升的过程，它是对在人口总数中老年人口比例动态上升趋势的描述，是反映特定人口年龄结构变动的一种概念。联合国关于老龄化社会的标准是 60 岁及以上人口占比超过 10%，或 65 岁及以上人口占比超过 7%。2000 年，中国 65 岁及以上人口占比达到 7%，正式步入老龄化社会。截至 2012 年，中国 60 岁及以上人口占比达到 14.3%，65 岁及以上人口占比达到 9.4%。中国人口老龄化的速度显著快于绝大多数国家。据联合国预测，中国 65 岁及以上人口占比将在 2032 年突破 20%，在 2049 年突破 30%；中国 60 岁及以上人口占比翻倍所需时间分别仅为 26 年和 25 年，而美国分别为 78 年和 70 年，俄罗斯分别为 51 年和 49 年，就连人口老龄化最为严重的日本也略慢于中国，分别为 29 年和 25 年。

人口老龄化的两种形态为底部老龄化与顶部老龄化。底部老龄化是指由于生育率下降导致老年人口比例提高；而顶部老龄化指的主要是由于寿命的延长、老年人规模增长导致老年人口比例提高。各国基本从底部老龄化开始，逐步转变为顶部老龄化，从经济学角度来讲，出现顶部老龄化时才研究老龄经济学。我国的人口老龄化，老年人口的增长会导致消费基金的增加。

人口老龄化是社会经济发展的产物，不是偶然和暂时的现象，它同社会经济发展、文化教育水平提高、科技进步和医疗卫生条件改善紧密联系。人口老龄化的出现主要是人口死亡率和出生率下降两个因素共同作用的结果，而这两方面的下降，又都是社会经济发展的必然产物。

随着社会生产力发展和物质产品的丰富，食物的改善和营养的增进，以及医疗保健水平的提高，使人口死亡率下降，人们的平均寿命延长，致使老年人口数量增多；而随着经济发展和文化教育水平的提高，人们的生活方式和生育观念的改变，以致人口出生率也大幅下降。人口老龄化是社会经济发展的必然结果，也是文明进步的象征。

（一）人口老龄化对经济发展的积极影响

1. 老年人消费拉动经济增长 随着我国老龄化速度的加快，国家在老年人的社会保障以及相关消费方面的投入不断增加，老年产业成为一个新兴的“朝阳产业”。当前我国老年人消费市场规模已达 1 万亿元，充分利用好这部分市场可以有效地促进我国内需的增加，有效地拉动我国经济的增长。老年人口对物质生活消费有自己的特殊需求，如在吃的方面，既要适合老年人的口味，富有营养、易于消化，又要尽量减少其中容易对老年人身体产生不利影响的成分。在食品构成中，奶类、蛋类、豆制品类所占的比例相对高些，对经过加工的半成品、成品的食品需求量大；用的方面也要求方面化、舒适化和保健化，对适合老年人特点的日用消费品，如手杖、便桶乃至室内的安全措施等的需求量增加；老年人闲暇时间增多，要求消遣和娱乐设施有相应发展；老年人外出更多的依赖公共交通工具，要求公交事业有更大的发展。随着老龄化的加深和老年人口数量的增加，老年非物质消费部分迅速增大，包括服务、精神、文化、心理等的消费。由于我国老龄化发生在全面建设小康社会和加速走向现代化社会过程之中，市场转轨、产业转型、政府转变职能、发展转变观念等同时发生，人口城市化、家庭小型化交叉进行，造成以老年为主的“空巢”家庭提前出现并呈蔓延之势。政府转变职能使得过去许多由政府承担的功能转交给社会，由社区承担，老年家庭服务、休闲旅游、文化娱乐、健康咨询等非物质消费，主要移交市场运作，改变着现存的消费结构。

2. 老年人形成经验丰富的劳动队伍 老年人的精力和体力远不如年轻人，但老年人有年轻人所不具备的工作经验以及熟练的工作技能；同时，老年人的经济负担比年轻人要小很多，大多数人认为，老年劳动者退休被返聘到工作岗位之后，更加专注于对单位和社会的贡献，专心工作，创造出比年轻人更多的效益。

3. 老年人能让年轻人更加专注于工作 当今的市场经济时代，社会竞争激烈，科技和经济迅猛发展，年轻人的工作压力巨大，还要为抚养小孩以及家庭管理分散大量的精力。更多健康老年人的存在就可以解决这一难题，一方面老年人可以用丰富的人生阅历教导年轻人专注于本职工作，减轻社会竞争给年轻人带来的压力；另一方面老年人可以帮助年轻人抚养小孩和进行一部分家庭管理工作，减轻年轻人的负担，增加年轻人的工作效率。

（二）人口老龄化对经济发展的消极影响

人口年龄结构转型以及人口老龄化对宏观经济产生影响的主要渠道包括人口年龄结构老化对劳动力供给产生负面影响，老龄化对社会总储蓄率以及投资水平产生的负面影响，老龄化导致的政府各项养老支出以及医疗保健支出水平增加，从而扩大政府赤字水平。

1. 人口老龄化对我国劳动力供给的影响　人口老龄化及随之而来的劳动力供给问题有可能成为中国面临的严峻挑战之一，人口老龄化会使劳动力供给数量逐渐减少，并且人口老龄化不但导致劳动年龄人口数量逐年缩减，也使劳动力的年龄结构逐渐老化。劳动力人口老龄化，实际上是劳动力质的变化。劳动力的质主要是由劳动者的体力素质、劳动者的科学文化技术水平和生产经验三个方面构成。人到中年以后，生理机能将逐渐衰退，体力和精力开始下降，适应能力变差，创新精神不足，同时心理方面也会发生一些变化，接受新事物、掌握新技能的能力随之降低，生产效率往往低于青年劳动力。从企业或社会管理的方面来看，管理和领导阶层的老龄化往往也会导致管理革新的速度放慢，管理效率降低。

另一方面，在劳动力供给短缺条件下，人口老龄化会促进老年人劳动参与率的提高，进而影响到整个劳动力的年龄结构。年长的劳动力在工作经验和工作阅历上具有一定优势，是社会生产中不可缺少的一部分。一些发达国家目前也正在提高退休年龄。

2. 人口老龄化对我国国民储蓄的影响　在过去 20 多年经济的高速增长中，我国居民的高储蓄是经济发展所需要的资本投入的重要来源，也是中国经济长期以来的基本特征。人口老龄化会显著降低国民储蓄率，这是由于，一是人口老龄化会显著的降低居民的生命周期储蓄率；二是人口老龄化将提高企业的劳动力成本，从而降低企业储蓄率；三是人口老龄化会大幅增加政府的养老保障支出和医疗卫生支出，从而降低政府储蓄率。这将影响我国未来经济增长所需要的大量资本投入，对经济和经济增长方式都会产生影响。

3. 对劳动生产率的影响　随着我国人口老龄化的发展，劳动力老化的问题将十分明显，而劳动力的老化对劳动生产率的提高是不利的，这是因为人口老龄化的一个后果是劳动力人口年龄结构的变化。人口老龄化过程中，劳动力中年轻人的比重会降低，而年长者的比重会上升。我国虽然在 21 世纪中叶之前一直拥有丰富的劳动力资源，但劳动力人口年龄结构的这种变化已经出现，并且呈加速趋势。

4. 对公共消费支出的影响　人口老龄化对公共消费支出的影响主要表现在医疗卫生和养老金支出上。人口的老龄化必然带来大量的老年人队伍，为了给老年人稳定的晚年生活，政府必须将大量的财政收入应用于养老、医疗卫生服务以及社会服务，一定程度上增加了国家的财政负担。按一般计算，一个老年人在医疗方面的开支大约是一个 18～60 岁成年人的三倍。据预测，2030 年前，国民收入中用于老年人的费用份额将超过 10%。届时，人口老龄化给政府带来的宏观国民收入分配的影响，会对我国国民经济的发展产生不利的后果。从西方经济的角度来看，一个国家的国民收入通过初次分配和再次分配，最终形成消费基金和积累基金。积累金越多，国家就可以拿出更多的钱用于经济建设投入，刺激经济的发展。由于老年人的消费支出用于医疗方面会大幅度上升。同时，旅游、老年服务消费、休闲等相应服务业的消费需求将加大，大量资金转向老年人消费，将直接导致从事生产方面的投资相对下降，经济增长的速度将放慢。人口老龄化必然导致国家将大量的国民收入用于老年人社会保障支出，减少了国家对经济建设的投入。

人口老龄化对社会经济的消极影响主要体现在劳动力供给的下降和公共消费的增加方面，对个人消费总的影响不大，但会引起消费结构的变化。然而，人口老龄化并不是只对经济有消极影响，老龄化对个人消费的影响是积极的。人口老龄化并不会对资本积累产生根本性的影响。老龄化在现阶段对中国的创新也不会有显著影响。总而言之，人口老龄化对中国未来一段时期的经济确实会产生一定的影响，但这种影响是比较温和的，不是灾难性的。相对于老龄化的经济影响，中国的人口老龄化更多的是一种社会问题。所以，老龄化的作用和影响不是孤立的，而是同人口变动、社会经济发展紧密联系在一起的，处理好老龄化与社会经济发展的关系，探索其中的某些规律性，找出值得借鉴的正反两方面的经验，才能将老龄化变阻力为动力，实现其顺利发展。

第二节　老年人群的经济特征

老年人的经济特征是老年人通过消费、储蓄、投资或借贷等经济行为对自己的经济资源进行优化配置而表现出的行为特征。老年经济学研究的重要部分，也是政府社会保障和福利政策所关注的重点问题。

一、决定老年人经济特征的宏观因素

（一）经济转型

我国经济转型一直主导着社会的发展。中国的经济转型主要表现在：一是从计划经济体制向市场经济体制改变；二是经济高速增长，增长方式发生重大变化；三是产业结构迅速变化；四是劳动力就业结构变化；五是个人收入水平和消费水平大幅度提高；六是收入差距扩大等。这些经济转型的冲击给老年人的收入水平带来了十分重要的影响。

（二）社会转型

我国社会的转型也对老年人带来了深刻的影响。中国的社会转型主要体现在：一是传统的社会组织形式和功能受到强烈冲击；二是传统文化和道德观念受到巨大的挑战；三是社会阶层分化；四是家庭、婚姻、两性关系出现重要变化；五是老年人社会、政治和经济地位下降。

（三）制度转型

在经济转型和社会转型的条件下，制度也在发生着变化。制度变化的趋势是：非正式组织的作用正在弱化，正式组织的作用正在强化；旧制度正在破除，新制度正在成长。由于旧制度的失效及新制度尚未建立，在这一时期老年人面临着最大困境。

（四）人口转型

我国是世界上人口转变最迅速的国家之一，生育水平的下降，迅速推进了中国老龄化进程。人口转型导致了家庭的核心化和小型化，使得我国在未来几十年中面临着老年人口高峰和老龄化高峰的双重挑战。

二、决定老年人经济特征的微观因素

（一）老年人的收入

1. 收入来源　在我国，大部分老年人的经济状况在最近几年有了很大改善，这主要是社会保障改革带来的影响。在中国城市老龄人口的收入来源中，养老保险、退休金和家庭转移支付是最重要的收入来源，其次是投资收入和工资性收入。少数非退休者和已退休者再就业的收入来源主要是工作薪酬。一些高收入的老年人的收入来源多是资产收入。老年人口内部的经济状况存在着较大的不平等，女性老年人以及受教育水平较低的老年人的经济状况要明显差于男性老年人以及受教育水平较高的老年人。与中国整体的收入分配类似，中国农村老龄人口的收入水平要远低于城市老龄人口，而且各地区之间也存在很大差异。老年人的收入主要由劳动收入、离退休金、社会保险和救济、子女或其他亲属供给以及其他等部分组成。

老年人的隐性收入还包括非货币收入，由老年人不用花钱就能得到或低于市场价获得的产品和服务构成。在中国，仍有部分老年人存在经济困扰，他们本身收入不足，再加上为应对通货膨胀而通过减少实际收入和使存款贬值的做法，使这种状况更加严重。

2. 收入水平　大部分老年人已基本上退出了经济活动，收入的主要来源也由工薪收入变成了养老金收入，老年人的收入水平一般要低于其退休前的水平。在发达国家，老年人的收入一般处于全国中位收入水平或以下。

在我国，老年人的收入水平也明显低于其他劳动年龄人口。而目前正处于社会转型期，社会养老保障和医疗保障的水平相对较发达国家低。农村老年人收入水平较城镇老年人收入水平更低，尤其是寡居的老年妇女收入水平更加明显低于老年人平均水平。

（二）老年人的消费支出

1. 老年人的消费特征　随着社会经济的发展，虽然老年人的消费类型逐渐趋向年轻化，但是大多数老年人仍然属于温饱型消费。老年消费的特质特征为：老年消费是一个纯消费阶段，这是指老年人在这一阶段只进行消费，而没有进行生产活动。老年消费的行为特征为：老年消费是一种自主消费。老年消费的思想特征为：他们的消费观较为成熟，冲动性热情消费和目的不明的盲目性消费行为少。老年消费的质量特征为：老年消费对商品质量和服务质量的要求高于一般消费者。

2. 老年人的消费构成　老年人在退休刚开始和即将结束两个极端时期的需求往往是非常不同的，这也影响到他们的消费类型，与仍在工作的老年人相比，退休者的预算支出有更大的一部分是花在住房、居家食品和卫生保健方面。其中医疗支出水平随着年龄的提高而提高，75岁及以上的老年群体医疗保健支出中自费比例更高。近年来，老年人渐渐开始重视健康保健，购买保健品的欲望也比较强烈。老年人的消费构成按比重由大到小依次为饮食、水电和住房、娱乐和旅游、保健品和交通。

有部分老年人还存在给予子女的支出项目，所以，在代际经济资源转移方面，老年人有强烈的支持子女的愿望。

三、通货膨胀对老年人经济的影响

通货膨胀就是价格普遍和广泛地扩散性增长。一般定义为在信用货币制度下，流通中的货币数量超过经济实际需要而引起的货币贬值和物价水平全面而持续的上涨。用更通俗的语言来说就是：在一段给定的时间内，给定经济体中的物价水平普遍持续增长，从而造成货币购买力的持续下降。而测量通货膨胀最常用的工具是消费者物价指数（CPI）。

通货膨胀可以影响到所有年龄的人，而对老年人的不利影响通过以下五种方式表现：

1. 如果净贷款项或资产没有根据通货膨胀得到调整，它就会贬值，个人或家庭的资产净值就会因此下降。

2. 如果是转移收入（包括养老金、失业金）或者其他收入的获得者，这些不同收入来源的调整会滞后于通货膨胀的过程，这样人们获得的实际收入就会因此减少。

3. 如果是有工作的人，但薪酬水平的调整发生在通货膨胀之后，他们的实际薪酬也会减少；

4. 如果是纳税人，当法律既定的赋税档次是以货币而非实物界定时，地方政府的所得税的真实负担就会增加。

5. 如果通货膨胀只是集中发生在某些领域，如卫生保健，它构成了老年人预算中较大的一部分，老年群体会受到不同程度的影响。特别是当用来测量和调整各种不同收入来源的指数不能正确反映老年人购买类型的时候。

四、老 年 贫 困

老年贫困是发达国家和发展中国家都普遍存在的现象，甚至形成了老年人贫困化的趋势。而老年人更容易陷入长期贫困，甚至更难摆脱贫困。研究表明，多数在进入老年期之前就已经处于弱势状态的人们在步入老年之后仍然是弱势的。发展中国家的老年人劳动参与率要高于发达国家，其原因主要是社会养老保障制度不完善甚至缺乏、老年人终身收入水平比较低、经济转型冲击大等。中国还有很大一部分老龄人口处于贫困状态，而且老龄妇女的经济状况尤其不容乐观。

老年人面临的最主要经济问题是收入贫困，主要是因为：一是社会养老制度和医疗保险制度不完善；二是多数在进入老年期之前就已经处于贫困状态的人们在步入老年之后仍然是贫困的；三是部分老年人已经丧失劳动能力，又缺乏养老储蓄积累。在我国农村，大部分老年人依靠子女供养，一旦子女因为各种原因不能提供经济支持，老年人就很容易陷入贫困。

发达国家的经验表明：老年人的贫困问题只能依靠国家健全公平、有效的社会保障制度以及社会转移支付制度。

五、我国老年人的经济状况特征

（一）收入水平得到改善

虽然我国个人收入水平的提高到20世纪90年代才出现了储蓄的增长，但在这之前已经退休或者退出了经济活动领域的老年人，随着我国经济的发展，他们所能得到的养老金的给付水平也随着人民生活水平的提高和物价水平的上涨而不断提高，老年人的收入水平平均较十年前提高了1倍。

（二）社会养老保障和医疗保障覆盖率逐步增加

我国近年来不断地进行社会保障机制改革，使得养老保障覆盖率有了显著的提高，医疗保障也在不断地完善，特别是在农村地区，老人的社保改革取得了显著的成效。

（三）储蓄水平低

中国老年人的个人储蓄水平较其他年龄段人群低，由于老年人在工作期间收入水平低而且孩子数量又较多，不少老年人还要供养子女，为子女买房。同时根据调查，农村老年人的储蓄水平低于城市老年人。

（四）市场劳动参与率提高

近年来，我国经济的发展为再就业提供机遇，部分有条件的老年人选择再就业，所以老年人的劳动参与率也较十年前有了明显的提高。

六、老年人经济问题的解决途径

1. 政府应该建立健全全体公民养老保障制度、医疗保险制度和其他社会福利制度。这样才能从根本上解决老年人的经济问题，并且还可以解决迅速膨胀的养老设施、养老服务和养老护理的需求。同时，政府还应该扩大养老保险的覆盖面、提高养老保险的参与率。伴随着中国养老保障体制的不断完善，以及老年人收入水平的提高，我国老龄消费市场的需求也将会逐渐增大。发展适合老年人消费的产品和服务不仅仅为老年人带来了福利，也是企业创新和发展的重要方向，会企业带来了巨大的商机。

2. 政府应该建立协调代际利益关系的社会机制，促进人人共享。只有构建一个合理、公平的社会转移支付制度，才能保证财富和资源在代际、在个人生命周期不同阶段之间的合理流动。

3. 构建充分确认和维护老年人权益的法律体系，保障老年人的人身权利和财产权利。老年人是弱势群体，需要法律法规来保障老年人享有充分平等的政治、经济和社会权利。

第三节　退　　休

一、退休的概念

退休，古时又称“致事”、“致仕”、“致政”或“休致”等，主要指的是古代官员辞官于朝，赋闲在家颐养晚年的意思。退休制度是古代官僚制度的一个重要组成部分，是缓和封建社会集权制统治阶级内部矛盾，维护统治阶级统治的重要手段。虽然各朝各代对退休官员的称谓、待遇和安抚形式各有不同，但总体来说，古代官员退休的主要原因有两点：一是达到一定的年龄阶段。古语有云，人生七十古来稀。人到七十，无论生理状态还是心理状态都明显在走下坡路，所以，古代官员休致的年龄一般为七十岁。直至明清以后，统治阶层将退休年龄提前了十年，故而六十岁的退休年龄一直沿用至今天。二是因为身体健康或工作的原因导致退出朝政，休老还乡。身患重疾，无法胜任工作或其他某些特殊原因也是古代官员休致的重要原因，因此，如何做到“老有所养，老有所医，老有所安”的善后安抚管理也是退休制度的重要任务之一。

《现代汉语词典》对“退休”的解释是职工因年老或者因公致残而离开工作岗位，按期领取生活费用。与古代退休制度不同，新时期退休有了新内涵：一是退休年龄并非“一刀切”在 60 岁，退休年龄与职工性别和工种的不同而有所区别，且国家规定了不同的工作情形下，可以提前或推迟退休，体现了更多的“人性化”管理。二是退休后的生活费用主要以养老金的形式按月计发。养老金是国家通过各种途径筹集资金，建立养老保险基金，与企业补充保险和职工个人储蓄性养老保险相结合，从而构成多层次的养老保障体系，真正做到“老有所依”。

二、退休相关政策

（一）退休年龄

我国的法定退休年龄依据的是 1978 年 5 月 24 日第五届全国人民代表大会常务委员会第二次会议原则批准，现在仍然有效的《国务院关于安置老弱病残干部的暂行办法》和《国务院关于工人退休、退职的暂行办法》（国发〔1978〕104 号）文件所规定的退休年龄，即男职工满 60 周岁，女职工满 50 周岁。

除此之外，法定退休年龄还有一些具体的政策调整沿用至今。如 1955 年 1 月 1 日颁布的《关于国家机关工作人员退休暂行办法》，将女干部的退休年龄提高到 55 周岁。 1990 年 2 月 27 日人退发〔1990〕5 号《关于高级专家退（离）休有关问题的通知》和 1992 年 9 月 25 日组通字〔1992〕22 号《关于县（处）级女干部退（离）休年龄问题的通知》，对少数知识分子中具有副高职称以上的女知识分子和县（处）级女干部可以延迟到 60 周岁退休。

（二）退休返聘

退休返聘是指已退休人员再次被用人单位聘用。退休人员虽已退休，但其特殊的人才优势和经验技能依旧获得了不少用人单位的青睐。他们虽然退出劳动岗位，却退而不闲，退而不休，受用人单位聘用重新走上工作岗位。退休返聘不仅实现了劳动者和用人单位的互利双赢，还减轻了“退休”对其生活、心理等造成的负面影响，而且为用人单位提供了短缺的人才，缓解了人力供需的矛盾，在降低生产成本的同时，提高了单位的经济效益和社会效益。因此，在面临人口老龄化日益严峻的今天，退休返聘是可行且必须的，应最大功能地发挥退休返聘的调节作用，让退而不闲、退而不休的劳动者以自己的辛勤劳动为单位和社会创造财富。

值得注意的一点是，国家对退休返聘人员的法律定性尚未明确，退休返聘人员的权益保护尚待进一步完善。目前，由于退休人员已经不具备《中华人民共和国劳动法》规定的法定年龄标准，其主体资格的不完善导致退休人员不适用《中华人民共和国劳动法》第 28 条，即解除劳务关系时，不再享有经济补偿。另外，根据 2005 年《中央组织部、中央宣传部、中央统战部、人事科技部、劳动保障部、解放军总政治部、中国科协关于进一步发挥离退休专业技术人员作用的意见》文件规定：“离退休专业人员受聘工作期间，因工作发生职业伤害与聘用单位发生争议的，可通过民事诉讼处理；与聘用单位之间因履行聘用合同发生争议的，可通过人事或劳动争议仲裁渠道解决”。

（三）提前退休

提前退休是指职工在尚未达到法定退休年龄时就退出工作岗位并有资格领取养老金的情形。在实践中，提前退休主要包括以下几种情况：一是符合法定提前退休条件的，如因病或非因工致残，完全丧失劳动能力的；又如从事井下、高温、高空等特殊工种的可提前退休。二是“内退”。内退是我国经济发展过程中一个比较特殊的产物，是国务院确定的 111 个“优化资本结构”试点城市的国有破产工业、企业，为减轻企业在转型过程中人员编制和退休养老压力负担，企业中距退休年龄不足 5 年的职工，经申请后可提前退休，并纳入社会养老保险体制。三是有压锭任务的国有纺织企业中，符合规定的纺纱、织布工种的挡车工。

（四）延缓退休

延缓退休是指因工作原因，虽达到退休年龄，经批准延缓办理退休。在实践中，延缓退休的情况主要存在于部分转制单位中，如任届未满的省人大或政协职务人员或少数确因工作需要、身体健康的副高职称以上高级专家，经批准可延缓退休。

（五）延迟退休

随着我国人口老龄化进程的急速加快，“未富先老”的社会现象带来的不仅是一个人口挑战，更是一个社会挑战、经济挑战。如何应对人口老龄化问题带来的挑战和压力，国家人力资源和社会保障部于 2015 年提出了“渐进式延迟退休年龄”的方案，采取有预告、分步骤，“一年提高几个月”的方式，迈小步，用较长一段时间逐步完成延迟退休年龄的平稳过渡。目前该方案预计 2016 年公开征求意见，2022 年开始实施。

延迟退休不是单纯的延长工作时间，而是在人口老龄化背景下，延迟退休不仅能有效缓解我国老龄化问题带来的劳动力不足问题，而且通过延长退休年龄，能有效应对养老金支付压力增加、确保养老保险制度持续运行的有效措施，更好地促进社保统筹基金的收支平衡，应对老龄化社会人口结构的转变。

三、退休与积极老化

老人退休后，离开了几十年如一日的“正式工作”的“常态”，不但生活节奏较退休前变慢了，社交领域、生活圈子也逐渐缩小，知识和信息也不能及时更新，跟不上高速发展的社会步伐，日趋脱节。面临这些变化，退休后老人一般都会面临生理、心理和社会三方面因素的挑战。

（一）退休对老人身心健康的影响

1. 生理挑战　目前，我国面临“未富先老”、“未备先老”，甚至“未老先衰”的多重挑战，退休后老人工作压力消失，生活节奏也随之发生重大改变，容易发生起居无常、劳逸不均、饮食不节、生活失调等情况，容易导致老龄人群身体健康程度的下降，造成老龄人群身体素质不高、疾病缠身的情况，影响着大多数老龄人的老年生活。同时，由于生活习惯和医疗条件、预防保健不到位的影响，老龄人群多以慢性病为主，“四高症”即高血压、高血脂、高血糖和高尿酸血症的发病率也呈持续增高状态，直接影响到老人退休后的生活质量和退休的幸福指数。退休老人还有很长的晚年时光，如何指导老人尽快适应退休环境的改变，调整其生活作息，预防老龄疾病的发生，给予老人健康晚年，是积极老龄化面临的生理挑战。

2. 心理挑战　退休后由于老人的生活节奏、社会地位、人际交往都发生了重大改变，容易引起老人的心理反差，表现出退休后依赖性强、紧张焦虑、敏感多疑、常为生活琐事争吵烦恼等情志变化。心理与生理是相互作用、相互影响的，心理的消极因素往往会直接作用于老人的生理，产生消极影响，如中医学理论中的肝功能与情志的关系论述。肝主疏泄，调畅气机，若情志过极，长期处于紧张焦虑、忧思恼怒状态，就容易肝阳上亢，使得血压升高，出现眩晕、头痛的症状。所以，退休老人的心理处于一个脆弱期，其心理健康与否是积极老龄化面临的重要挑战。

3. 社会角色挑战　退休意味着老人从工作岗位的退出，从“以工作为主”的职场人转换到“以休闲为主”的养老人角色的转变，这不仅是社会的需要，也是生活的需要。但大多数退休老人并未能及时调整自我角色的转换，反而因为社会地位的改变，减少了参与社会的活动次数，回避与社会的接触和信息传递，因而导致社会脱节。因此，如何指导退休老人做好退休后的角色规划，加强退休后的角色适应和社会适应，学会自我调节，合理安排自己的生活与学习，实现退休后的人生价值是积极老龄化面临的社会挑战。

（二）退休后的积极老龄化生活

积极老龄化是破除传统观念中退休老人因为年龄、工作变化而导致的老化，通过老人个体、社会和政府的共同努力，延长退休老人生理、心理和社会寿命，实现积极老龄化、健康老龄化、成功老龄化。主要路径有如下几点：

1. 改变传统观念，培养积极养老新观念　传统养老如“养儿防老”、“储蓄养老”、“买房养老”等观念的基本出发点是将老年人看成一个被动、消极的接受者，人老了只能接受家人或社会的照顾，忽视了当今随着生活质量的提高，人均预期寿命的延长，很多退休后老人仍然年富力强，能依靠自己的能力和经验实现自我价值，实现老能致富，老有所为。同时，随着城市化、老龄化程度的加深，空巢家庭、421 家庭的增多，依靠“孝”为主的现代养老面临困境。所以，改变传统的养老观念，变被动为主动，变消极养老为积极养老，不仅是不可避免的，而且是必要的。积极养老不仅能有效缓解我国人口老龄化带来的一系列社会问题，还能还社会老人一个有尊严、积极、健康的老年。

2. 未病先防，既病防变，完善健康管理 积极老龄化的基础是退休后仍拥有原来健康的身体。要拥有健康的身体，就需要健康的生活方式，如合理膳食，定时定量，克服退休后不良的饮食习惯；按时作息，劳逸结合，适当的户外运动和体育活动有利于增强体质；定期体检，在专业医生的指导下，完善自我健康管理，做到未病先防，既病防变，保持身心的健康。

3. 培养积极生活态度，预防老龄心理疾病 心理健康是积极老龄化的必要前提。作为退休老人的家庭成员，要多关注老人退休前后的心理反差，多从老人的角度出发，爱护老人并尊重老人的选择，多与老人进行情感交流，及时疏导负面情绪。作为退休老人，要正确面对并学习接受退休带来的一系列转变，排除并化解“退休综合征”带来的心理障碍，保持内心的愉悦与健康。同时，还需要注意退休老人在性别、文化程度以及退休前从事岗位工作的区别而产生差异性的心理影响，采取不同的方式，帮助退休老人尽快适应角色和心理转换，积极投入退休后的养老生活。

4. 提高社会关注，创造积极主动的亲龄环境 退休后能否实现积极老龄化，除了老人自身的努力外，还需要家庭、社会和政府的共同关心和参与。在培育积极养老、尊老爱老观念的同时，通过政府和社会的共同努力，进一步完善符合老人特点，甚至保障其再就业的政策制度，创建为老人服务、能让老人发挥余热及所长的平台，营造全社会积极主动的亲老龄环境，让退休老人真正能老有所为，老有所用。

第四节 老 年 就 业

当前，人口老龄化已经给我国经济和社会发展带来前所未有的严峻挑战。如何应对我国人均预期寿命和人力资本周期“双延长”，人口老龄化发展速度快，数量大，“未富先老”的国情，已经成为人们关注的热门话题。从党的十八届三中全会提出加快建立社会养老服务体系和发展老年服务产业，到2015年机关事业单位县处级女干部和具有高级职称的女性专业技术人员延迟退休年龄政策的正式发布；从1982年定为基本国策的计划生育到2015年党中央十八届中央委员会第五次全体会议公报指出，全面实施一对夫妇可生育两个孩子政策。我们可以看出无论是放开二孩，还是渐进式延迟退休政策，都是党中央为积极应对人口老龄化，增加劳动力供给的手段。从另一方面看，尽管人口老龄化对我国经济增长存在着不利影响，但这不能完全归咎于老年人，更不应该对延迟退休政策产生“与民争利”、“堵窟窿”甚至“划不来”等质疑或反对之声。真正的发展策略应该是正确认识老年人境遇和价值，在保障老年人权益的基础上，有效开发老年就业资源，让老年人和其他年龄阶段的人们一样，共享社会和经济发展的共同成果，缓解我国老龄化社会困境，构建社会主义和谐社会。

一、老年就业的概念

老年就业是指退休后具有劳动能力和劳动愿望的老人从事并获取报酬或经营收入的活动。这里可以从三方面进行界定：一是就业的主体是退休老人，即已超出国家规定的劳动年龄的老人，与平时我们所说的就业主体不同；二是就业主体的老人具有劳动能力和劳动愿望；三是参与就业能获得报酬或收入。

随着社会老龄化的加剧，老年就业越来越为世界各国的人们所接受。英国人有句口头禅是“50岁创业才开始”。西方国家在老年人问题上的观念可用一句广告词来形容：“55岁太老了？我们连65岁的人都雇呢。”因此，西方国家的退休年龄普遍都高于我国退休年龄。如法国法定退休年龄60岁；德国法定退休年龄65岁；英国法定退休年龄男65岁，女60岁。

因此，充分开发老年人力资源，缓解老年供养压力，更好地应对老龄社会的到来，提倡老年就业是必要的、迫切的，也是具有现实意义的。

二、老年就业的主要方式和从事行业

老年就业主要有以下四种方式：一是直接受聘企业，建立劳务关系；二是依靠技术、经验或资金等，参与企业经营与管理；三是以行业协会或企业顾问等第三方的身份，参与企业的政策咨询、参谋工作；四是参与社会公益组织或活动。

主要从事的行业如下：

（一）咨询工作

如担任政府、企业或社会实体的顾问、咨询工作，发挥自己的专长和经验，为制定相关政策、策略或开发、审核工作提供参考意见。

（二）管理工作

如继续担任企业的管理者，利用自己积累了几十年的企业管理经验，进行企业资源的整合、利用或加强管理，提高效率。

（三）营销工作

如对老年产业、产品的营销与推广，企业对具备丰富市场经营和销售经验的老人会较为青睐。

（四）医务工作

医务工作不是对书本知识的生搬硬抄，往往需要通过大量的临床经验积累与锻炼而得以提高，所以医务工作者往往是“越老越吃香”。退休的老医生总会有自己的一技之长，较年轻的医生相比，老年医生往往是患者或医院抢手的“香饽饽”。

（五）农林工作

农林工作是技术工种，对技术水平和经验的要求都较高，拥有专业知识和实战经验的老年农林工作者的再就业对该行业本就人才稀缺的现状是一个很好的补充。

（六）科技工作

科技工作者的专业知识和思维不会因为年龄的增长而倒退，反而会经过岁月的锤炼更加审慎、严谨，纵观科技发展历史长河，很多著名科学家都是老有所成，不会因为年龄而衰败。

（七）教育工作

退休教师、老年教育工作者不仅可以凭借其经验和专业技能在教育岗位上继续发挥余热，而且也是对我国教育资源的有力补充。

（八）宣传工作

有着宣传策划、广告运作经验的资深媒体老人颇受企业喜爱。

（九）其他工作

如审计、会计、编辑等工作。

三、老年就业的意义

面对扑面而来的银发浪潮，老年就业是应对“劳动力拐点”的必要之举，有利于保持人口红利，是改变“未富先老”、“未备先老”国情的客观需要。

（一）有利于老年人力资源开发与利用

老年就业问题的实质是老年人力资源的开发问题。能否拥有高素质的人才资源，能否最大限度地开发和利用人才，决定着一个国家在知识经济占主导地位的 21 世纪中能否立于不败之地。老年人力资源在品德、智慧等方面的实际水平和成果都有一定的积累，他们责任心强、稳定性高、培训成本低、合作意识强、人脉资源丰富、人际沟通能力强，在社会经济发展过程中起着承前启后的重要作用。随着我国社会老龄化步伐的加快，老年人口的快速增加，人口结构的改变，老年人将不再是被动的、被忽视的资源。对老年人力资源的开发和利用是必然的趋势，也是现实所需。同时，就整体而言，随着我国老龄人口数量的不断增加，老年人力资源也是一个不会衰败的人才资源库，合理利用老年人力资源，也将缓解我国人力资源不足的难题。

（二）有利于老年人的发挥余热

首先，从经济角度来看，老年人虽然已经退休，却拥有几十年工作积累下来的专业知识、经验和技能，老年就业不仅可以避免退休造成的高学历、高技术人力资本的浪费，而且可以降低人力资源培训和再就业成本。同时，老年人通过工作来获取一定的收入，可以减轻子女的供养负担。其次，从健康的角度来看，随着生活水平和医疗水平的提高，人均预期寿命的延长，老年人退休后的社会角色和职能发生了很大的变化，很多老人会产生孤独或者抑郁的情绪，身体和心理状态都会受到一定的影响，如不及时调整则会引发老年疾病，危害健康。再就业让老人与社会保持连接，摆脱负面情绪，积极面对生活，让生命更有意义和活力。再次，从社会影响的角度看，退休后大部分的低、中龄老人身体状况良好，再就业可以满足 10～20 年，甚至更长的再工作时间，老年人利用自身的专业优势和经验技能再就业，能够实现自身价值和理想，为社会创造更多的价值。

（三）有利于缓解养老保险基金支付压力

低龄退休是造成我国养老金负担过重的主要原因之一，老年就业一方面可以扩大缴费人数、缴费年限和增加统筹金额；另一方面还能延迟养老高缴费率的到来，保持基本养老、医疗保险系统的稳定性，缓解养老统筹基金的压力，降低养老抚养比，减轻老年供养负担对经济发展的影响。

四、老年就业的困境

（一）生理及心理困境

随着年龄的增长，老年人的身体机能逐渐下降，体力和精力都大不如前。尤其是在退休以后，随着工作压力的消失，起居无常，劳逸不均，饮食不节，生活失调等情况，导致老龄人群身体健康程度下降更快。同时，由于社会地位、人际交往的变化，退休前后的心理反差，也容易造成老年人紧张焦虑、敏感多疑等情志变化。生理与心理相互作用、相互影响，直接影响到老年人健康指数。刚退休的老人还属于低龄老人，还有几十年的晚年时光；而且每个个体的生理机能衰退与年龄不同步，如果硬性要求到龄退休，剥夺其就业权利，反而会加速老年人生理机能的衰退。

（二）文化困境

从某一方面而言，中华民族的文明史是一部尊老史。尊老文化自产生以来，延续不断，渗透到了社会生活的一切方面，从统治阶级到人民大众，都体现了中国文化是尊老的孝文化的特征。另一方面，随着工业文明的发展，家庭结构的弱化，现代社会对老人尊重与敬仰正逐渐弱化甚至消失，老年群体被视为需要帮助、被赡养的弱势群体，虽然口头上说“老人是一宝”，但在实际工作中，老年人被忽视、被歧视、被虐待、被伤害的新闻时有发生，老年人就业境况堪忧。

（三）政策困境

老年人就业政策具有强烈的限制性和滞后性。不仅表现在政策法规的执行过程中，按照年龄、性别等指标对老年人进行识别，加以歧视，而且至今也没有明确的法律法规来保障老年就业的主体地位和基本权益，更没有应对老龄社会到来，符合老年就业特征和就业保障的战略性长远发展规划以及相配套的政策、措施和支持系统。

（四）市场困境

当下的退休老人虽然拥有几十年工作的经验和技能，但面对工业化、现代化、信息化高速发展的现代社会进程，老年人仍是显得力不从心，跟不上爆炸式信息时代的更新步伐。一些基础技能如计算机、网络、数字信息查询和使用，甚至一些基础沟通词汇的使用，对当下一些退休老人而言都相对陌生，这成为现实老年人力资源进入劳动力市场的主要阻碍之一。同时，老年人就业途径单一，渠道少，行业选择面相对较窄，这都是老年人才进入劳动力市场的阻碍因素。

（五）代际困境

主要表现为就业机会的“挤压”担忧。流行的说法是，老年人不及时退休，大量工作岗位将被他们挤占，年轻人就不容易找工作，由此产生出对老年就业的抗拒心理，认为老年人来“凑热闹”、“抢年轻人的饭碗”、“占茅坑”，造成老年人进入劳动力市场的又一阻碍。

（六）性别困境

据统计，不管是整个老年人口的在业率，还是分年龄老年人口在业率，均是男性大于女性。这是中国老年就业人口较为突出的特征。我们可以看到，从就业准入到职业分布，再到工资差异，女性歧视依然存在。而且，对于一个家庭来说，女性天然的被标注必须承担照顾家庭的主要责任，从就业初期到怀孕，再到退休后，女性都无法从中脱身，因此，一个事业成功的女性，其背后往往要付出比男性几倍甚至十几倍的努力。另一方面，女性预期寿命长于男性，除了在体力方面与男性有一定差异外，智力和能力区别不大。男女退休年龄不同，就业机会和待遇也不同，必然导致就业时的性别差异和困境。

（七）城乡困境

一方面，城乡老年就业所从事的职业、行业和可选择工种方面存在较大差异。另一方面，城乡老人的老年保障和待遇差异巨大。一般来说，子女供养或与子女同住是农村老人得以养老的主要实现方式，与城市老人拥有养老退休金不同，目前农村合作医疗制度和农村养老社会保障体制还在建立、健全过程中，农村老人只能纯粹依靠子女经济支持或继续从事体力农业劳作维持老年生活，更容易陷入老年贫困境地。

五、老年就业保护

建立健全体制机制环境，促进老年就业健康发展，需要从以下六个保护出发。

（一）养老保护

无论是弹性延迟退休，还是积极老化，面对老年就业保护的一个重要前提，还是要着重提高老年劳动者的收入和养老保障，为老龄群体提供一个“老有所养、老有所依”的无忧晚年。要积极建立适合我国实际国情的覆盖率高、保障全面的全民养老保障制度，缩小城乡差异，不断提高保障水平；逐步完善以社区为基础的养老服务平台（网络），建立贯通家庭、社区、机构，融生活照护、卫生保健和精神照护为一体的持续性“医养结合”养老服务体系；不断提高老年人的生活水平和生活质量，实现健康老龄化和积极老龄化。

（二）政策保护

首先是尽快立法明确老年人就业的权益保护，取消进入劳动市场的年龄门槛，让老年人真正享有劳动权利。同时，倡导公开、公平、公正的就业环境，从法律上承认老人的社会地位、权利、责任、义务和相的社会保障，鼓励老年就业，制止劳动力市场中年龄歧视、性别歧视、老年伤害等不正常现象的发生。其次，还可以针对部分退休老人的特殊情况，采取一些特殊措施，如给予部分退休老人适当的补贴，作为退休金的补充，提高他们的生活质量，或者在住房、医疗方面给予关心。再次，对再就业的老人给予政策上的倾斜，鼓励他们兴办各类实体企业或技术参股，给予税收、经费、报酬、奖励等方面的优惠政策。

（三）观念保护

首先要转变老年人自身“年老体弱”“老包袱”“老拖累”的观念，激发老人“自我需要”意识，树立“老而不朽”“老能致富”“老有所为”的心态，通过自身的不断学习、精进，努力达到健康养老、积极老龄化的目标。其次，要加强宣传，从思想认识、社会舆论等方面，让全社会真正认同、接受并爱护老年人就业，形成尊重和自由的亲龄氛围。要使家庭、企业、社会、政府都真正认识老年人力资源的价值和重要性，老年就业的可行性、迫切性、必要性，破除传统错误观念，树立不分年龄、公平公正的就业氛围，让老年人自由参与，真正受益。

（四）组织保护

目前我国老年就业还处于分散、自发、不确定的状态，老年就业需要加强政府重视，企业支持，社会关注，家庭后盾“四位一体”的组织建设。以老年就业途径为例：目前老年就业主要依靠委托亲戚、好友帮忙介绍，信息不畅通，是老人与很多活动或就业信息擦肩而过的重要原因。因此，要搭建好企业与老人之间沟通的桥梁，就需要发挥中介机构、社会机构如协会、学会的作用。一方面建立退休老人的专业人才库，另一方面联合企业搭建就业信息平台，做好资源对接，帮助老人走出去，帮助企业走进来。由此可见，要促进老年就业，不仅要出政策，还要搭平台，在老年就业的支持、服务上下功夫，建立“四位一体”的组织机构网络，关心、帮助、满足老年人的需要，保障他们的合法权益。

（五）体制保护

老年就业保护是一个庞大的社会系统工程，它不仅包括如何充分开发和利用老年人力资源，还包括对老年人力资源的评估、使用管理、老年权益服务、保障体制的建立，从而系统提高老年就业的整体素质和就业水平。因此，老年就业体制保护，首先要培育可以自由流转、自由进出、公平、公正、公开的老年就业市场体系；其次要结合老年就业特点，建立行之有效、良性运转的管理体制；再次要不断摸索，形成一套科学的评价、激励和保障机制，更好地保护老年人力资源的合理开发和使用。

（六）再教育保护

知识更新不仅是老年就业的有力支持，也是老年人应享有的权利。随着现代学技术的日新月异，“终身教育”理念深入人心。面对老年就业知识断层问题，有必要建立多层次、多形式、多学制和多学科的老年教育体系，在丰富老年生活、陶冶情操的同时，提高老年就业相关知识、技能水平，促进老年人群更好地为社会经济发展服务。

（杨艳艳　安　然）

第八章　老年消遣与休闲娱乐

随着老龄化和社会现代化程度的不断提高，消遣与休闲娱乐成为积极老龄化的一个重要因素，它在老年生活中的地位日益显著，并直接关系到老年人的身体健康、心理健康及生活质量。同时，消遣与休闲娱乐的内容和表现形式也日益丰富，并向着一体化、多元化、智能化不断发展。为适应这种发展需要，建立适老友好社区、加大政策和资金扶持、建设养老休闲文化体系，成为政府和社会养老服务的重要任务。

第一节　老年消遣与休闲娱乐概论

一、老年休闲学的诞生与发展

老年休闲学是以老年人及老年现象为对象，观察与研究老年休闲的一般性与特殊性及其发展规律的学科。20 世纪 60 年代以来，西方国家的经济进入了持续快速的增长期，老年群体的受教育程度和平均寿命都有了提高，“有钱”和“有闲”的状态让政府和社会不得不正视老年群体的闲暇生活。在老年学和休闲学研究的理论基础上，从休闲研究的视阈探索老年阶段的生命价值与生活质量问题的老年休闲学开始诞生。

20 世纪 70 年代以来，老年休闲研究越来越成为西方社会的一个热门研究领域。大量的学术论著不断面世，形成的研究维度越来越密集，研究的内涵也从单纯的身体健康长寿的研究，转向老年阶段人生价值的研究；从自我“独善其身”的研究，转向仍与社会保持联系的研究；从“脱离”社会的研究，转向仍承担社会责任的研究；从老年教育的研究，转向终生教育的研究。

二、老年消遣与休闲的含义

消遣，就是消磨、排遣，即寻找感兴趣的事来打发空闲，消闲解闷。休闲，则是指在非工作、非劳动时间以各种“玩”的方式求得身心的调节与放松。据有关资料显示，在世界范围内，人均 GDP 达到 1000 美元时，才会产生休闲需要。法国社会学家杜马兹迪埃所指出，休闲包括三个密不可分的部分：放松、娱乐和个性发展。所以科学文明的消遣和休闲方式，也应该包含对智能、体能的调节和生理、心理机能的锻炼，可以有效地促进能量的储蓄和释放。可见，消遣与休闲都可以定义为以达到生命保健、体能恢复、身心愉悦为目的，在空余时间参加的自己感兴趣的文体活动。

老年个体的消遣与休闲活动，特指进入晚年的老年人在闲暇时间所参与的以生命保健、体能恢复、身心愉悦为目的的休闲娱乐活动的总和，主要包括认知活动、身体活动和社会活动三个方面。老年消遣与休闲是积极老龄化的一个重要因素。由这个定义，我们可知：老年消遣与休闲活动必须包含时间、途径、目的三大要素（图 8-1）。

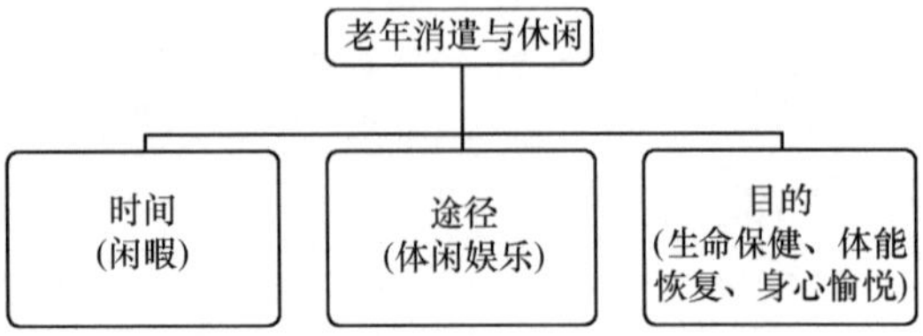

图 8-1　老年消遣与休闲活动三大要素

三、影响老年群体消遣与休闲活动质量的因素

影响老年群体消遣与休闲活动质量的因素主要来自两个方面，一是个人因素；二是环境因素。

个人因素在活动参与中起到主体的作用，主要包括教育水平、年龄阶段、经济条件、家庭状况、性格特征等。有研究显示：老年个体的受教育水平越高，其休闲态度越积极，参加的休闲活动类型也更丰富，休闲时间也更加充足；同时，休闲活动的数量和质量随年龄的增加而下降，休闲活动状态逐渐“由动趋静”；经济条件较好和不需要承担家务、不需帮扶家庭的老年个体有更多的时间参加休闲活动，参加的休闲活动类型也更丰富；另外，性格外向型的老年人对生活丰富度要求高，休闲态度更加积极。

环境因素主要包括城市发展水平、社区服务配套、休闲设施建设、文化传统氛围等。一般来说，生活的城市经济水平越高、社区服务越完善、休闲设施建设投入越多、文化氛围越高，老年群体参与消遣与休闲活动的质量越高、类型越丰富、积极性越高。

四、老年群体消遣与休闲活动的特征

（一）差异性特征

影响因素的繁多，直接导致了老年群体消遣与休闲活动的差异化。这个差异化既体现在城乡，也体现在经济发达不同线级城市老年群体参与消遣与休闲活动的时间、内容、活动半径等各方面，同时也与每个人情况不一而相关。

（二）依赖性特征

老年群体参与消遣与休闲活动的类型与老年人的行为习惯、环境影响有较大的关系，加上老年心理的行为方式，老年群体对消遣与休闲方式有较强的依赖性，一旦形成就较难改变。

五、老年消遣与休闲的类型

（一）老年消遣与休闲的分类标准

从不同的角度可将老年消遣与休闲活动做出不同的分类：按作用可分为身心恢复型和身心发展型；按价值学与伦理学可分为积极休闲型和消极休闲型；按活动场地可分为室内休闲型和户外休闲型；按活动的状态可分为静态休闲型和动态休闲型；根据活动功能分为消遣型、健康娱乐型、个人价值增值型、创造财富型、堕落休闲型；根据活动的内容可分为观光旅游型、购物消费型、文化娱乐型、体育健身型和家庭休闲型五大类；根据参与活动的目的，则可分为娱乐、怡情、健身、交往、公益、自我发展六大类。

（二）中国老年消遣与休闲活动的类型

根据中国老年消遣与休闲活动的功能和目的，将老年消遣和休闲大致分为以下几类：

1. 娱乐消遣类　这类休闲活动基本上不追求思想或艺术上的享受，主要是以纯消遣娱乐的态度来投入活动，包括看电视、看报刊、下棋、打牌、搓麻将等。这个类型在乡镇及农村老人群体中占据较大的比例。但因为久坐，此类活动易引起生理性疾病。

2. 怡情养身类　此类活动对思想或艺术修养的要求较高，追求能在娱乐中得到提升和深化，主要包括种花养草、参观旅游、饲养宠物、剪裁制衣、书画摄影等。这些活动通常比较考

验老人的耐心、毅力和爱心，对老年人的生活情趣提升有较大的帮助。通常在教育水平和经济水平较高的老年群体中占比较大。参观旅游对身体和经济的要求相对较高，随着中国经济的发展，这也将成为老年休闲活动的重要部分。

3. 健身体育类 这类休闲活动是最受老年人欢迎的，以强身健体、振奋精神、调节心理健康、延年益寿为目的的体育活动为主，主要包括闲逛散步、广场舞蹈、太极武术、户外钓鱼、器材锻炼等。年龄对老年人选择健身体育类的活动形式构成显著性影响，年龄越大的老年人由于身体状况的限制，较少参加体育健身类休闲活动。

4. 社会交往类 社会交往让老年人在离开工作岗位后，还能保留自己的社交圈子，对老年人保持社会化关系意义重大。这一类型主要指以维系人际关系、获得情感支持为目的的休闲活动，包括走亲访友、社区活动等。有研究表明，与朋友和邻居的交往比和自己的成年子女的一般交往会给人们带来更高的情绪，因此，身体状况好的老年人更加喜欢参加社会交往类休闲活动。随着互联网和智能化技术的提高，老年群体的社会交往也开始走向网络化和虚拟化，在扩大交友圈的同时，也存在一定的安全隐患。

5. 教育发展 这类休闲活动体现的是个人对精神需求的深化，对自我发展的追求。主要为以提高自身素质、获得知识与技能为目的的学习型活动，包括读书、写作、参加各种讲座、培训、辅导班、上老年大学等活动。文化程度对老年人教育发展类休闲活动有显著性影响。

6. 公益服务类 公益服务在中国老年群体休闲活动中所占比例较低，这与目前中国公益服务宣传不到位、公众公益意识低有较大关系。这类休闲活动主要指参加咨询、帮困、志愿者行动及其他各种公益性的社会服务活动，包括植树造林、帮助失学儿童、外出宣传、参加义务劳动和志愿者活动等。参加这一类型休闲活动的老年群体集中在教科文卫、党政机关、国企的退休干部和管理人员，跟职业和文化程度的关系比较紧密。

六、我国老年消遣与休闲的现状与发展

（一）中国老年消遣与休闲的现状

中国的老龄化与西方比较，有着两大先天不足：一是在经济不十分发达的情况下进入老龄化；二是在短短二十多年时间就进入老龄化社会，而西方通常为四五十年甚至上百年时间。“未富先老”和“快速老龄化”的特殊国情，带给中国社会的不仅仅是普通意义上的养老需求，富有闲暇时间的老年人的休闲问题，也成为中国社会发展进程中日益突出且亟待解决的问题。

目前来看，中国老年消遣与休闲状况并不十分令人满意，政府尚未完全建成应对人口老龄化的社会治理创新体制，老年人的休闲意愿由于经济支持、制度保障、环境营造等障碍阻挡而未能完全转化为现实活动，休闲对于积极老龄化战略的重要功能也没有完全释放，特别是居住在养老公共服务基础薄弱的农村地区的老年群体，这为完善老年休闲服务体系带来新的挑战。

总的来说，我国老年消遣和休闲的突出问题主要有：一是“四二一”家庭结构导致休闲生活的社会交往出现真空。这一问题在“全面二孩政策”后或有所缓解，但近二十年内仍比较突出。二是老年休闲文化边缘化、休闲行为被动化。一些面向社会大众提供精神文化产品、娱乐消费的重要场馆没有关注老年群体需求，从口味、价格、表演方式等方面都无意间忽略了老年人，使得老年人的精神食粮极度匮乏。三是社区建设不能充分地适应老年人的休闲生活。不仅缺少专业的管理人员，以社区为主的文化和健身设施数量也十分有限。四是老年人休闲观念落后。既缺乏对老年社会价值的考虑，又缺乏休闲的技能，造成老年群体在对休闲时间的利用方面出现真空地带。五是老年大学教育发展滞后。不仅数量满足不了需求，在课程设计、教学模式等方面也都缺少系统研究。六是对不同年龄段的老年人的不同社会需求关注不够。七是政府

对老年消遣与休闲关注和投入不够。

（二）我国老年消遣与休闲的发展方向

随着我国经济水平的提升和国民体质的增强，老年消遣与休闲娱乐的内容和表现形式也会日益丰富，并向着一体化、多元化、智能化不断发展。如何提高我国老年消遣与休闲的质量与水平，改善城乡老年休闲设施和公共服务，将日益成为摆在政府面前的重要议题。一是政府要在体制和政策、法规等方面为老年休闲提供制度保障；二是政府也要加大资金投入，扶持培育老年休闲产业；三是要积极改善休闲公共设施建设，建立适老友好社区，完善老年人休闲的社会环境；四是要鼓励和引导发展针对老年人需求的休闲目的地和休闲产品，形成全国范围内的休闲体系。

第二节　老年运动与体力活动

老年运动和体力活动是老年人生活的重要内容，是老年人保持身体健康和活力的主要方式。有效的运动和活动是保证老年人生活质量的关键，也是维持老年人良好的生活状态的前提保障。

一、老 年 运 动

老年人的运动主要是指体育锻炼，是老年人进行的以增进健康、延缓衰老、防治老年性疾病、以丰富晚年业余生活为目的的身体锻炼活动。

二、老年体力活动

体力活动（physical activity，PA）的概念很广，已经被大众普遍接受的是 Caspersen 等的定义：任何由骨骼肌收缩引起的导致能量消耗的身体运动。日常生活的体力活动可以分为工作，家务，体育运动，娱乐活动等。老年人的日常生活中的体力活动主要有工作、交通、家务、休闲娱乐等。

三、老年运动与体力活动的内容

（一）老年人运动

1. 平衡性锻炼　可以锻炼到腿部肌肉，缓解老年人身体负荷，好的身体平衡力能够有效预防跌倒。老年人可以根据身体状况进行，如倒走、踢腿、扎马步等一系列平衡性锻炼。

2. 力量锻炼　主要是进行局部肌肉抗阻运动，侧重改善肌肉质量，增强肌力，可以有效防止肌肉萎缩，延缓身体的衰老。适合老年人的力量锻炼有俯卧撑、深蹲、利用器械的弹力带、哑铃、壶铃运动等。利用器械锻炼的时候要根据自身状况，制订合适力量的锻炼计划。

3. 柔韧性锻炼　身体的柔韧度锻炼可以增强老年人身体柔韧度，有效预防诸如颈椎、腰椎椎间盘突出症、肩周炎、腰腿痛等退行性疾病。弯腰、劈腿能够有效地锻炼身体的柔韧性，适合老年人的柔韧性锻炼的运动还有瑜伽、舞蹈、太极等。

4. 有氧锻炼　有氧运动可以提高老年人心肺功能，有助于老年人保持健康的体重和预防心血管疾病。适合老年人有氧锻炼的项目有骑自行车、游泳、登山、慢跑等。

（二）老年人体力活动

根据国际体力活动量表（international physical activity questionnaire，IPAQ）将体力活动划分为工作体力活动、交通体力活动、家务体力活动和闲暇时间体力活动。

四、老年运动与体力活动的作用

（一）促进身体健康

生命在于运动，身体的不断衰弱是生命发展的必然规律，老年人可以通过运动来改善体质，延缓衰老。相关研究表明，老年人运动和体力活动能够有效地改善循环、内分泌、呼吸、神经等系统的功能，增进身体健康。运动锻炼可以起到降低老年人的体脂，控制老年人的体重，改善老年人的心血管功能，提高老年人的高密度脂蛋白等作用。

（二）改善精神状态

人的物质需求和精神需求同等重要，对老年人来说也是如此。老年人群是抑郁症发病的高危人群，子女的忽视、社会地位的下降、退休后生活空虚等都可能让老年人产生抑郁等心理疾病。有科学家曾对患有抑郁症的人群进行有氧练习，发现可以有效改善某些症状，减少抑郁。近年来广场舞的盛行，也给许多老年人带来很大的乐趣，各行各业、各种年龄层的老年人聚集在一起，在锻炼身体的同时也扩大了交友圈子，极大地改善了老年人的精神状态。

五、老年运动与体力活动应遵循的原则

（一）适度原则

老年人的体能运动和体力活动要适度，否则不仅对健康不利，而且还会引起骨折、疼痛等继发疾病。运动或体力活动的量要根据自身的年龄和实际身体状况来决定，以自己的感觉为准。如果运动后睡眠、饮食、精神状况都良好，就说明运动量基本合适。

（二）运动多样化原则

体能运动或体力活动要“平衡”，可以进行散步、慢跑、球类活动、游泳等多种运动。如何搭配，应视个人状况而定，尽量每周进行不同形式的活动。同时要注意根据自身健康状况选择合适的运动或锻炼方式，如体质衰弱的老年人不适宜太剧烈的运动时可选择慢步行走、甩手抬腿等运动量小的项目。

（三）合理安排时间

一方面要选择适宜的运动时间，运动最好安排在饭前或者饭后 40～60 分钟，选择一天中能晒太阳又不会很热的时间段。大风、雾霾、暴雨、暴晒、严寒等天气不适宜进行户外运动与体力活动。另一方面要控制运动时间的长短，每次运动时间以一个小时为宜，每周 4 次以上能够有效地改善身体功能，保持健康。

（四）心理运动与体能运动相结合

由于老年人体质衰弱，体能较差，意志力减弱或受到自身伤痛等的困扰，很多老年人在活

动时会产生一些负面情绪，如因达不到预定目标而沮丧或者急躁，使运动半途而废。因此，在进行活动时保持愉悦的心情和轻松的心态也十分重要，老年人在进行运动或者进行体力活动时尽量选择自己喜爱和感兴趣的活动，保持持之以恒的信念，才能真正地保证运动的效果，达到锻炼身体的目的。

六、影响老年运动与体力活动的因素

（一）内部因素

1. 自身的健康和精神状态　从老年人的角度看，选择适合的运动与体力活动和自身的健康与精神状况是分不开的。老年期老年人在自身身体状况与精神状况良好的情况下，运动与体力活动的强度和项目就会比较丰富，有计划的活动有利于进一步保持良好的身心健康状态；反之，进入老年期时人们的健康与精神水平下降至一个较差的状态，这就会限制老年人参与运动休闲活动的能力和范围，从而影响老年人的身体与精神健康。

2. 运动技能和兴趣　从生理学角度看，老年人已经不适宜发展较为复杂和强度较大的运动技能。很多退休后仍然继续球类、游泳、健身等技能型运动休闲活动的老年人，大多是从年轻时期就从事某项运动，并且积累了一定的技能经验。当然，大部分的人在进入老年期从事的运动和体力活动都是与个人的兴趣有关。

3. 个人经济状况　许多运动和活动是建立在一定经济基础上的，经济条件是决定老年人是否参与某些运动的重要因素之一。领取退休工资者在退休后有较为稳定的收入，从经济层面上形成了良好的累积，能够以良好的心态从事运动和活动。在经济层面上处于累积劣势的老年人将会限制自己的运动和活动，或者转而选择消费低的活动。

（二）环境因素

1. 周围人群的喜好及宣传活动　老年人的运动与体力活动很容易受到周围人群的影响及政府或者媒体宣传活动的影响。广场舞近几年的盛行，已经从城市蔓延到农村，从国内蔓延到国外，这与某些宣传活动及人群的传播有着密切的联系。更有某些地区，政府举办广场舞大赛，鼓励老年人参与比赛，提倡更多老年人积极参与到全民健身运动中来。

2. 外部运动环境和硬件设施　公共休闲场所是影响老年人开展休闲和体力运动的重要因素。当前我国城市内比较成熟的小区都会有比较完善的休闲设施和休闲场所，这为老年人进行各种形式、各种强度的体力活动和运动提供了便利。但是，目前我国大部分的城市社区和农村地区，公共设施不健全，甚至没有规划老年人的休闲娱乐场所，这就很难满足老年人对休闲和活动的需求。

七、推进老年人参与老年运动与体力活动的方式

和谐社会需要老年事业的发展，包括老年活动在内的老年活动事业的发展。推进老年人参与老年活动与体力运动离不开多方面的参与，如政府的重视、家庭的鼓励、个人良好生活习惯的养成等。

（一）政府的重视

推进老年人参与老年运动，需要政府加强对老年人体育工作的重视，如加强“老年人参与运动预防疾病”等健身意识的宣传和教育；通过相关的政策法规，规范老年人活动；加强老年

人活动场馆建设，规划城市老年体育设施；引入市场资本，为老年人活动注入新鲜血液等。通过政府的积极引导，让更多的老年人能够参与一些力所能及的社会活动。

（二）家庭的鼓励

家庭作为老年人生活中最重要的场所，对老年人参与老年活动的态度有着不可代替的作用。因此，要促进老年人积极参与老年运动，家属的正向鼓励和支持必不可少。如家属通过沟通来给予老年人精神上的鼓励，让老年人走出去参与老年活动；在生活上要多承担些事务，以减少老年人处理家务事的时间；必要的时候，要与老年人一同参与到活动、运动中来，通过行动上和精神上的积极鼓励和引导，让老年人重新焕发活力。

（三）个人良好生活习惯的养成

推进老年人参与老年运动与体力活动的关键在于老年人本身。老年人参与活动有利于其身心健康的发展，规律、稳定的作息习惯和运动习惯更有助于老年人从机体能力退化和社会活动减少导致的心理障碍的“险境”中走出来。

第三节 老 年 教 育

老年教育是成人教育的组成部分，终生教育的后期阶段，是构建学习型社会、提高全民族思想文化素质的有机组成部分，是精神文明建设不可或缺的一个方面。同时，老年教育对于丰富老年人的精神生活也有着不容忽视的意义和价值。

一、老 年 教 育

老年教育是指落实政府关于老年人享有教育权利和实施国家关于“终身教育”的目标，满足老年人日益增长的精神文化生活需求，实现老年人自我完善、自我提升、自我超越的目的，不断提高老年人整体素质，以适应社会发展、时代进步的教育形式。

老年教育的实施要考虑老人的想法与兴趣爱好，他们可以利用自己退休的空闲时间去学习那些年轻时想学却没有条件满足的各种学科知识；或者学点电脑网络、数码技术类科学时尚的基本知识，使自己不落伍，缩小与儿孙们的思想观念，跟上时代的社会行为方式和知识水平；或者基于自己的身体健康，了解和学习保健养生的生活知识和技能。

二、老 年 大 学

老年大学是老年教育得以发展的一种普遍而重要的形式。它是为适应社会老龄化、建设终身学习的学习型社会及和谐社会的需要而发展起来的时代产物；随着人口老龄化趋势不断增长，低龄健康的老年人比重越来越大，他们从多年的工作岗位退下来，还有国家对老年人的各种政策和福利保障，慢慢地把生活担子卸下来。但是对于一部分老人来说，时间越是空闲，他们越是觉得是在消磨，所以他们迫切需要有一个学习、娱乐、健身的场所，老年大学就是这样应运而生的。老年大学开展关于营养与保健、音乐与舞蹈、手工与园艺、文化知识等学习班或者讲座，学校的教学计划、教学内容是根据老年人的特点和要求制订的，老年大学的建立目的就是让老年人老有所学、老有所作、老有所乐，充分提升自己的价值和利用自己的资源。

三、老年教育的特征

（一）老年教育面向全社会

我国老年教育，由创办初期面向离休干部、退休职工，逐步延伸到面向全社会的老年人，为全部老年人提供再学习的机会；根据中国老年大学协会 2007 年统计数据：全中国 233 万老年学员中，基层社区或农村老年学员有 125 万。这样的数据说明：在地理区域上，老年教育也由大中城市、大系统延伸到农村和基层，呈现出老年教育面向全社会城乡老年人进行的目标和特色。

（二）老年教育以政府为主导进行，政府对其实施的作用越来越明显

根据 2008 年中国老年大学协会统计数据，在 258 所老年教育院校中，公办院校占 86.43%，民办的则占 2.7%，公办民助和民办公助的院校各占 5.43%。由此看出，中国老年教育事业已作为国家的事业和政府的职责，列入了国家的老龄教育事业发展规划，政府为老年教育事业的发展给予了大力支持。

（三）从教育目标来看，老年教育不同于一般的高等院校教育，不涉及学历导向

高等院校是以获取学历、学位为目的的学历教育，以提高文化素质和技术能力为主要发展方向；而老年教育侧重于老年人的兴趣爱好或要求，实行自娱康乐与进取有为相结合的教育方针，目的就是让老人老有所学、老有所作、老有所乐，并不需要在日常学习期间修学分或者技能达到某种水平。

四、老年教育的功能

（一）有助于老年人的健康保健

老年教育院校通过开展各种关于促进健康和卫生保健方面的讲座和活动等，令老年人掌握防老抗病的知识，熟悉和运用一些保健养生、科学生活的技能，认识到自身的身体健康水平，提高老年人的自我保护和健康保健的意识，让老年人在晚年拥有更好的生活状态，更好地适应社会与自然环境。

（二）有助于老年人自身价值再提升

让老年人在其人生的晚年得到学习和教育，实现他们曾经限于种种原因或者条件不足而放弃的理想，进一步提高自己的爱好特长，丰富老年人精神文化生活，再次提高他们的人生价值。

（三）有助于老年生活的社会化

社会化是让各阶段人群拥有一套社会价值标准，学习适合自己的角色技能，适应社会生活水平的过程。老年教育的开展，能够促进老年群众组织教育的社会化功能，促使老年人群选择健康的人生，用积极和正面的态度来面对人生。老年组织通过与同龄人交往、与外界交往和参与社会公共活动，了解时代进步的各项发展，从而拉近与年轻人行为或知识水平的差距。

五、发展老年教育的影响因素

（一）资金、设施和设备不足，政府投入机制不健全，缺乏必要的经费开支

各级政府特别是市县一级政府，忽略对老年大学校舍、设备配置等硬件设施的建设，存在着诸多随意性。很多市中心或者区中心虽有设立老年大学，但是教学设施、设备陈旧老化，由于财政资金投入难以满足先进的教育模式，不能及时更新，完全跟不上时代发展的要求。更不要说一些乡镇、农村的老年教学设备，教学条件更为恶劣，教学效果更不明显，严重影响老年人的上课质量，进而影响了老年人心理健康等方面的发展。

（二）对老年教育的重视力度、宣传力度不够

由于城乡之间的文化水平有一定的差距，以及老年大学设立地点的限制，生活在城市的老年人群多数能够参与一些关于老年教育的公共活动，老年教育的学习观念在城市居民内得到普及。但在大部分农村地区，特别是经济较为落后的乡村，由于各种条件限制和其他因素的影响，许多农村老人对老年大学基本上一无所知。地方乡镇、村干部更没有在村上进行积极宣传，普及关于老年教育的相关知识，鼓励老年人到老年院校学习，也没有提出一些符合农村老年人心理特征的教育措施，来调动他们参与学习的积极性，致使老年教育在基层人群中的发展尤其缓慢。

（三）在编人员严重不足，教学水平难以满足老年人追求知识、增长见闻的要求

老年大学现今在职管理人员大都是建校初期配备的，尤其是镇级或者乡村级建立的老年大学，大都只配备了很少的管理人员。从教师来看，教师队伍素质往往达不到要求，服务水平不高，很多地方老年大学的教育者参差不齐，对教育者的理论和学历没有严格的要求，这些所谓的“教育者”对老年学员的生理、心理知识根本不了解，严重影响对老年学员的教学，难以开展教学研究，制约了教学质量的提高，这种现象在农村和城市都广泛存在。

（四）老年教育发展基础理论研究较为落后，法律法规制度均有待完善

目前老年教育发展处于初级阶段，依然在实践中摸索发展的规律，对于老年教育涉及的心理学、人口学、教育学等方面的研究仍然比较缺乏，掌握老年教育知识的专业人才不多。老年教育的法律法规依然不健全，老年大学与相关政府或者其他机关单位的合作机制、政府对老年教育院校的监督和管理需要在理论和实践上完善，需要社会各界的帮助和支持。

六、推进老年教育发展的主要方式

（一）发展适应时代发展需要的老年教育体制

国家和政府对老年教育的重视和扶持是发展老年教育的重要保证，各地政府应把发展老年教育事业列入实事项目，纳入管理工作职责，加大对老年教育的宣传力度，对社会群众普及老年学习的相关观念和知识。政府也应该加大对老年大学建设的各项投资。老年院校拥有良好的校舍、设备、经费、师资等办学硬件，这是开展老年教育的基本保障。有良好的教育资源，先进的办学设施，才能方便老年人群的课程学习。

（二）构建老年大学师资供需平台，缓解教师队伍和专业人员短缺难题

为有效解决这一问题，可以尝试通过各老年大学之间开展合作的模式，共享教学资源；也可以从老年大学中选择一些有专业特长，对某领域的知识比较熟悉，对教育授业有经验的热心人员，采取轮流授业或分享经验的模式进行学习，对老年教育人员将起到充实的作用，这些方式对解决老年大学尤其是基层社区师资缺乏问题有一定的效果。但要真正起到作用，必须构建一个老年大学师资供需信息平台，建立专业的教师人才库，社会各界应该协助政府培养对老年教育各方面的专业人才，提高教学人员的素质水平，实现老年教育师资信息和师资资源共享流通。

（三）创新老年教育的理论概念，进一步改革老年大学的教育教学模式

老年教育不同于社会上的高等院校教育、培训教育等教育模式，相对来说发展起点低，实际要求也不高，所以在健全教育机制、拥有良好的资源条件的基础上，要在实践中摸索其发展规律，不断加大对老年教育相关方面的科学研究，将理论与实践有机结合。进一步整合社区各方面的资源共享，不单是政府对其投入资源，也可以利用社区各界的资源进行合作与分享，鼓励城市各区文化馆站、图书馆、博物馆、体育场馆、风景景点等社会资源支持和推动老年教育的发展，满足老年人群对生活或者学习上的各种需求，为他们提供更为方便的学习平台和多样化的教育模式。

七、发展老年教育的意义

（一）老年教育是帮助老年人持续参与社会活动，提升自我价值的重要途径

老年人群曾是创造社会财富的重要组成部分，即使他们退出工作岗位后，其亲身经历和生活经验仍然是支持社会发展的重要能量。老年教育可以让老年人借助丰富的阅历继续实现自我提升，可以赋予老年人创新性思想，引导其积极参与其他社会公共活动，让他们保持与时俱进的思想和能力。

（二）发展老年教育是应对社会人口老龄化，促进社会稳定发展的重要保障

预计到2030年，我国60岁及以上老年人将达到3.35亿，占全国总人口的22%。在老龄人口快速增长的同时，高龄化、老龄化和空巢化的“社会三化”形势也在进一步加剧，一系列家庭养老问题随着这样严峻的形势而涌现出来。因此，发展老年教育事业，正是积极应对“人口老龄化”等养老问题的一个重要载体，能使老年人群的健康需求与精神保障得到社会的充分重视；可以帮助参加学习的老年人提高生活质量，老年人根据自身兴趣来参与各种活动，从而化解他们在生活上的孤独感，促进社会养老问题有效解决。

（三）老年教育能够创新教育管理模式，发掘新型社会专业人才

老年教育尤其是老年大学在全国各地的建设发展，培养和建立了老年志愿者队伍等许多公共组织，能够带动广大社会群众参与老年教育管理的积极性，增强了社会管理的群体力量，还可以对老年院校教育模式进行创新改革，创造一套符合我国国情的新管理模式；加强开展养老服务学习教育的研究，加快养老服务专业师资队伍建设，进一步培养出符合老年教育需求的新时代专业人员，推动社会养老全方面发展。

第四节　旅游与老年生活

随着社会生活水平的提高，很多老年人都会参与到旅游活动当中，旅游已经日益发展成为老年生活的重要组成部分。老年旅游具有什么样的特征？老年旅游有着哪些功能？适合老年人的旅游项目有哪些？这些问题都值得我们关注和探讨。

一、旅　　游

定义旅游的三要素

目前世界上大多数国家都采用了国际通用定义中的三个方面的要素：一是出游的目的；二是旅行的距离；三是逗留的时间。

1. 对出游目的的定义　以该尺度为基础的定义旨在涵盖现代旅游的主要内容。

（1）一般消遣性旅游：指非强制性的或自主决定的旅游活动。他们只把消遣旅游者视为旅游者，并且有意把商务旅游单列出去。

（2）商务和会议旅游：往往是和一定量的消遣旅游结合在一起。以参加会议为目的公务旅游也被视为旅游。

（3）宗教旅游：以宗教活动为目的的出行活动。

（4）体育旅游：与重大体育活动联系在一起的旅游。

（5）互助旅游：是新兴的一种旅游方式，通过互相帮助、交换等互助方式开展的旅游活动，如互助双方彼此提供住宿等。互助旅游不但节省了旅费，而且因为当地人的介入，可以更深入地体验当地的人文和自然景观。

2. 对旅行距离的定义

（1）异地旅游（non-local Travel）：许多国家、区域和机构采用居住地和目的地之间的往返距离作为重要的统计尺度。

（2）旅行距离：确定的标准差别很大，为 0～160 千米。低于所规定的最短行程的旅游在官方旅游估算中不包括在内，标准具有人为性和任意性。

3. 对逗留时间的定义　过夜游客：为了符合限定“旅游者”的文字标准，大多数有关旅游者和游客的定义中，都包含有在目的地必须至少逗留一夜的规定。“过夜”的规定就把许多消遣型的“一日游”排除在外，而事实上，“一日游”往往是旅游景点、餐馆和其他的旅游设施收入的重要来源。

二、老年人旅游的特征

养老旅游，也叫老年长居旅游（elderly long-stay tourism），是指老年人旅行到其常住地之外生活，连续停留时间在一个月至一年之间，旅行距离一般跨越省界甚至国界。它以提高生活质量为目的，以季节性、多居所、巡回式的生活方式为特征，既不同于短期观光旅游，也不同于长期性迁移，具有独特的发展规律。

1. 养老旅游的时空特征　多数发展中国家将 60 岁及以上的人口定义为老年人口，而英美等发达国家则将该标准提高到 65 岁。养老旅游行为由生命历程所决定而不是年龄，各国普遍存在提前退休现象，实际退休年龄较为分散，部分老年人退休前就开始养老旅游。由于我国依据身份、性别、工龄、工种而实行不同的退休政策，大部分农村居民不受退休政策约束，以及相当多的养老旅游者年龄为 50～60 岁，若沿用传统老年人口标准会遗漏最为活跃的研究对象。因此，国外养老旅游研究进展与我国相互借鉴和进行整合，保持相对独立的生活方式、生活空间和社会关系网络，并通过群体内部“浪漫凝视”形成共同的规范准则。

养老旅游者保持着季节性、多居所、巡回式的生活方式，这提供了一种既依托于客源地、又归属于目的地的互补生活体验。他们存在“反旅游”倾向，又不愿与目的地完全整合，既具有旅游者身份，又过着普通居民的生活，生活在旅游者和本地居民构成的边缘性空间内，缺乏明晰的存在感和统一的身份认同，处在矛盾状态中。养老旅游者内部也差异显著，其组成结构、迁移动机、环境需求、生活方式、居住形态、社会关系等方面的多样性在增加。例如，Warnes 等（2006）将养老旅游分为乡村型和海滨型两种：意大利托斯卡纳的养老旅游者分散在农庄里，他们的语言能力、社会整合程度较高；而西班牙海滨的养老旅游者聚居在新开发的小区里，与当地社会整合程度较低。这种分类也可用来解释国内的巴马和三亚这两种截然不同的养老旅游目的地。

2. 养老旅游者的行为特征　养老旅游的独特性不仅体现在停留时间和移动距离上，还体现在养老旅游者的行为规律上。Haug 等（2007）构建的“连续性模型”认为，养老旅游处于观光旅游到长期性迁移的连续性过渡状态的中点，与两者有密切联系且能相互转化。大部分老年人通过观光旅游构建起养老旅游的搜寻空间，进而确定目的地，而少数老年人在养老旅游后会留在当地成为长期移民。

三、旅游对养老所具有的功能

（一）健康功能

健康是老年人出游的主导动机之一，很多老年游客是出于健康的目的而去旅游的。问卷调查发现，健康是老年群体最为关心的事情，通过旅游来放松心情，调整情绪，从而增进健康，是老年旅游的基本动机之一。在经济不发达的年代里，中国老年人的幸福生活标准是“丰衣足食，没有疾病”。随着社会的发展，现在的老年人不仅追求身体健康，而且重视心理健康、心情愉快。外出旅游不仅为他们提供了很好的亲近自然和身体锻炼的机会，更有利于他们的身心放松和心理健康。

（二）享乐功能

老年人为子女，为家庭操劳了半辈子，待到晚年，随着儿女成家立业，老年人的闲暇时间开始增多。问卷结果表明，许多老年游客认为他们旅游的目的就是享受生活。旅游可以摆脱日常生活的单调，到外面的世界去体验一种变化带来的刺激，这才是一种享受。所以，他们渴望出去旅游，寻求一些变化。因为生活在固定、熟悉的狭小环境，感觉器官会变得迟钝。

（三）怀旧功能

怀旧是老年人外出旅游的主要动机之一。许多老年人在退休之后，突然之间失去了生活奋斗的目标，生活的节奏也骤然放慢，其心态渐渐地进入到一种安详和宁静的停滞状态。在这种状态下，他们喜欢回忆往事，自然而然不断地去回忆和谈论自己一生中所取得的那些成就和荣誉，对于记忆中的往昔岁月也十分留恋。随着年龄增长，怀旧心态会越来越明显。中国老年人对旅游的兴趣，也有着典型的文化怀旧特征。

（四）圆梦功能

人生都有很多梦想，许多人的梦想之一就是周游世界，多看看其他地方。中国老年人的大部分时光是在艰苦岁月中度过的，很少有能力和机会外出旅游。而到了老年，“事业之梦”已经淡化，“旅游之梦”日渐增强。在有生之年通过旅游来圆梦，去游览自己多年向往却从未到过的地方，去满足自己多年未了的心愿，是其晚年生活的主要目的之一。

（五）审美功能

叶朗认为“旅游，从本质上说，就是一种审美活动。老年游客外出旅游的重要目的之一就是想去观赏祖国的壮丽山河。大多数老年游客表达了欣赏“祖国大好河山”的强烈愿望，这可能与绝大多数老年人是城市居民有关。生活在城市之中，意味着生活在钢架混凝土构造之中。大多数住宅区被摩天大楼所包围，显得单调呆滞，居住在其中的人精神上也落入一种到处寻找“家园”的彷徨状态，回归自然、走进田野成为他们的无限渴求。

四、老年人旅游市场存在的问题

（一）旅游产品缺乏针对性

很多旅行社迫于成本压力和为了赚取更多利润，没有专门针对老年人的心理特征、生理特征和行为特征开发老年旅游产品，推出的所谓“夕阳红”旅游项目与常规旅游项目相差无几，实质内容和服务是一样的。很多老年人反映旅行社的行程太满、太紧张，花的钱多，身体还吃不消。老年群体不同于其他群体，体力和饮食习惯有其特殊性，过多的景点和过长的旅游周期会使体力透支，导致旅游过程劳累、结果满意度低。

（二）市场秩序混乱

老年旅游市场是我国起步较晚的一个市场，旅行社诚信缺失、违规操作的行为屡禁不止。部分旅行社强行要求老年人签订保证书，表示本人身体健康，如因健康原因发生一切后果均由本人负责，与旅行社无关，如不签健康保证书就不允许参加旅游；有些旅行社抓住老年人关注价格、“爱省钱”的特点，推出低价旅行线路，欺骗老年人参团，却在旅行途中增加自费项目，或改变约定的旅游线路和行程等；有些旅行社与老年人签订不符合正当权益的合同，导致老年人即使吃亏，想投诉都很困难。这种种案例在全国各地时有发生，扰乱老年旅游市场的正规运行。

（三）市场盈利模式不成熟

老年旅游具有成本高、风险大、利润少的特征。具体来看，老年旅游团需要配备专门的人员和物质，投入基本费用要比普通旅游团基本费用高；其次，老年人身体健康状态不稳定，旅途中容易出现紧急意外问题，旅行社承担责任的风险不可控；再次，相对于中青年消费者，老年人对整个旅游行程较为挑剔，对住宿、餐饮的要求较高；另外，我国老年人大多数有勤俭节约的习惯，出游购物消费水平低，旅行社最终获得的利润不大。而且我国旅游市场还处于初期发展阶段，市场进入机制不够完善，许多企业都在观望，导致老年旅游市场不敢放开、健全地发展，许多企业在这个过程中时赚时赔，还没有形成清晰成熟的盈利模式。

（四）避暑养老旅游产品供应不足

全球气候变暖趋势不断上升，我国南方地区属于亚热带气候，夏季天气特点是高温多雨，持续时间长。在高温、湿气重、雨多、昼长夜短等因素一起作用下，老年人由于器官功能衰退，适应性差，稍不注意便会引起旧病复发或诱发新病，如因气候炎热引起的中暑、流行性乙型脑炎、急性中毒性菌痢、伤寒拒疾等高热性疾病。另外，夏季天热，会使汗液蒸发和排泄加快，导致体内的水分消耗量增大，而老年人水分代谢调节和口渴神经功能减弱，不能有效地控制体内水分散失和及时补充，导致体内血液稠度增大，影响血液正常循环或诱发脑血栓、心肌梗死，还能造成大便干结、排便困难，以致诱发痔疮、肛裂等疾病。老年人在夏季因炎热气候引起的身体和心理不适，使得老年人对避暑旅游的需求产生并不断增长。然而，国内的避暑养老旅游产品极度缺乏，对于老年人避暑旅游的线路、产品和服务缺乏科学、有效的指导，老年人夏季难以忍受炎热的天气，却不能自主地选择到气候凉爽的地方避暑度假。

五、影响老年人参与旅游活动的因素

对于老年人而言，虽然想通过旅游来达到健康、享乐、圆梦等目的，但并不是所有老年人都能够出游。问卷结果表明，阻碍老年人出游的因素主要有四个方面，分别为经济因素、身体状况、家庭负担和旅游意识。

（一）经济因素

经济因素是决定老年人是否出游以及出游频次的首要因素。研究发现，对于某些个人收入较高的老年人，可能因为要资助儿女甚至隔代人而无法出去旅游。相反，对于某些低收入、甚至无收入的老年人，可能因为子女收入高而具有出去旅游的机会。问卷分析也发现，不少老年人虽然经济条件并不太好，但还会选择出去旅游。这些老年人主要通过省吃俭用备足费用，同时选择比较低廉的旅行方式。

（二）身体状况

身体状况是限制老年人出去旅游的重要因素。研究发现，身体条件的好坏不仅限制老年人能否出游，影响其对旅游的兴趣，同时也影响其旅游体验的品质。当然，身体条件也不是一个绝对性的指标。如果旅游兴趣比较浓厚，即使身体条件不够好，甚至不适合出游，也有可能成行。一些带着圆梦愿望的老年人，渴望能一睹祖国大好河山，只要能够一睹心目中多年渴求的美景，能够亲临多年来梦想的圣地，就心满意足了。

（三）家庭负担

对于中国老年人，家庭负担也是阻碍他们出去旅游的潜在因素。有些老年人虽然退休了，可是家庭负担依然很重。例如，照顾家里卧床不起的患者，或者帮儿女带孩子，或仅仅是忙家务等烦琐生活的任务。中国传统文化中十分强调家庭观念，老年人的家庭观念更强，因此，一些老年人虽然拥有个人闲暇的时间，却因为家庭的事务而放弃出游。

（四）旅游意识

在中国传统观念里，旅游是一种“吃喝玩乐”“不正经”“败家”之类的事情。许多老年人都认为旅游花那么多钱很不值得。调研发现，一些老年人经常是把钱积攒起来，为儿女存钱。在他们看来，旅游几乎就是一种浪费，甚至是一种不良的生活方式。不过，这种传统观念随着社会的发展而不断变化，大多数老年人已经具备了旅游意识，尤其是有过旅游经历的老年人，亲身体验到旅游的快乐后，那种陈旧的思想观念开始淡化。从某种意义上看，旅游似有一种内在的自我增长的潜能——一旦出游后往往就喜欢上了旅游，在经济条件允许的情况下，会大大增加旅游的次数。

六、适合老年人旅游的项目

（一）农家乐养老旅游产品

农家乐一般都位于环境优美的自然景区，这些地方空气清新、环境宜人，且经济实惠，对大多数老年旅游者具有吸引力。例如，可针对老年人渴望长寿的愿望，在一些著名的长寿村开发农家乐养老旅游产品，让老年人融入当地的生活，感受当地的人文风情。另外，开发价廉物美型养老旅游产品还可充分利用老年福利院。我国的福利院大都是政府出资修建的，配套设施较齐全，老年旅游者能以较低的价格入住，花较少的钱就可以感受异地优美的自然风光，在旅游中养老，养老中旅游。对于经济拮据但又想在宜人的环境中养老、旅游的老年旅游者来说，老年福利院旅游产品也许更为可行。

（二）季节性转移养老

火炉城市是对夏季天气酷热的中国大城市的称呼，一般集中在中国南方的长江流域。有过火炉之称的高温城市有武汉、南京、重庆、长沙、南昌和上海等，同时最近几年长江下游的大部分地区也呈现出历史上罕见的高温态势。这些城市夏季时间长，最高气温在38～40° 及以上，燥热难耐。老年人抵抗力差，渴望在炎热的夏季前往其他城市避暑也是相当不错的选择。同样，天冷时也可到暖和的城市过冬。

（三）康复疗养旅游

康复疗养旅游是以治疗和康复为主要目的的旅游活动。疗养旅游历史悠久，至今已普及到全世界，其特点是有明确的目的性。康复疗养旅游以治疗、康复为主，娱乐和观光等传统旅游形式为辅，是现代旅游、医疗有机结合的产物。此外它还有重要的条件性。康复疗养旅游主要是凭借旅游疗养地所拥有的特殊自然资源条件、先进或传统的医疗保健技艺、优越的设施吸引广大康复疗养游客，是一项将休息度假、健身治病与旅游结合起来的专项旅游活动。

第五节　文娱活动与老年生活

老年人在退休之后需要充实自己的日常生活。通过娱乐活动来充实自己的生活对老年人养生有很大的益处。

文娱活动指人们为了得到身心的愉悦与放松，参与并乐在其中的活动。文娱活动可以是单一的一项活动，也可以是一系列单一活动的组合。文娱活动的参与人数可以是单人也可以是多人。文娱活动具有不同的类型及不同的活动场所。

一、老年人休闲娱乐活动的特殊性

（一）休闲时间

老年人家庭事务的多少决定老年人休闲时间的多少。老年人的休闲时间比较充裕，主要是因为随着年龄的增加，工作和家务劳动相应减少。休闲时间最多的为离退休人员，其次为从事兼职工作和在家带小孩的老年群体，休闲时间最少的为在家务农和全职工作为主的老年群体。

（二）休闲内容

老年人休闲活动呈多元化趋势，以传统休闲活动为主。近年来，老年旅行团、广场舞群体等现象随处可见。此外，博物馆、剧院、美术馆等地也能够时常看见老年人的身影。老年人休闲娱乐活动兴起，老年人的休闲娱乐方式日益多样化。相关数据显示，更多的老年人仍会选择在家看电视、打牌、下棋、种花、与邻居聊天等方式作为休闲娱乐的主要方式。

（三）休闲范围

老年人休闲活动的场所主要集中在社区。由于公园能提供相对比较完善的休闲项目，可以在公园里开展打牌、下棋、跳舞、休息等各类休闲活动，因此公园成为绝大多数老年人休闲地点的首选。其次为棋牌室，相对于老年人来说，下棋、打牌相对容易上手，又能充分利用闲暇时间。从活动场所上来看，相对比较集中的是景区、小区、老年活动中心、广场，相对较少的是健身场所。

二、老年人休闲生活现状

（一）主要活动安排

大部分老年人习惯早起进行晨练，如打太极拳、跳广场舞等。在吃早饭的时候读报纸，听广播。其后还有散步，遛狗遛鸟，买菜烧饭，带孙子孙女等多种活动。中午，大部分老年人会选择午睡。下午的时光则花在爱好和活动上。晚饭后，部分老人会出来散步、聊天，还有一些会到小区的健身器材上做锻炼。

（二）主要活动场所

大多数老年人从事健身类的活动时在户外，如在小区或附近的公园和老年活动中心，在自己家中从事休闲活动一般是读书看报或种花种草等。

三、休闲娱乐活动在养老活动中的功能

（一）丰富老年人休闲生活，充实老年人精神世界，减少与家庭成员交流少带来的孤独感

让老年人更多地参与到休闲娱乐活动中去，学习休闲娱乐活动新技能，多与社会群体进行沟通交流，使其得到精神上的满足和对自身的进一步肯定，多参与运动类项目强身健体，有利于老年人的身体健康。

（二）规划完善休闲娱乐活动服务体系，满足老年人休闲娱乐的需求，有助于提高老年人生活质量

随着社会的不断发展，休闲服务体系建设在休闲文化发展中的地位日益凸显，发展老年人休闲娱乐活动，能够充分认识我国相关产业存在的不足，日后加以改善。

（三）在人口老龄化大背景下，老年人休闲服务体系发展并不断完善，可以为我国养老事业发展提供新思路

发展面向老年群体的老龄产业既是人口老龄化发展的必然要求，也是有效应对和解决老龄化问题的重要途径。立足于地区现实，使老龄产业的发展与市场经济的发展相适应，通过老龄产业自身的发展促进经济发展，为老年人休闲文化的发展打下基础。

四、影响老年人休闲娱乐的因素

（一）性别的影响

不同性别的老年人在休闲时间拥有量、休闲活动方式上都存在着较明显的差异。在活动时间上，相关资料分析显示，女性休闲娱乐活动时间普遍低于男性，这是由我国的性别分工造成的，我国传统的“男主外，女主内”模式让女性更多地将自己的时间投身于家庭劳务中去。在活动内容上，女性老年人由于性格、体力、文化程度等原因，在休闲娱乐活动的选择上和男性老年人不尽相同，比较普遍的现象是，女性更多地参与广场舞，男性更多地参与垂钓、下象棋、打太极等活动。

（二）收入的影响

家庭经济状况对城市老年人的休闲生活质量有着重要的影响，最直接的表现则在休闲娱乐活动内容的选择和休闲消费的支出上。收入越高，可选择的休闲活动内容越广，如近几年来兴起的“夕阳红”老年旅行团便是这种高收入老年人休闲娱乐活动的代表，而对于低收入的家庭来说，老年人需要付出更多的精力为家中生计操持，休闲娱乐活动的选择更倾向于看电视、下棋、打牌、聊天等内容上。

（三）文化程度的影响

不同文化程度的人会形成不同的需要和满足机制，从而选择不同的休闲活动方式。文化程度越低，参与的休闲活动的内容越单一；文化程度越高，参与的休闲活动的种类越多。同时，文化程度越高的老年人对于休闲文化的态度越积极，学习新的休闲娱乐技能的效率越高。

（四）身体健康状况的影响

老年人自身身体健康状况也是影响老年人休闲娱乐的因素，一般来说，身体健康状况较好的老年人更热衷于参与休闲娱乐活动。对于身体硬朗的老年人，他们可选择的休闲娱乐种类较多，甚至能够参与到一些如登山、慢跑等高消耗体能的户外活动中去。而对于身患疾病的老年人来说，他们需要更多的时间调整自己的身体状况，不适宜长时间的户外活动。

（五）社区环境的影响

社区环境既包括社区的自然环境，也包括社区的人文环境，两者对老年人的休闲活动都会产生一定的影响。良好的社区环境能够更好地愉悦老年人的身心，达到让老年人更好地休闲放松的效果。目前我国社区的老年人休闲娱乐设施仍不完善，设备活动较为单一，无法很好地引起老年人的兴趣；老年人只能选择聊天等传统的方式，极大地影响了老年人的休闲生活质量。

五、实现老年人合理休闲娱乐的途径

（一）从制度上看，建立并完善与老年人相关的法律法规

政府部门在制定老年休闲社会政策时，应该考虑老年群体的生理特点，积极关注老年群体的休闲需求，制定符合老龄群体的休闲社会政策：第一，积极发展老年休闲娱乐市场，为

老龄社会提供多方面、多样化的休闲产品和休闲服务，以满足老年人休闲活动日益增长的需求；第二，政府在政策上应该调动社会力量积极为广大老年人娱乐、锻炼活动提供设施、服务等方面的服务；第三，政府也应进一步重视、支持并推动老年人开展健康、丰富的精神文化活动。

（二）从经济上看，需要政府增加对老年休闲的财政支持力度

有关数据显示，截至2014年底，我国财政部门在养老保险基金的投入约为3.5万亿，其中城镇职工基本养老保险是3.18万亿，城乡居民基本养老保险基金3800亿。在进一步完善方面，政府部门应加大对休闲基础设施的建设和投入，为老年人提供基本的休闲物品。目前，休闲文化建设中对部分中低收入者、老年人以及残疾人的休闲设施、休闲产品供给不足，不能有效满足老年群体的休闲需求。另外，可加强对财政养老资金投入的监管力度，更好地将资金投入到发展老年产业和保障老年人福利待遇中去，造福人民群众。

（三）从社会保障看，需要建立更加完善的社会保障制度

一是提高老年人福利补贴，扩大老年人优待服务受惠群体。致力于提高离退休老人工资待遇福利，同时，也要提高无固定工作低收入老年人的福利待遇，对受惠老年人群体进行具体调查，扩大受惠主体，聆听人民群众的心声，真正地造福于人民群众。二是加强对老年人医疗保障的政策力度。在当前“看病难，看病贵”的社会环境中，老年人作为医疗消费的主要组成群体，政府有必要出台并完善相关医保政策，减少老年人医疗治疗开支，保障老年群众身心健康，更好地提高老年群体休闲生活质量。

（四）从社区来看，需要进一步丰富社区活动内容

社区是城市老年人活动、交往、生活的主要场所，大部分老年人的休闲生活主要是在社区范围内进行的。有针对性地开展相关的休闲活动，积极利用各种手段，吸引老年人参与社区休闲生活，打造老年人休闲文化的社会环境，是提升老年人休闲生活质量的基本保障。一是积极开展社区工作，组建老年休闲活动团体，通过老年群体和自组织的方式，培养老年人对自身能力的认可，充实其对自我价值得以实现的满足。二是大力发掘和加强培养社区休闲娱乐文化组织的优秀人才，丰富社区休闲娱乐活动内容，形成多选择、多教导、多参与的新型老年人社区休闲娱乐良性发展模式。三是大力发展社区志愿关照老年人的服务。服务内容可以包括探访老年人、清洁房屋、给老人带来文艺表演等方式进行，鼓励附近医院的医护人员、在校大学生等积极参与。四是合理规划场所和社区设施，合理增加社区休闲设施和健身设施。考虑老年人的生理和心理特点，满足老年人对社区自然环境和人文环境的需求。

（五）从老年教育看，需要普及休闲教育

一是帮助老年人树立科学的休闲价值观。多数老年人的成长环境和“要为家庭奉献自己”的观念两大因素，造就当代老年人运动休闲意识淡薄，对于休闲娱乐的要求也不高。开展老年人社会工作，帮助老年人认识到休闲生活带来的乐趣，通过多参与休闲娱乐活动，陶冶情操，愉悦身心，强身健体。二是可开展老年人休闲培训班等组织活动，帮助老年人掌握基本的休闲技能。随着社会的发展，老年人休闲娱乐的内容日益多元化，通过报纸、广播、电视网络等多种大众传媒的途径，增加老年人休闲知识的教育和了解途径，普及老年人休闲知识和相关技能。积极开办老年大学，帮助老年人学习更多的休闲技能，让老年人更好地参与到休闲娱乐的集体

活动中去，充实晚年生活。

六、推动和改善老年人休闲娱乐状况的途径

（一）补充老年人休闲行为研究内容

我国老年市场的研究仍处于起步阶段，对老年人这一群体的休闲娱乐行为仍缺乏整体的、系统的认识，只有通过系统的、科学的、实践的调查与整理，得到相关的数据资料，明确老年群体的特点，才能更好地制定相关的政策，维护老年群体的权益，带动老年商品市场产业、旅游产业、文化产业、医疗系统等多领域的全面发展。

（二）呼吁社会及家庭在“人口老龄化”大背景下，更多地关注老年人的精神生活

从家庭层面看，应尽可能减少老年人的家务劳动时间，从物质和情感上支持老年人的休闲活动，帮助他们增强休闲意识和提高休闲技能。家庭中的年轻人，应给予老年人在经济上力所能及的帮助，还可以利用节假日带老人外出旅游，或鼓励他们参加“夕阳红”之类的旅游团体，一方面可以增进与老年人的感情；另一方面也给老年人提供了与他人交流的平台，认识更多的朋友，丰富老年人的精神生活。

（三）根据老年人休闲娱乐文化的特点，结合实际情况，更好地为老年人树立正确的休闲理念

休闲教育的普及，有助于老年人确立科学的休闲价值观，对于丰富老年人休闲文化生活、提升老年人生命质量具有重要意义。普及休闲意识能够让老年人提高自己的休闲意识和休闲能力，科学地安排休闲生活，提升生活质量，实现自我价值并加以升华。

（四）研究发现老年人休闲娱乐生活中存在的问题，建立统一的养老服务监管体系

政府从当代老年人的实际情况出发，对现有的评估标准进行整合，建立包括医疗护理、生活护理等多层次服务体系，委托第三方专业评估机构进行评估，确立医疗服务和养老服务标准和条件。建立养老信息监管制度，对服务对象、服务项目、服务标准等进行分类管理，对老年人休闲娱乐生活中存在的问题进行进一步管理和规范。

（五）社区是实现老年人休闲娱乐活动的重要场所，通过研究老年人休闲娱乐状况，对社区加强老年人精神文化建设提供重要的指导

社区养老服务模式是我国各级政府解决城市老年人养老问题的首要选择，但社区养老不是单一养老，在改善老年人对物质生活需求的同时，还要不断满足和丰富老年人对精神文化生活的需求，营造较好的社区环境，提高老年人的生活质量。

（杨海云　潘聪聪　孙玮志）

第九章　临 终 关 怀

生老病死是人的自然规律。人的个体生命从出生到死亡是人的必然归宿，任何个体生命都不可能永生，这是人类不可能改变的自然法则。也就是说，死亡是人生命的最后阶段，也是人生命过程的必然结果。随着社会的进步和人类观念的不断转变，人们已深深地意识到，作为人生命过程的最后阶段——临终阶段应该同生命的其他阶段一样，同样需要受到关怀和照护。

临终关怀就是让每一个生命晚期的人不但得到关爱和帮助，有尊严地活着；而且舒适、无痛苦、无遗憾、安详、有尊严地走完人生最后的旅程。因此，临终关怀是面向朝阳的伟大事业，是关注民生的重大课题，是社会文明进步的重要标志。

第一节　临终关怀概述

一、基 本 概 念

（一）临终状态及临终者

临终状态又称濒死（dying），是指患者已接受治疗性和姑息性的治疗后，虽然意识清楚，但病情加速恶化，各种迹象显示生命即将结束，是生命活动的最后阶段，是未达到真正死亡的一种生命本质无法抗拒的临终阶段。

临终者是指当处于临终过程中接近濒死状态，但尚未达到临床死亡期的人（涵盖不同年龄段的人）。又有学者将临终者概括为：疾病末期或意外伤害所致，在医疗护理后，病情不断恶化，尽管意识尚清醒，但各种生命征象显示生命行将结束者（也包括衰老临终者）。

（二）临终阶段及临终阶段时限

在医学理论上，临终阶段是指凡是由于疾病终末期或意外伤害所致人体主要脏器的生理功能趋于严重衰竭，生命趋向完结，死亡将不可避免的过程。即患者处于生命——死亡的间隙。临终阶段以及临终阶段时间因其“生命的不可预见性”造成对其判断具有复杂性，因而世界上迄今为止还没有统一的界定，仍然只是一个模糊的概念。但各国或地区都依据各自的实际情况有了自己的认识或制订的相关标准。在美国，无治疗意义、估计只能存活 6 个月以内者，被认为是“临终”；在日本，以患者只能有 2～6 个月的存活时间为终末阶段；英国，以预后 1 年或不到 1 年为临终期；还有不少国家倾向于从垂危患者住院治疗直至死亡的时间，平均 17.5 天为标准。在我国，有学者结合国情与医疗保险支付范围及患者经济能力提出以下建议：在社区、居家开展临终关怀服务对象是晚期恶性肿瘤广泛转移的患者，其临终阶段一般≤90 天；在医疗机构的临终关怀服务对象的临终阶段原则上≤60 天。同时，还提出对临终阶段时限判定的参考条件：①自然衰老的临终阶段，生命四个主要脏器衰竭、生活完全不能自理者，临终阶段时限为 300 天左右。②非恶性疾病的慢性病终末期，其临终阶段在 180 天内。③晚期恶性肿瘤伴远处转移到骨、脑等部位，其临终阶段一般在 90 天内。④意外伤害濒临死亡者，临终阶段通常为数天或数小时之内。

（三）死亡

死亡（death）是指个体生命活动和新陈代谢的永久终止。

长期以来，医学界将心肺功能作为生命最本质的特征。所以，以呼吸、心跳停止为判断死亡的标准。但随着医学科学技术的发展，人们认识到对心肺功能停止的患者，还可以依靠机器来维持生命，只要大脑功能存在，一切生命活动都有恢复的可能；尽管心脏还在跳动，但大脑发生不可逆性破坏时，才是真正的回生无术。就是说，不可逆的脑死亡才是真正意义上的人的生命的结束。因此，当前，医学界普遍以脑死亡作为判断死亡的标准。

1968 年美国哈佛大学医学院提出了判断“脑死亡”的 4 条标准：①不可逆的深度昏迷，对任何刺激均无反应；②自主呼吸、自主运动停止，并已正确、连续地做心肺复苏 30min 以上，证明脑的全部功能已达不可逆转的损伤者；③脑干反射功能消失，如吞咽反射、睫毛反射、瞳孔对光反射、角膜反射等；④脑电波消失或平坦。

世界卫生组织医学科学国际委员会对脑死亡诊断提出了 5 项标准：①昏迷对整个环境应答反应消失；②各种反射消失，瞳孔无对光反射，呈扩张状态；③自主呼吸消失，包括停止人工呼吸 3min 后仍无自主呼吸；④如果不以人工维持，血压将急剧下降；⑤给予刺激，脑电图成直线。以上情况应除外低体温（小于 23℃）患者和药物滥用者。24h 重复上述测试，结果不变。

（四）临终关怀与舒缓治疗

临终关怀（hospice care）中“hospice”一词源自法语，起源于拉丁语的“Hospitium”，原意是“收容所”“济贫院”“招待所”。它是指设立在修道院附近为朝圣者和旅行者提供中途休息和获得给养的场所。当这些信徒和商旅因为病重濒临死亡而住在 hopice 时，会得到教士和修女的治疗和照顾，死亡之后也会得到妥善的善后处理。hospice 概念首次正式用作照顾临终患者的机构是 1879 年南丁格尔女士在都柏林开设的“圣母安宁院”（Our Lady's Hospice），该安宁院专门收容癌症末期病患，用爱心来照顾他们。1905 年，伦敦圣约瑟夫安宁院（St Joseph' s Hospice）也改变了他们的临终照护对象，专门收容癌症末期患者。在这阶段，hospice 提供的仅仅是照护服务。现代临终关怀运动的兴起赋予 hospice 以新的含义，美国国立医学图书馆（NLM）出版的权威性“医学主题词表”将 hospice 解释为“是对临终病人和家属提供缓和性和支持性的医护措施”。

然而，“临终关怀”这个术语的使用仍存在一定争议。英文文献中有不同的说法，如“end of life care”“terminal care”“hospice”或者“palliative care”（一般翻译成“姑息照护”）。从字面上看，这几个术语之间存在细微差别，前两个侧重于强调疾病的发展阶段以及患者的“濒死”状态，后一个强调服务的内容和宗旨，所指的范围更广。目前，国外不同国家与地区对“临终关怀”使用的词汇尽管存有不同但意义是一致的。如英国的临终关怀机构比较普遍的用法是“hospice”，美国、德国等国家使用“终末照护（terminal care）”，加拿大等国家使用“缓和照护（palliative care）”，我国台湾使用“安宁照顾”，我国香港使用“善终服务”，中国大陆学界普遍使用“临终关怀”。但世界卫生组织则使用“palliative”，其目的是为了更加强调临终关怀事业的重要理念——提高对疾病晚期患者的人性化关照，为他们提供更高质量的生活和更加有尊严的生存方式。

1990 年，世界卫生组织对临终关怀的定义为：“是对那些所患疾病对根治性治疗无反应的患者的积极的、整体的关怀照护，镇痛、控制其他症状和减轻精神心理、社会的创伤，缓解宗教的困扰是主要的宗旨。” 2001 年孟宪武等出版的《临终关怀》中，将临终关怀定义为：临终关怀是一种特殊的卫生保健服务，指由多学科、多方面的专业人员组成的临终关怀团队，为当前医疗条件下尚无治愈希望的临终患者及其家属提供全面的舒缓疗护，以使临终患者缓解极端的病痛，维护临终患者尊严，得以舒适安宁地度过人生最后的旅程。2002 年，世界卫生组织重新修订为：“临终关怀是一门临床学科，通过早期识别、积极评估、控制疼痛和治疗其他痛苦症状，包括躯体、社会心理和宗教的（心灵的）困扰，来预防和缓解身心痛苦，从而改善面临威胁生命疾病的患者和他们的亲人的生命质量。”

世界卫生组织对舒缓治疗（亦称姑息治疗）的定义为：对治愈性治疗无反应的患者，进行积极整体照顾，包括疼痛及其他症状的控制，重视和解决患者心理、社会和精神方面的问题。简而言之就是当疾病的处理从临床治疗走向症状控制时，就可以称为舒缓治疗。所以，舒缓治疗（姑息治疗）与临终关怀在目的及大部分内容方面是相同的，其差别主要在于发生的阶段和任务上。①从阶段上看，临终关怀更侧重于对疾病终末期患者的处理，而舒缓治疗（姑息治疗）则贯穿于整个治疗过程的始终，即从确诊为肿瘤末期后就开始。②一般情况下，临终关怀不包括常规抗肿瘤治疗；而舒缓治疗（姑息治疗）常含有常规抗肿瘤治疗的手段，如姑息性手术、姑息性放疗和化疗等。③临终关怀是一个消极的概念，通过对临终患者躯体、精神、心理、情感等多方面的照顾，使其在临终时能够无痛苦、安宁、舒适地走完人生的最后旅程；而舒缓治疗（姑息治疗）则是一个更现代的概念，是帮助患者达到和维持其躯体、情感、精神、职业和社会行为能力的最佳状态，使患者及其家属获得尽可能好的生活质量；也就是说，舒缓治疗（姑息治疗）的任务是更注重关心患者的生活质量。

（五）安乐死

“安乐死”（euthanasia）一词源于希腊文，意思是“幸福地死亡”或“无痛苦地死亡”。《牛津法律指南》将安乐死定义为：“在无法救治或患者自己的要求下，所采取的引起或加速死亡的措施。”英语词典和英汉词典中一般解释为：一是无痛楚的死亡；二是为结束不治之症患者的痛苦而施行的无痛苦致死术。《中国大百科全书·法学卷》对安乐死的定义是：“对于现代医学无可挽救的逼近死亡的患者，医生在患者本人真诚委托的前提下，为减少患者难以忍受的剧烈痛苦，可以采取措施提前结束患者的生命。”

根据采取方式的不同，安乐死可分为主动安乐死和被动安乐死两大类：①主动的（积极的）安乐死，指采取促使患者死亡的措施，结束其生命，如当患者无法忍受疾病终末期的折磨时。②被动的（消极的）安乐死，即对抢救中的患者不给予或撤除治疗措施，任其死亡，如垂危患者。

有人将临终关怀与安乐死画等号，但从严格意义上来看，这种理解是存在较大争议的。实际上，“临终关怀只是让临终者安然离去的一种特殊方式，是被动安乐死。是在医院和法律规定下及患者不可避免死亡时，帮助患者减缓痛苦、提高生命质量的一种方式”。

（六）优逝

优逝即“优死”，又称“尊严死”或“善终”等，是指在适应的环境和时间内让患者不恐惧、不孤单，没有痛苦、没有遗憾地离世。优逝是一种新的坦然迎接自然死亡的死亡观。

优逝的理想原则：一是患者知道死亡来临的预期时间，同时能理解预期结果；在这一段时间内能自主决定所发生的一切，并享有尊严和隐私权。二是有机会选择死亡的地点，包括家中或其他地方。三是有权减轻痛苦和缓解其他症状，能获得所需要的精神上或情感上的支持。四是在任何地方都可以获得关怀，而不仅仅在医院，同时能获得所需的任何信息与专门经验。五是有道别的时间，并有权决定其他时间的安排；有权决定谁到场探视以及谁能与之分享最后的时光；能在生前颁发遗嘱来确保自己的愿望得到实现；永别之时能够及时离去，而不无意义地拖延生命。

二、临终关怀的意义、基本观念与基本内涵

（一）临终关怀的意义

1. 临终关怀符合人类追求高生命质量的客观要求 随着人类社会文明的进步，人们对生命的生存质量和死亡质量提出了更高的要求，希望死亡如同迎接新生命、翻开人生历程的第一页一样，安详地合上人生历程的最后一页，画上一个完美的句号。具体来说，就是让临终患者在死亡时获得心灵上的宁静、心理上的安宁、生理上的舒适，让其家属在患者死亡后没有留下任何遗憾和阴影。

2. 临终关怀是社会文明的标志 每一个人都希望生的顺利，死的安详。临终关怀正是为让患者尊严、舒适到达人生彼岸而开展的一项社会公共事业，它是社会文明的标志。

3. 临终关怀体现了医护职业道德的崇高 医护职业道德的核心内容就是尊重患者的价值，包括生命价值和人格尊严；临终关怀则通过对患者实施整体护理，用科学的心理关怀方法、高超精湛的临床护理手段，以及姑息、支持疗法最大限度地帮助患者减轻躯体和精神上的痛苦，提高生命质量，平静地走完生命的最后阶段。医护人员作为具体实施者，充分体现了以提高生命价值和生命质量为服务宗旨的高尚医护职业道德。

（二）临终关怀的基本观念

1. 临终关怀的价值观念

（1）接纳死亡。认识到接纳死亡的观念是一种辩证唯物主义和历史唯物主义世界观，死亡是人的生命最后阶段，临终和死亡应视为人的生命必不可少的阶段和必然结果。

（2）生命的质量重于生命的数量。提高晚期临终患者的生命质量是现代临终关怀服务的基本价值。因此，在临终患者有限的临终阶段，为他们提高临终生命质量和生存价值时，要认识到我们的关注点是他们的生活而不是死亡，注重人胜于注重病，尽力做好胜过做多。

（3）尊重临终患者的生命、权利与尊严。包括尊重临终患者基本人权（自主权和知情权等），视生理肉体痛苦和精神灵性痛苦同等重要，更加关注患者精神和心灵上的需求。

2. 临终关怀认知世界的观念

（1）对临终和死亡客观世界的认知。承认临终和死亡是一种自然现象和不可抗拒的自然规律；要用理性的态度对待临终患者所发生的一切，用先进的科学技术来减轻或消除患者肉体上的痛苦；其行动特征是理智，认知上追求的价值标准是“真”。

（2）对临终者精神世界的认证。理解临终者在临终阶段的心理反应和表现是其情感世界的活动；用感性的思维方式与爱的行动来揭示临终者情感世界的秘密，并帮助他们减轻或消除对死亡的恐惧和精神、心理上的痛苦；其行动特征是激情，情感世界上追求的价值标准是“美”。

（3）对临终者心灵世界的认知。用悟性的思维方式，揭示临终者的心灵世界与心态，并给予承认；支持临终患者信仰宗教，以一种超现实的思维方式、约定和追求对待心灵世界，帮助他们安静而有尊严地到达另一个世界。其行动特征是虔诚，心灵世界上追求的价值标准是“善”。

（三）临终关怀的基本内涵

1. 临终关怀是一个人的基本权利 联合国提出享有临终关怀服务是人的一项基本权利，并将其作为国家和社会文明与进步的标志。世界卫生组织认为“临终关怀是全世界范围内的紧迫需求”，并建议各国政府将其作为国家健康政策的重要组成部分，享有临终关怀服务者应该不分年龄、贫富、民族、性别与权利。

2. 临终关怀实质上属于文化范畴 临终关怀的核心就是生与死的智慧；死亡态度与死亡观是文化人类学中约定俗成的概念，体现在心态、行为、制度和物质文化等；临终关怀服务是对临终者的关怀，是人文情感的关怀，源于生命本论意义上的"爱"，体现出最根本的人性；同时，临终关怀运动是一种文化观念的改革和向传统死亡观念的挑战，是一种改革和观念的革命。

3. 临终关怀是一项社会系统工程 临终关怀服务具有社会性、公益性和福利性，是一项以社会效益为主的、体现政府责任和主体性的工作，是卫生事业不可缺少的组成部分；"五位一体"社会模式决定其首先是社会的，即是由政府主导、卫生行政部门推进、医护人员实施、社会介入和志愿者（义工）参与的综合性服务；又是人生全优系列（优生、优育、优活和优死）工程的组成部分。同时，临终关怀服务必须引入哲学、传统文化（包括宗教）资源，发挥好哲学的引领指导作用。

4. 临终关怀服务必须有完善的政策、组织机构和服务模式 世界卫生组织强调家庭应该作为临终关怀的基本单位，医疗机构起到支持与配合作用；临终关怀服务团队应该是由一批经验丰富，有着善良、智慧、同情和爱心的多学科和多职业的专业人士所组成。

三、临终关怀的服务理念、服务目的、服务内容、组织形式与服务流程

（一）临终关怀的服务理念

临终关怀体现的是"优死"，这就要求我们不单要有强有力的团队，还需要有明确的质量保证制度，以确保服务的广泛性、协调性、持续性与整体性。因此，临终关怀的服务理念必须是"四全"照护理念：一是全人，即进行整体性的照护，要全面考虑到临终患者身、心、灵等方面的需求；二是全程，即持续性地照护，要照顾到临终患者生、老、病、死的每一个过程，每一个细节；三是全家，即以全家为中心的社区性照顾，不仅是临终患者本人，其家属也应被关怀和照顾；四是全队，即团队化地照顾，通过不同专业、不同岗位的合作与协调，提供高质量、整合性的服务。

（二）临终关怀的服务目的

临终关怀的服务目的就是让临终患者在死亡时获得心灵上的宁静、心理上的安宁、生理上的舒适，让其家属在患者死亡后没有留下任何遗憾和阴影。具体而言：在满足临终患者各种基本生理需要和权利以及尊重生命尊严的前提下，不仅要关心他们的躯体痛苦，还要关心他们心理、精神、情绪上的忧郁、悲伤和绝望；不仅要关心他们的疾病进展情况和症状控制情况，还要关心他们的生活状况乃至经济情况；不仅要尽量满足他们照护上的需求，还要注意满足他们的一些特殊需求。只有这样，才能使患者在有限的临终阶段内，在充满人间温暖的氛围中，安详而平和、舒适而尊严、无憾无怨地离开人世。

（三）临终关怀的服务内容

临终关怀的服务内容应该从生理学、心理学、伦理学和社会学等角度来全面考虑。

1. 从生理学角度进行服务的内容 主要包括：维持基本生理需要；缓解和控制疼痛；症状支持，包括管理排泄、皮肤护理、缓解呼吸困难和促进休息与睡眠等。

2. 从心理学角度进行服务的内容 具体包括：鼓励患者讲出内心的痛苦与忧虑，全面了解其心理需求并加以应对；通过心理疏导，帮助患者消除对死亡的恐惧与不安；运用专业知识和

科学方法，针对不同心理问题（如焦虑期、恐惧期、悲伤期等）做好心理护理；支持和鼓励家属多与患者接触，指导家属参与一些力所能及的护理工作以及给予家属心理慰藉。

3. 从伦理学角度进行服务的内容 具体包括：帮助患者正确认识和理解人的生命以及生命弥留之际的存在意义和价值；尊重患者权益，包括知情同意权、获得医疗信息权、享有保密权和隐私权以及受到尊重的权利。

4. 从社会学角度进行服务的内容 具体包括：尽力满足家属提出的对患者亲自照护及生活等方面的合理要求；帮助和指导家属参与一些照护工作；给予家属心理安抚，帮助他们渡过悲伤期和居丧期。

（四）临终关怀的组织形式

目前，世界范围内临终关怀的组织形式呈现多样化、本土化的特点。归纳起来有以下几种：独立的临终关怀院，综合医院内附设临终关怀病房，综合医院里散在的各科临终关怀病床，以家庭护理为主的 hospice，美国的一些地区还有咨询形式的临终关怀机构。英国绝大多数以住院照料方式为主，注重独立临终关怀院的发展；美国则以家庭临终关怀服务为主，开展社区服务；新加坡则采取一部分养老院开展 hospice，德国以综合医院里散在的各科临终关怀病床为主。从临终关怀组织的人员构成来看，各国基本是一致的，都是由医生、护士、心理医生、药剂师、营养师、社会工作者、志愿者等组成，在西方国家还包括神职人员。在整个团队中，护士是实施临终关怀的中坚力量。

据文献汇总分析，我国现有的临终关怀模式包括五类：

1. 独立的临终关怀院 是独立的专门从事临终关怀服务的专业机构。一般具有一定的医疗、护理设备和娱乐设施，家庭化的危重病房设置，提供适合临终关怀的陪护制度，并配备一定数量和质量的专业人员，为临终患者提供临终服务，如北京的松堂关怀医院。我国的独立临终关怀院还可以承担周边社区内多种形式的临终关怀服务项目，如住院临终关怀服务、日间临终关怀服务和家庭临终关怀服务等。

2. 综合医院内附设临终关怀病房 这是目前我国大陆地区最普遍存在的模式。临终关怀病房分综合病种的临终关怀病房和专为癌症患者设立的临终关怀病房。主要为临终患者提供医疗、护理和生活照料。如北京中国医学科学院肿瘤医院的“温馨病房”，天津市肺科医院“关怀病房”。其与独立的临终关怀院相比，具有投资少和报批手续简便的优势，但也存在缺乏机构管理的自主权和自身发展的灵活性。

3. 综合模式 目前有两种具体模式，一个是李义庭提出的“PDS”模式（one point three direction nine subject），该模式主要是面向城镇居民的以“一个中心，三个方位和九个结合”为框架体系的专业化护理模式。所谓“一个中心”就是以解除临终病患的病痛为中心，“三个方位”分别指服务机构及场所、服务主体和服务费用的承担；“九个结合”分别指在三个方位上采用的不同结合方式，即在服务机构和场所上，临终关怀家庭、社区、医院相结合；在服务主体上，国家、集体、民营相结合；在费用负担上，国家、集体、社会相结合。另一个模式是施榕提出的“施氏模式”。“施氏模式”主要是针对广大乡村地区而设计的家庭临终关怀护理模式，被 1995 年东亚生命伦理学术研讨会认定为是解决地广、量大，尤其是农村老年人临终照护的最佳策略之一。

4. 社区医院组织模式 这种模式很少，多为独立的临终关怀院和综合模式的延伸。

5. 家庭型（家庭病床）模式 该模式是为不愿意离开自己家庭的临终患者提供临终关怀的一种照护模式。由护士、医生、志愿者和家人等结合的临终关怀服务团队进入家庭进行缓和性和支持性照顾。采取以患者家属做基本日常照料为主，医护人员进行指导和协助为辅的做法。多为独立的临终关怀院和综合模式的延伸。其优点是：临终患者在自己熟悉的环境下更加安心；家庭成员共同参与，从中体验和享受到温馨的亲情；能随时接受好友的探望，利于心理的安抚；经济负担小。由于以下几点原因，该模式为绝大多数临终患者所接受，但这种服务模式的专业性相对较低。

（五）临终关怀的服务流程

根据国内外文献，目前临终关怀的服务流程大致包括以下几个步骤：

1. 确认与评估　由专业机构或团队完成。主要是在医学上确认患者处于疾病的终末期（或癌症晚期），并评估患者的存活时间在 6 个月内。

2. 死亡教育　对患者及其家属进行死亡教育，尽可能签署好生前遗嘱或医疗遗嘱。

3. 临终关怀　对患者进行积极、有效、全面的临终关怀服务。

4. 后事料理　配合患者家属进行死亡照护及后事料理。

第二节　国内外临终关怀的发展史与现状

一、国外临终关怀的发展史与现状

现代临终关怀创始于 20 世纪 60 年代，1967 年桑德斯博士（D.C.Saunders）将护理学和医学、社会学等结合起来，富有创造性地提出了向晚期患者及其家属实施全面照护的模式，并在英国伦敦创办了世界上第一座现代临终关怀院，即著名的圣·克里斯多弗临终关怀院（St. Christopher's Hospice），兴起了现代临终关怀运动，因而被国际临终关怀学术界誉为"点燃了世界临终关怀运动的灯塔"以及现代临终关怀机构的典范。

随后，美国、日本、阿根廷、法国、巴西、加拿大、德国、挪威等 60 多个国家先后建起了临终关怀医院和相关机构。资料表明，至 20 世纪 80 年代末，国外登载有关临终关怀和死亡问题的研究报告、学术论文、文献等期刊就有 300 余种。

在美国，1971 年创办了第一所临终关怀医院，至 1980 年就将临终关怀作为联邦政府研究的课题；随后美国的临终关怀产业发展迅速，据有关文献显示，到 1998 年，美国的临终关怀服务机构就多达 3100 个，分布在全美 50 个州，每年有 14 万余人接受临终照护。

在英国，临终关怀被作为公民基本医疗服务纳入国民医疗保险体系，使得临终患者就诊、住院等费用基本由政府承担。据 2008 年英国国家审计署的统计资料显示，英国有独立的成人临终关怀医院 155 家，国民医疗保险体系所属医院中有 40 家设有临终关怀病房，从业的专业医护人员 5500 人。此外，还有专门为濒临死亡的儿童和青年及其家庭提供临终照护的儿童临终关怀服务机构 40 多家。

在日本，1983 年创办了第一家临终关怀医院，至 1987 年建立临终关怀机构 8 个，发展研究机构 5 个。

在加拿大，1975 年创办了第一家临终关怀医院——加拿大皇家维多利亚临终关怀院，至 1983 年已有 116 个不同类型的临终关怀机构。

历经近半个世纪的发展，临终关怀服务逐渐成为一门新兴的交叉学科——临终关怀学。

二、我国临终关怀的发展史与现状

（一）中国香港地区

香港九龙圣母医院于 1982 年首先提出"善终服务"。1986 年成立了"善终服务会"，积极进行宣传教育，为疾病末期患者提供咨询辅导，努力推广善终服务。1992 年，第一个独立的临终关怀机构——白普理宁养院在香港沙田落成，设 26 张床。该院除照顾临终患者住院服务外，还开展了居家临终关怀服务。据资料显示，目前香港地区还有 9 家综合性医院开设临终关怀病床共 166 张。

（二）中国台湾地区

1983 年，台湾天主教康泰医疗基金会成立癌症末期患者居家照顾及服务，开创了台湾地区临终关怀居家服务之先。1990 年 2 月，在马偕纪念医院淡水分院成立台湾地区第一家共有 18 张病床的临终关怀住院机构，该地区成为世界上第 18 个拥有临终关怀病房的地区。1999 年，台湾地区成立安宁缓和医学会，2000 年，制订了《安宁缓和医学专科医师制度》，2000 年 5 月，台湾通过《安宁缓和医疗条例》地方立法并于 2002 年 11 月修法，从此台湾地区临终关怀服务中 DNR（不做心肺复苏术）正式合法。2009 年 3 月，台湾地区卫生部门参照世界卫生组织临终关怀定义，放宽临终关怀服务收治对象，将末期癌症患者延伸为多器官衰竭的慢性疾病进入末期状态者，由原先纳入全民健康保险给付试办计划中住院天数 16 天放宽到 30 天。至 2008 年，台湾地区有临终关怀机构 65 家，占全台湾医疗机构总数的 48%，共有 480 名临终关怀专科医师。台湾地区在推进临终关怀服务时采取“三路并进”方针，即临终关怀优质服务、生死教育和临终关怀政策。

（三）中国大陆地区

临终关怀运动于 20 世纪 80 年代后期被引入中国大陆地区。中国第一个临终关怀研究机构——天津医学院临终关怀研究中心于 1988 年 7 月，由美籍华人黄天中博士与天津医学院院长吴咸中教授合作创建。该研究中心的建立，标志着中国临终关怀研究的正式开始。同年 10 月，该中心在上海成立了我国第一所机构型临终关怀医院——南汇护理院。而后在中国上海、北京、广州等一线城市也相继建立了临终关怀医院、病区或护理院。1992 年，北京成立松堂医院开展临终关怀服务。值得一提的是，从 2001 年开始，由李嘉诚基金会每年捐资 2000 万人民币的专门对晚期癌症患者施以“临终关怀”的全国 20 家宁养院相继成立，广州地区首家宁养院——暨南大学第一附属医院宁养院于 2001 年 4 月成立，这是全国目前唯一上门免费为贫困癌症患者提供镇痛治疗、心理辅导、生命伦理等方面照护的临终关怀机构。

1993 年 5 月，中国心理卫生协会临终关怀专业委员会成立。2006 年 4 月，中国生命关怀协会成立。据不完全统计，目前我国城市建立了不同类型的临终关怀机构约 200 余家，大约有数万名医务人员从事临终关怀工作。

第三节　国外临终关怀的特点

目前，西方主要发达国家通过几十年的探索与实践，已建立了较为完善的临终关怀服务体系。其临终关怀服务凸显出以下主要特点。

一、政府重视，民众参与程度高

这是西方主要发达国家临终关怀事业迅速发展的重要原因。西方主要国家政府大都从政策、资金等方面为临终关怀事业的发展提供支持。美国 1980 年就将临终关怀纳入国家医疗保险法案；1982 年，国会又颁布法令将临终关怀服务纳入医疗保险计划，该计划中的医疗保险照顾计划为有医疗保险的患者提供全程服务，并包括所有的药物和设备。这一规定从立法和政策上为临终关怀事业的发展奠定了基础。1993年开始实行专科护士资格认证项目，要求从事临终关怀和姑息护理服务的工作人员必须参加资格认证考试。在英国，临终关怀早就被作为公民基本医疗服务纳入国民医疗保险体系，使得临终患者就诊、住院等费用基本由政府承担。2008年英国国家审计署在对临终关怀机构的评估中把工作人员的培训作为评估的一个重要指标。在澳大利亚，形成了为老年人提供服务（包括临终关怀服务）的社会公共照料系统，经费主要依靠政府支持；在人才培养方面启动了国家姑息保健项目（national palliative care program）。在日本，2000年出台并实施了《长期护理服务保险法》，为需长期护理服务的人提供经济上的支持。德国2005年正式出台了第一部《临终关怀法》，主要规定了医生对临终患者的资质认定、临终患者在清醒时的最后决定权、临终患者的支配权、临终患者住院费用的支付等内容。法国于2009年通过了一项关于临终患者陪护补助金的议案，该法案规定，政府将向临终患者的一位家属提供总共不超过3周、每天49欧元的补助金，以便家人能留在家中陪护患者；法国还在医学教育法令附件中，要求必须向医学生开设"疼痛—姑息治疗—死亡"的教学讲座。

在政府重视临终关怀事业的同时，民众的支持和积极参与是西方主要国家临终关怀事业快速发展的又一重要原因。有资料显示，1996年美国因癌症死亡的患者中，接受临终关怀服务的比例已经达43.4%。2005年的资料显示，美国临终关怀机构已经为120万名患者提供服务，全国240万死亡人数中有1/3是在临终关怀项目中去世的。在英国，大约有20%的人是在临终关怀机构去世的，每年约有25万人以不同的方式接受临终关怀服务。这些数据充分说明了临终关怀在这些国家的认可和接受程度。此外，志愿者广泛参与到临终关怀的服务中，志愿者的广泛参与，既提升了为临终患者服务的质量，又使更多的人在参与活动中了解、支持临终关怀事业。据英国国家审计署等机构调查，2007年英国支持临终关怀事业的志愿者多达10万人，总工作时间达440万小时。

二、临终关怀服务机构规模大，服务模式多样化

西方国家政府对临终关怀事业的支持与重视，以及人口老龄化和死亡谱的变化，使得临终关怀服务需求不断增加。因此，西方国家临终关怀服务机构发展迅速，呈现上述提到的规模大、数量多、多样化的局面。

三、服务人性化，服务内容全面

为了实现临终关怀的服务宗旨，西方主要国家临终关怀服务机构为临终患者和家属提供全面的照护，以满足临终患者和家属的多方面需要，而且处处体现出人性化的特点。如英国的临终关怀机构，设施完善、布置温馨，患者享受到家庭般的温暖。德国的Essen教会医院病房环境布置家庭化，病房里有电视、电话、衣柜等，医院为满足患者的生理和亲情需要，允许患者回家与配偶团聚。此外，医院为满足患者的爱好，如有宗教信仰的患者，还允许患者到礼堂做礼拜或允许神父探望。这些人性化的服务，体现了对临终患者的关爱，有助于提升临终患者的生活质量。

四、从业人员素质高，服务专业化、规范化

临终关怀作为一种与普通医疗服务不同的服务项目，要实现其宗旨，高素质的医护团队是重要保障。西方主要国家的跨学科临终关怀服务团队成员均受过专业教育与训练。有资料表明，

英、美等发达国家几乎所有的医学专业都开展了与临终关怀有关的课程；在护理院校中，姑息护理和临终关怀更是被列为重要课程来开设。同时，也已经基本形成了针对临终关怀服务人员的专业培训体系，让他们定期接受严格的专业培训（如到姑息保健专科进修），以提高其姑息保健服务的知识和技能，更好地为临终患者及家属提供规范化的服务。这就为临终关怀服务的专业化、规范化奠定了坚实的基础。

第四节　我国临终关怀存在的问题、原因及对策

一、我国临终关怀存在的问题

我国临终关怀运动起步较晚，经过近 30 年的努力探索与实践，我国临终关怀事业逐步向正规化、专业化挺进。但与西方主要国家相比，明显存在很多不足和问题。

（一）临终关怀机构运转资金的匮乏

资金的短缺与匮乏是阻碍我国临终关怀事业发展的首要问题和核心问题。就资金来源而言，国外的临终关怀机构大多能获得慈善事业的支持和政府的拨款，而我国慈善事业支持方面极为匮乏，依靠政府的财政拨款拿出专项经费支持临终事业的发展相对困难。就患者家庭支付而言，由于我国仍处于发展中国家，人们还不算富裕，目前大部分临终患者又多为恶性肿瘤晚期患者，之前的治疗费用已让他们不堪重负，故对临终关怀的费用支出恐难承担。就临终关怀机构自身而言，它不可能靠提供临终关怀服务来赚取利润。因为，无论从患者的入住、检查还是治疗费用都远远比不上普通医院患者，还有员工的工资津贴和培训支出以及设备的购置与维护等费用，常使全天候为临终患者服务的机构出现入不敷出、捉襟见肘的情况，有的不得不面临停滞、歇业甚而关闭的局面。在一定程度上制约了我国临终关怀事业的发展。

（二）社会资源整合力度的欠缺

与西方发达国家相比，制约我国临终关怀事业发展的另一个重要因素还在于社会资源整合力度的欠缺。如上所述，国外的临终关怀机构多由政府拨款和慈善捐款支持，且患者的临终关怀费用都被纳入医疗保险中。据有关资料显示，我国除了李嘉诚先生出资兴建的 20 所宁养院外，其余的临终关怀机构几乎很少能够从政府或慈善机构筹得善款。现存的“PDS 模式”和“施氏模式”中也未曾涉及如何整合社会资源的相关理论，因而也没有对争取社会援助产生任何显著性效果。

同时，国外临终机构的护理工作和日常事务多由训练有素的社会工作者或志愿者来义务承担，他们的存在对于临终服务机构的正常运行起到了不可或缺的重要作用。我国社会工作面临起步晚、发展慢、人数少、专业化程度低等特点，很多社会工作者明显存在不安心工作的现象，而由在校大学生或临终患者家属组成的社会志愿者团队又缺乏长期性和稳定性。

（三）临终关怀教育理论与实践的脱节

仅就大陆地区临终关怀理论发展来看，很多研究只是停留在理论层面，而并未加以深入、系统和综合，其水平和规模还远不能达到要求。据相关调查显示，“医院大多数医护人员对临终关怀基础知识掌握不深，认知不够，护士能答对的内容仅占 30.4%，与患者或家属讨论过善终问题的不足 8%。”另外，国内临终关怀还不同程度地存在临床实践操作不规范、临床护理工作不标准等问题，理论与实践存有较大差距。

（四）临终关怀规范和制度的缺失

从法律角度而言，我国还并未正式出台专门针对临终关怀的配套性法规或政策，临终关怀医院也并没有受到不同于一般综合性医院的特殊重视，相关的行业标准和职业规范也只是停留在酝酿阶段，缺乏法律的支撑与界定，这使得我国临终关怀机构面临巨大的生存压力。

另外，依照我国新建立的城镇职工、城镇居民医疗保险制度和新型农村合作医疗制度规定，保障内容也仅限于看病就医，而临终关怀内容尚无涉及，这也导致了临终关怀的发展受到了一定程度的制约。

（五）适用人群及病情具有局限性

我国临终关怀的人群大多偏重于恶性肿瘤晚期、病情伴随剧烈疼痛的患者，且大部分是老年人。而在国际上，接受临终关怀服务的人群包括各类群体，不仅仅限于恶性肿瘤晚期的患者，还有心脏病、艾滋病、脑血管疾病、慢性呼吸系统疾病及先天性疾病等众多非肿瘤性疾病的患者。可见，我国临终关怀的对象过于单一，适用的病情也很有限，这也不利于临终关怀事业的探索与实践。

二、我国临终关怀存在问题的原因

（一）经济发展水平不高和失衡

经济发展水平是制约我国临终关怀事业稳定发展的最大因素。我国目前仍处于社会主义初级阶段，刚解决了温饱问题，在国家财力、人均 GDP 和人均收入等方面还远远落后于西方国家，加上人口众多、各地经济发展不均衡、未富先老等。所以，要国家拿出大量资金支持临终关怀事业实属困难。从目前我国临终关怀机构的发展态势来看，有关临终关怀的医疗机构、研究机构和优质资源多集中于北京、上海、广东以及沿海经济发达的城市，而青海、甘肃、西藏等中西部地区或偏远乡村的临终关怀基本处于起步或萌芽阶段。可见，我国临终关怀在东部和南部地区发展较快，北部次之，西部地区发展相对缓慢。当然，这其中不乏存在思想观念因素的问题，但这个问题在一定程度上也与当地经济发展水平有着非常直接的关系，因为思想的成熟与观念的开放也受到经济发展程度的影响。可以说，经济发展水平的不均衡是造成我国临终关怀发展良莠不齐的主要原因。

（二）传统文化背景的影响

与西方基督教文化背景相比，我国传统文化本身就富含着很多禁锢临终关怀发展的不利因素，这至少体现在以下三方面。

1. 传统生死观 在传统思想的长期熏陶与沉淀下，中国人普遍具有“重生忌死”“好生恶死”的陈腐观念，认为死是一种最大的恶，是个沉重且不吉利的话题，倾向于将死亡神秘化、宗教化。人们普遍对死亡缺乏客观、科学和理性的探讨和研究，面对死亡时常表现出震惊、恐惧、愤怒、抑郁和极度悲伤等消极情绪，更有甚者精神出现异常，伤人伤己。临终关怀是一种专门针对临终者最后生命阶段的特殊服务，其间必然涉及与患者和家属商讨如何直面、接受、安排死亡过程等问题，传统的生死观念会给临终关怀的开展造成极大的障碍。

2. 传统孝道观 我国传统伦理道德认为“百善孝为先”。人们普遍把父母临终时子女是否在床边照顾视为是否孝顺的评判标准之一，倘若子女不能做到，即被世人认作不肖子孙，遭人唾弃。这种根深蒂固的孝道观念很大程度上打消了子女将父母送到临终机构的决定。实际上，这种“孝”仅仅是流于形式，不仅忽视了临终者的自身需求或道德诉求，而且也扭曲了生者尽孝的初衷。真正理性的尽孝模式应该是从临终者出发，以提高临终者死亡质量为目的的一种护理方式，而这种更为科学的临终护理模式却往往被大众所忽视。

3. 传统医道观 受传统医德思想的影响，在医疗实践中，许多医护工作者不能根本摆脱传统“救死扶伤”观念的束缚，仅仅从“救命”的目的出发，未考虑患者的实际需求和感受，如进行气管切开会给临终者带来痛苦等。有时医生明知患者已濒临死亡，但因受社会大环境的影响，必须继续施救，认为唯此才符合医学道德，才能避免医疗纠纷。加之患者自身及家属的强烈要求，总是会无意识地对那些生命无法逆转者施以传统的药物或医学治疗来延长生命时间，更别说接受“关注护理而非治疗”的临终关怀理念。

（三）临终关怀教育滞后

从我国教育体制和内容上看，目前国家尚未将“临终关怀学”作为医学院校学生的必修课程，有些本科医学院校也仅将其作为选修课，在中高职医学（含护理）学校也仅在《护理学教程》一书中有简短的介绍。据调查资料显示，我国临终关怀机构的从业人员中，获得专业临终疗护资质的医护人员并不多，大部门从业人员都不具备系统而全面的临终关怀知识，没有受过专业的临终关怀理论教育和专业培训，更没有获得相关资格证书，护理人员参加过临终关怀知识的培训教育也不多（仅有 42.4%）。由于临终护理知识的欠缺，会直接关系到临终关怀机构整体服务质量的保持和提高，从而影响到我国临终关怀事业的发展。

1. 医疗体制的制约 临终关怀作为医疗卫生系统的重要组成部分，其运行发展的每一步都与国家医疗体制模式息息相关。就目前来看，我国医疗体制并不健全，不仅没有因为临终关怀的福利性和社会性特质而将其与一般综合性医院相区别对待，而且还将临终关怀排除在基本医疗保险之外，这就在一定程度上增加了临终关怀的医疗成本，使得更多经济收入较低的老百姓无力负担。这种经济水平上的不协调，使得本就步履维艰的临终关怀机构濒于更加被动的局面，使得“发展临终关怀”成为了一句只是停留在口头上、书面上、形式上的空话。

2. 宣传及普及力度不够 临终关怀作为一个新生事物，虽然有很大的实际需求并且正在逐渐走近人们的视野，但还没有引起各界的足够重视，发展还很不成熟，目前缺少针对临终关怀这一特殊服务的专门政策，行业标准也处于空白阶段，借助各种渠道对临终关怀理念的宣传、普及程度也远远不够，一些理念和服务方式被大众所接受还需要一个循序渐进的过程，这些都制约着临终关怀事业的进一步发展。

三、解决我国临终关怀存在问题的对策

（一）以立足国情，以点带面，稳步推进为原则

国际卫生组织认为，临终关怀是全世界范围的急迫需求，并建议各国政府把临终关怀作为国家健康政策的重要部分。联合国更是将临终关怀的意义提升到了“人权”的高度，将临终关怀权上升为普遍人权，要惠及所有自然人。同时，随着全球化和我国老龄化进程的推进以及人们需求的不断上升，推行临终关怀服务势在必行，应该得到我们的高度重视。

然而，任何事情不可能一蹴而就，不可能脱离国情。现阶段，面对我国临终关怀起步晚、经济发展不均衡、传统观念根深蒂固、人口众多等现实问题，通过一次到位的立法或措施来保障所有自然人实现临终关怀这种较高级的需求，似乎不太现实。笔者认为，我们应该立足于国情，坚持政府主导与市场机制相结合，切实落实政府在制度、规划、筹资、服务、监管等方面的责任。先从政策上引导、鼓励和支持民间资本进入临终关怀服务领域，完善临终关怀事业的顶层设计和准入、监管制度以及逐步尝试将临终关怀纳入医疗保险中去的方式，搞活、培育和规范市场并形成良好氛围。同时，可以暂时将临终关怀对象主要限定于有急迫需要的人群，如

晚期癌症等不可挽救且临终遭受较大痛苦的患者；或者是先富起来的少部分临终患者，通过以点带面来不断摸索，稳步推进。

（二）明确责任主体是破解存在问题的根本

从临终关怀服务的社会性、公益性和福利性来看，其发展应以国家和政府为责任主体。因此，政府应尽快成立专门的临终关怀管理机构，组织协调医疗、卫生、人事、财政等相关部门，研究制定临终关怀相关制度，并向国家立法机构提供建议，使临终关怀的服务标准、团队建设、资金来源等各方面都步入到法制化轨道，最终建成一个从资金来源、人员招收与培训到服务项目和标准一体化的临终关怀发展格局。同时，可先在经济比较发达或条件成熟的地区尝试建立护理保险制度，将老年照护（包括临终关怀）作为政府的一项制度安排，之后再将其逐步推广，最终保障每位临终者享有临终关怀的权利。

（三）资金来源保障是破解存在问题的关键

国家作为临终关怀事业的主体，其政府拨款应成为临终关怀经费的主要来源。但现实的情况是国家不可能全部承担临终关怀所需的大量资金。因此，应努力开发资金筹措渠道，鼓励合资、私营等多种形式的融资模式。就目前而言，可以考虑将城镇居民的临终关怀归入到医疗保险之中，农村居民的临终关怀归入到合作医疗之中。资金由个人缴纳一部分，单位或集体缴纳一部分，社会捐助（如红十字会、福利彩票收入等）承担一部分，不足部分由国家财政予以补贴。同时，出台政策鼓励临终关怀机构“以副辅主”，增加临终关怀机构的收入。积极鼓励临终关怀受益者给予临终关怀机构各种形式的回馈等。

（四）建立临终关怀教育宣传体系，积极推进临终关怀理念的形成

目前传统观念对推行临终关怀有着较大的影响，因此，发展我国的临终关怀事业，必须要进行大力宣传教育，来逐步改变人们的传统观念。一是开展死亡教育，树立正确的死亡观。通过各种途径，加大各个层面对死亡教育的宣传与教育，帮助人们树立科学、合理、健康的死亡观。二是对传统观念的重新理解和认识，重塑“孝道”观。我国有着悠久的文化传统，其中“孝”在人们心中占据着重要的地位，这种观念要求“善始善终”。我们要营造正确的舆论导向，让民众明白，传统道德具有浓厚的历史性和传承性，但也具有鲜明的时代性与变迁性。对临终父母或家人的过度治疗及隆重对待丧葬等，而不关心他们的临终感受，都不是孝的真正表现。真正的孝道是要全面考虑父母生理和心理上的感受，使他们得到关心和尊重。只有运用科学专业的方式方法，减轻临终者生理、心理的痛苦，在充满人性的温暖氛围中平静、有尊严地逝去才是最好的“善终”。

（五）建立临终关怀各类人才培养、培训、监督体系，打造专业队伍

1. 加强临终关怀学科建设与人才培养 首先，高等院校应紧跟社会发展步伐，加强临终关怀学科建设与理论研究。其次，在现有条件下，医学院校增设死亡学、临终关怀学等课程，加强医护人员临终关怀基础知识教育与培训。最后，根据2006年卫生部关于“有条件的医疗机构建立临终关怀科”的明确指出，医疗卫生系统也应尽快开展这项工作。实现把临终关怀学科建设和人才的教育、培养与临终关怀项目的开展和人才培养同步进行。

2. 加强在职人员的培训建立 一是起区域性的在职人员培训组织及信息交流中心，根据市场需求及时调整知识结构，定期举办讲座讲授临终关怀、止痛教育课程，举办专题学术报告会，有计划、系统地教育和培养在职人员，提升他们的专业技能。二是，严把在职人员的资质审核认定制度。三是加强对临终关怀团队人员的评估、督导和监管机制，以保证其服务质量和效果。

四是完善志愿者制度。社会志愿者是临终关怀中的一支重要的社会力量，应鼓励在校大学生、社区低龄老人和其他人群参与临终关怀护理工作，加强组织、培训和管理，并在政策方面予以支持，使志愿者服务层次分明、责任明确、工作到位。

（六）建立临终关怀服务管理监督体系

依据国家相关的法律法规，以现行我国卫生机构和（或）服务机构的管理体制和工作机制为基础，参照国际相关机构成熟的经验，明确各级管理部门的管理、监督责任，临终关怀机构的责任；制定我国临终关怀机构的准入、评估标准以及实施细则；建立临终关怀人员职业道德规范体系，使执法和监督有法有据可依。

（七）创新服务方式方法

随着我国中医中药的研究不断深入和科学技术的不断进步，许多新技术、新方法可以运用到临终关怀服务中，既可实现临终关怀“最大限度减轻临终患者痛苦”的服务宗旨，又可弥补现代治疗技术的不足。如临终患者的止痛，可以在使用止痛药的同时或止痛药效果不太理想时，采用中医中药技术（如针灸、导引等）和精神疗法（如音乐疗法、鲜花疗法等）；又如，在缓解临终患者心理、生理不适方面，可以采用自然疗法（如瑜伽、按摩、熏洗等）、饮食疗法和精神疗法等。

第五节　我国临终关怀事业任重道远

按联合国的标准，60 岁及以上的人口超过 10%就进入了老龄化社会。我国在 2000 年就进入了老龄化国家。据相关报告，截至 2014 年，我国 60 岁及以上的人口为 2.02 亿人，占人口总数的 13.26%；65 岁及以上的人口 1.18 亿人，占人口总数的 0.87%；我国已成为全世界唯一老年人口逾亿的国家。同时，我国老年人群高龄化和失能发生现象严重，80 岁以上的老年人以每年 100 万的速度递增，失能老人有近 4000 万，占老年人口总数的 18.56%。到 2020 年，我国老年人口将达到 2.48 亿人；到 2050 年我国老年人口数量将为 4.37 亿人，老年人口数将达到总人口数的 30.2%，中国将进入一个“三人行，必有一老”的超级老年型社会，并且这种态势将保持到 21 世纪末。

据有关数据显示：目前，60 岁及以上老年人约有 20%需要临终关怀，而各界能提供的服务仅能满足 15%左右的需求，无法得到临终关怀的老人达 3300 万人。随着人口的老龄化，期望寿命的增高及老年终末期疾病发病率的增加，老年人口对临终关怀服务的需要迫在眉睫。

中国社会科学院劳动所所长蔡窻说，未来中国的老年人口总量会是世界第一，老年人口的比重也会是世界第一。养老无疑将是中国即将承受之重。其中，高龄重病老人的生活照料和医疗护理更是未来养老问题中的难点。不久前，民政部社会福利和慈善事业促进司司长王振耀表示，由于缺乏社会护理，一个失能老人最少影响两个家庭，所以中国现在至少有几千万家庭被失能老人的护理问题所困扰。有生必有死，我们来到世间，都是向死而生。在生命的最后一站，如何有尊严地离开？随着老龄化的加速，临终关怀必须逐渐引发关注。

临终关怀连着千家万户，也是世界各国普遍关注的事情，中国有自己的传统文化，临终关怀必然带着中国自己的特色。要使群众从感情上能接受、事实上能通过，需要一个艰苦的探索过程，逐渐走出一条适合中国特色的路来。生如春花之绚烂，死如秋叶之静美。这如诗如画、至善至美的人生境界，吸引着许多人的追求和向往。人生的旅途有起点，也必有终点。当我们都将无一幸免地告别令人留恋的人间时，临终关怀走进了每一个家庭，也将使每一位临终者平静安详地离开人间，走上安详安息回归大自然的大道。

（谢培豪　王丽萍）

第十章　老年权益保障制度

第一节　老年权益保障概述

人进入老年，无论在年龄、体能还是精力甚至是继续社会化的能力方面，与年轻人相比，都处于劣势。而他们作为曾经的社会劳动者，在年轻时曾经为社会做过贡献，从某种意义上说，当前社会发展所获得的成就离不开老年人年轻时的努力。而生老病死是人类的自然现象，每一个都会经历这样的一个过程，因此，保障老年人的权益是全社会的共同责任，也是社会公平正义的体现。

一、老年人权益的概念与内容

我们探讨老年人权益的保障，首先应当较为全面地理解老年人的合法权益主要体现在哪些方面。老年人权益是指老年人所应享有的各种合法的权利。在2002年世界卫生组织发布的《积极老龄化》中，将“健康、参与和保障”界定为积极老龄化战略的三大支柱。从这个文件可以总结老年人的权益包括以下内容：

一是老年人的健康权，国家和社会要保持老年人在生理、心理和社会生活的良好状态，延长其生理期和健康期，使其有尊严有活力地健康生活。

二是老年人的参与社会和继续发展权，也就是国家和社会支持老年人根据自身需要和偏好自主参与经济社会活动，并创造再就业和教育培训条件。

三是获得基本生活保障的权利。即国家和社会要建立老年人生活的支助性环境，对退休、无劳动能力以及无收入来源的老年人，要有完善的养老保障制度、社会救助制度；对失去生活自理能力和鳏寡孤独需要照护的老年人，要提供长期照护和日常照料的养老服务，给予他们相应的物质赡养、精神慰藉和社会支持；对因社会角色转换而处于相对弱势地位的老年群体，要提供完备的法律保障和权利维护。

根据我国的《宪法》《老年人权益保障法》和学术界的研究，以及我国老年人目前的一些困境，我国老年人有如下特有的基本权利。

（一）获得国家和社会的物质帮助权

随着年龄的增长，老年人的劳动能力减弱或者丧失，获得物质帮助成为必需。《宪法》第四十五条规定：“中华人民共和国公民在年老、疾病或者丧失劳动能力的情况下，有从国家和社会获得物质帮助的权利。”《老年人权益保障法》第三条明确规定：“老年人有从国家和社会获得物质帮助的权利，有享受社会服务和社会优待的权利，有参与社会发展和共享发展成果的权利。”

（二）获得赡养权

获得赡养权是老年人最基本的权利。老年人的赡养包括物质和精神两方面。《老年人权益保障法》第十四条也明确规定：“赡养人应当履行对老年人经济上供养、生活上照料和精神上慰藉的义务，照顾老年人的特殊需要。”从赡养的义务主体来看，《婚姻法》第二十一条规定：“子女对父母有赡养扶助的义务”。赡养义务的主要承担者是成年（具有完全民事行为能力）的子女，该义务不仅是子女在道德上的当然义务，同时也是不可推卸的法定义务，法律不允许任何附条件的家庭赡养。从赡养的方式来看，包括经济供养（维持老年人基本生活的经济保障）、生活照料（有效照料老年人的人身、财产）、精神慰藉（关心老年人精神需求），缺一不可。

（三）婚姻自由权

老年人的婚姻自由权是指老年人在法律规定的范围内有自由决定自己婚姻的权利。婚姻自由的内容包括结婚自由、离婚自由和再婚自由。婚姻自由本为一切自然人的基本人身权利，对老年人的法律保障具有同一性。但在实践中，老年人的婚姻状态具有一定特殊性。随着老年人婚姻观的改变，老年人对婚姻的需求开始与年轻人趋同，老年离婚、再婚数量大大增多，但家庭成员、社会各界对此的认可与理解仍然不足，甚至设置各种阻力和障碍。老年人的婚姻关乎老年人的晚年生活是否幸福。对于老年人的婚姻自由权，任何人不得加以干涉。《老年人权益保障法》明文规定："老年人的婚姻自由受法律保障。子女或者其他亲属不得干涉老年人离婚、再婚及婚后的生活。"

（四）自由处分财产权

老年人财产的来源大多为老龄前的积累、老龄后的劳动和交易、社会保障体系支持和国家提供的物质帮助以及子女的赡养。但由于国家社会福利体系尚未完善，社会保险与物质帮助有限，老年人劳动能力逐年下降甚至有丧失劳动能力的风险，医疗支出大幅增加，子女赡养意识和能力存在较大差异，种种原因导致较多老年人在步入老龄阶段后通过各种途径所获得的财产不足以支持或仅能支持其基本生活。我国当前已出现大规模"未富先老"的老龄化形态。老年人财产来源的有限性使财产权与生存权、健康权等基本人权的关系更加息息相关，应当受到法律更严密的保障。对于来自家庭外部的针对老年人财产权的侵害可以按照一般民事、刑事、行政法律规范救济，但对于来自家庭成员尤其是子女对财产处分的干预，传统的外部介入救济（如诉讼）十分困难。老年人处分财产行为的主要方式为日常消费、社会交往和继承、订立遗嘱、遗赠扶养协议、进行赠予等。现实中由于亲情伦理和保障可预期的遗产收益的需要，近亲属干预老年人财产处分的情况大量存在，一部分干预是正当的，基于保障限制民事行为能力和无民事行为能力的老年人的目的，但对于具有完全民事行为能力的老年人，任何上升为"干预"的影响手段皆为非法。对此，《老年人权益保障法》第二十二条第一款强调了老年人对财产的自由处分权："老年人对个人的财产，依法享有占有、使用、收益和处分的权利，子女或者其他亲属不得干涉，不得以窃取、骗取、强行索取等方式侵犯老年人的财产权益。"

（五）继续受教育权

现代社会知识需要持续更新，老年人要跟上时代的发展也需要不断学习。《老年人权益保障法》第七十条规定："老年人有继续受教育的权利。国家发展老年教育，把老年教育纳入终身教育体系，鼓励社会办好各类老年学校。"老年教育既是老年人自身发展的需求，也是宏观上构建和完善终身教育体系、建设学习型社会的重要内容。

（六）参与社会发展权

《老年人权益保障法》第六十五条规定："国家和社会应当重视、珍惜老年人的知识、技能、经验和优良品德，发挥老年人的专长和作用，保障老年人参与经济、政治、文化和社会生活。"老年人参与社会发展，既是老年人充分发挥人生价值、获取精神慰藉的重要途径，又是促进文化传承和社会和谐、解决人口老龄化问题的客观需要。国家应积极创造条件，鼓励和支持老年人融入社会，继续参与社会发展。

在老年人以上权益中，最重要和最核心的是获得物质帮助权，这要求政府要承担相应的责任，如为老年人提供养老保障和医疗保障、大力发展老年人福利服务，让老年人获得社会优抚等。

二、老年人权益保障的影响因素分析

老年人的权益得到国家和社会的重视程度与经济社会发展水平有密切关系，具体地说，老年人权益保障受以下因素的影响。

（一）国家经济发展水平

老年人权益中最为核心的权力是因年老体弱需要获得国家和社会物质帮助权，而这项权力的实现取决于国家的经济实力，国家经济发展水平越高，国家和社会的财力越丰富，能够提供给老年人的物质帮助能力也就越强。

（二）法制完善程度

老年人权益的保障高度依赖于法制的建设，只有有法可依、执法必严、违法必究才能充分保障老年人的权益。随着社会的发展，老年人的权益为社会所关注和重视，《老年人权益保障法》从立法到修改内容逐步完善，执法也逐步得到加强。

（三）老龄化程度

随着我国进入老龄化社会和老龄化程度的加深，老年人占总人口的比重逐步上升，他们的养老、医疗、照护等成为国民经济发展和社会生活中需要面对和解决的事情。同时，他们的消费也为经济发展带来新的机会。

（四）养老模式的变化

随着社会的发展和时代的变迁，整个社会大环境发生大的变化，养老模式也随之变得多样化。中国传统的家庭养老模式因独生子女政策以及人口的流动性等原因难以占据主导地位，机构养老比重日增，而居家式社区养老日益引起人们的广泛关注。养老模式的变化使老年人权益保障的内容和形式都多样化，国家的政策和法规能否同步发展关系着老年人的权益保障水平。

此外，还有全民道德水平的提高以及传统文化会影响老年人权益的保障。

第二节 老年人福利制度

一、社会福利的界定

对于“社会福利”定义，学者们意见不一，一般认为社会福利有狭义和广义之分。狭义的含义将社会福利视为疗救社会病态、预防或矫正社会问题的一种制度或手段；也有学者将社会福利定义为仅限于保障社会成员的基本生活。广义的社会福利泛指一切为了满足人们日益增长的物质生活与精神生活需要而提供的社会服务与社会措施。随着经济社会的发展，现代人越来越倾向于社会福利的广义含义。

二、老年社会福利的界定

老年社会福利是以社会福利对象为依据进行划分而形成的福利子系统，它是与妇女社会福利、残障社会福利、儿童社会福利等相对应的。其中，老年社会福利和儿童社会福利是以对象的年龄特征而划分出来的福利子系统。老年社会福利是指社会为满足老年物质或精神生活需要而提供的一切资源保障与服务支持。

三、老年社会福利体系

老年社会福利体系是指为实现老年社会福利而形成的政策体系。我国的老年人社会福利具体包括老年社会保险、老年社会救助和老年社会福利服务。

（一）老年社会保险

老年社会保险主要包括养老保险和医疗保险。养老保险，全称社会基本养老保险，是国家和社会根据一定的法律和法规，为保障劳动者在达到国家规定的解除劳动义务的劳动年龄界限，或因年老丧失劳动能力退出劳动岗位后的基本生活而建立的一种社会保险制度。是社会保障制度的重要组成部分，是社会保险五大险种中最重要的险种之一。养老保险的目的是为保障老年人的基本生活需求，为其提供稳定可靠的生活来源。医疗保险指通过国家立法，按照强制性社会保险原则和方法筹集医疗资金，保证人们公平地获得医疗服务的一种保险制度。

（二）老年社会救助

老年社会救助是对不具备相关资格而无法享受养老保险，因而无法维持其基本生活的老年人进行救助。与养老保险一样，享受社会救助的老年人也必须符合相关的条件，其中主要是收入条件，即社会救助对象的收入水平必须低于一定的法定标准。社会救助主要体现人道主义的原则，即以“社会力量救助需要之救助者”。以救助项目为依据，学术界通常将社会救助体系分为基本生活救助、医疗救助、住房救助、法律援助和心理救助等。

1. 老年人基本生活救助 指对那些家庭人均收入低于政府保障标准的老人提供差额补助或实物补助，以满足其最基本的衣、食、住等方面的生活需要的一种救助形式。

2. 医疗救助 指针对无力支付医疗费用的老年人进行的支持性补助或援助。

3. 住房救助 指对那些无力通过市场交易获得必需的住房的老人提供房租补贴，或以低廉租金配租住房，或免费提供住所的一种救助形式。

4. 法律援助 指为经济困难的老年人提供无偿或低偿法律帮助的一种救助形式。

5. 心理救助 指为有精神障碍、心理障碍的老年人提供无偿或低偿的帮助，以缓解其心理压力，促进其心理、精神健康的一种救助形式。

（三）老年社会福利服务

老年社会保险和老年社会救助主要是为老年群体提供社会性保障，以满足其基本生活需要。老年福利服务不仅是为了满足老年人的基本生活需要，还考虑满足老年人更高层次的需要，如发展需要、休闲娱乐需要等。老年福利服务一般包括以下几个方面：

1. 老年生活照顾服务 指为满足老年人日常居家需要而提供的一系列服务，主要包括居家照顾服务、老年人家务助理服务等。

2. 老年健康照顾服务 指为满足老年健康需要而提供的一系列服务，如老年护理服务、老年康复服务、老年疗养服务等。

3. 老年发展服务老年　指为满足老年发展需要而提供的一系列服务，主要包括老年大学、老年活动中心、老年参与服务等。

4. 老年休闲服务　指为满足老年人休闲娱乐而提供的一系列服务，包括老年人度假中心、老年人康乐场所等。

四、中国老年社会福利制度发展阶段

在中华人民共和国成立后的 60 多年的发展历程中，老年社会福利制度主要经历了三个阶段，三个阶段都有其特色。

（一）第一阶段：20 世纪 50～70 年代

在这一阶段，建立了以生产资料公有制为基础的经济制度，但物资匮乏，所以老年人的社会福利政策主要针对"三无"（城镇居民中无劳动能力、无生活来源、无赡养人和获养人）老人和"五保户"（保吃、保穿、保医、保住、保葬），主要采取低水平的救助和粗放式的机构养老。

在社会保险方面，1951 年颁布实施了《中华人民共和国劳动保险暂行条例》，对劳动保险的实施范围、基金的征集与保管、待遇水平都做了详细规定。1953 年政务院颁布《关于中华人民共和国劳动保险条例若干修改意见的决定》统一了劳动保险待遇的开支渠道，规定企业按工资总额的 3.0%提留劳动保险基金。1955 年 12 月国务院颁布《国家机关工作人员退休处理暂行办法》《国家机关工作人员退职处理暂行办法》，建立了针对国家机关事业单位工作人员的养老保险制度，机关事业单位工作人员的退休金由国家财政负担。1958 年国务院颁布《关于工人、职员退休处理的暂行规定》，统一了企业职工和国家机关事业单位工作人员的退休制度，将集体所有制工业企业纳入养老保险制度的实施范围，使企业和国家机关事业单位工作人员的养老金替代率由原来的 35%～60%提高到工资的 50%～70%。在 1966～1977 年间，工会组织被撤销，社会保险工作陷入一片混乱无序之中，养老保险制度建设处于停滞、倒退的状态。为了应对这种局面，财政部于 1969 年 2 月下发了《关于国营企业财务工作中几项制度的改革意见》，规定国营企业一律停止提取劳动保险金，企业的退休职工、长期病号的工资和其他劳保开支改在营业外列支，每个企业按照各自的养老金负担筹集费用。于是养老保险制度丧失了其应有的在不同地区和企业之间再分配的功能。

在社会救济方面，对"三无"老人和"五保户"进行救济性安置。20 世纪 50 年代初期，在城市，民政部对无劳动能力、无收入来源、无法定赡养人的"三无"老人给予救济性安置，通过养老机构收养这些老人，相应费用由政府承担。单位体制下无助的老年人由单位安排人照顾。在农村，为独居的老年人实行了"五保"供养制度，规定对无劳动能力、生活没有依靠的老弱孤寡，保证吃、穿和烧柴的供应，保证老年人的保住、保医、死后安葬等，形式有在敬老院中的集体供养和农户支持的分散供养，经费来源由社队集体提供，主要由社队的公益金提留。据统计，到 1958 年，农村敬老院发展到 15 万所，收养老人三百多万人。另外逐渐建立的农村合作医疗制度，也把老年人的疾病风险纳入了普遍保障之中。

在社会福利服务方面，对于城镇国营和集体企事业单位的老年人，《关于工人、职员退休处理的暂行规定》规定由企业承担老年人退休后的生活、医疗保健、娱乐和服务等，这些单位的工会组织定期慰问退休职工、发放救济金等。

在这一阶段，虽然中国的老年社会福利政策还处于初级阶段，但公费医疗和劳保医疗支出的不断增加给国家财政支出带来了沉重的压力，国营和集体企事业单位的"单位福利"也制约了企事业单位的发展。

（二）第二阶段：20 世纪 80～90 年代

这一时期是我国从计划经济向市场经济的转轨阶段，与此相对应，这一阶段的中国老年福利政策逐渐强调市场化和突出家庭责任。社会保险方面，企业包办离退休人员企业在面向市场后，为减轻负担尝试从“单位福利”的困境中解决出来，政府也希望从“包办福利”中解决出来，于是福利领域开始了市场化进程，“社会福利社会办”的口号应运而生。

社会保险方面，自 1978 年我国开始实行对外开放和经济体制改革以来，原有的由企业发放养老金的做法弊端逐步显现，这主要体现在不同企业之间养老保险负担不均所引发的矛盾上。在这段时期，改革养老保险制度正是从解决这一矛盾开始的。为了均衡不同企业之间的养老保险负担，我国改变了由企业提供养老保险的局面，推进了退休费用的社会统筹；同时，拓宽了养老保险制度的实施范围，除了私营企业、乡镇企业职工外，几乎所有类型企业的职工的社会保险都有法可依。1991 年 6 月国务院颁布《关于企业职工养老保险制度改革的决定》，开始对养老保险的筹资模式进行改革。该决定明确提出要改变养老保险完全由国家、企业包下来的办法，实行国家、企业、个人三方共同负担。1993 年党的十四届三中全会通过的《中共中央关于建立社会主义市场经济体制若干问题的决定》提出了我国社会保障制度改革的三个原则：建立多层次的社会保障体系；按照社会保障的不同类型确定其资金来源和保障方式；建立统一的社会保障管理机构。

由于我国养老保险的统筹层次本来就是以县、市为主，允许地方选择具体实施方案的做法造成了全国各地养老保险缴费和待遇水平相差很大，进一步导致职工跨地区、跨部门流动异常困难，国家难以调控和规范。为了扭转这种混乱的局面，国务院于 1997 年 7 月颁布《关于建立统一的企业职工基本养老保险制度的决定》（国发〔1997〕26 号文），明确要在全国范围内建立统一的社会统筹与个人账户相结合的养老保险制度，其中社会统筹采用现收现付制，个人账户采用基金积累制。

农村也进行了老年养老保障的改革，养老保险从 20 世纪 80 年代时由生产大队和生产队集体支付转变为以个人缴纳为主、集体补助为辅、国家予以政策扶持的支付形式，逐渐建立新型农村社会养老保险制度。

社会救济方面，由于集体经济的逐步解体，农村老年人的救济陷入困境，许多农村敬老院被取消，而城市养老院中，“三无”人员比例大幅下降，自费人员比例大幅增加。1979 年之前国内各养老机构收养的对象基本是“三无”老人，费用由政府负担，而从 1979 年之后开始试行自费收养业务，“三无”老人人数逐渐下降，自费人数逐渐上升。这与市场化方向相一致。

在社会福利服务方面，由于老年福利服务业本身是一个微利或无利行业，加上政府的优惠政策一时难以落实，民间资本参与的积极性并不是很高，因此社区在社会福利社会化中被推向前台。由于政府并没有为社区老年福利服务安排专项财政经费予以保障，而社区的资金、人力又极其有限，这使得社区最终采取了“以服务养服务”的运作模式。这一模式一方面推动了城市家政服务和便民利民服务市场的发展，满足了少数老年人部分养老服务需求，另一方面也推动了邻里互助和社区福利服务的发展。如当时的社区组织曾动员社区内的单位、志愿人员为老年人服务，如“包户服务”。相关研究表明，在这一体系下，1988 年全国一共有 54 000 名包户组成员照顾着 88 000 位老年人。当然，此项服务主要面向城市中的部分孤寡老人，一般老年人所能享受的社区福利服务仍极其有限。而国家投资兴建的社会福利院，也开始由福利型向福利经营型转变。被誉为“老年人宪章”的《中华人民共和国老年人权益保障法》虽然将老年人福利事业定性为“社会性”和“公益性”事业，但并没有对各级政府的财政职责做出明确的规定。

这使得老年事业的“公益性”和“社会性”难以落实，最后，只能停留于建议或鼓励各级政府增加对养老机构或老年人文化活动场所等的资金投入的层面，这也是老年福利服务业发展缓慢的重要原因。

（三）第三阶段：2000 年至今

这一时期我国经济社会快速发展，人口老龄化加速，老龄化问题引起全社会的关注和重视，这一阶段的中国老年福利服务得到了政府和社会的高度重视，福利政策突出强调了政府的责任和社会责任。

在社会保险方面，国务院 2005 年颁布《关于完善企业职工基本养老保险制度的决定》，2006 年出台《关于加快型农村合作医疗试点工作的通知》，2009 年颁布《关于开展新型农村社会养老保险试点的指导意见》，明确了享受城镇职工养老保险待遇的老人，领取的养老金为个人账户的一定比例加上基本养老金；未享受城镇职工养老保险待遇的 60 岁及以上的老年人每月免费领取基础养老金，中央定的标准是 55 元/（人·月），地方可以根据当地的情况适当上调。在医疗保险方面，老年人自己需要承担一定费用，政府给予补贴，报销比例逐步上调。

在社会救济方面，1999 年实施的《城市居民最低生活保障条例》规定，城市“三无”老人均可按当地城市居民最低生活保障标准，全额享受低保救助。目前，全国所有城市贫困老人均已纳入低保救助范围，实现了“应保尽保”，一些地方还对鳏寡老人、贫困老人给予重点救助，将其享受的低保金在当地规定标准的基础上上浮 20%左右，到 2007 年底全国 2272.1 万城市低保对象中有 60 岁及以上老年人口 298.4 万人，占 13.13%多。2003 年民政部门将农村贫困老年人口列为农村特困户救济的重点，各地在制定特殊困难群体救助政策和办法时，普遍对其给予了照顾；2007 年底农村低保制度在全国普遍建立，全国 3566.3 万农村低保对象中有 60 岁及以上老年人口 1017.8 万，约占 28.54%。城乡贫困老年人口的基本生活得到有效保障。2013 年颁布的《关于加强老年人优待工作的意见》要求，贫困老年人要按规定纳入城乡社会救助体系。新的《中华人民共和国老年人权益保障法》从法律上明确规定老年人享有：①低收入或无收入的“三无”老人和“五保”老人可以按月领取救助金的基本生活救助；②政府为困难老人提供医疗援助；③生活长期不能自理且经济困难的老年人享有护理补贴；④地方各级政府优先考虑为老年人进行危房改造等住房救助；⑤自身合法权益受损且无能力缴纳诉讼费的老年人，可以免交、少交或者缓交。

在社会福利服务方面，老龄化问题使老年福利服务的需求不断增长，其中孤寡、残疾、失能、高龄、困难、独居老年人的福利服务需求大幅增加。而与此同时，中国传统的家庭养老照顾功能却在城市化、工业化进程中逐步弱化。这使得老年福利服务的需求与供给之间的矛盾日益突出，如何增加老年福利服务的供给成为各级政府急需解决的问题。为此，政府出台一系列的政策着力解决这一问题。在 2000 年，中共中央、国务院颁发了《关于加强老龄工作的决定》，明确提出“建立以家庭养老为基础、社区养老服务为依托、社会养老为补充的养老机制”。在这一战略规划中，社区养老服务或居家养老服务被列为我国老年服务业发展的重点。十部委和国家税务总局于 2000 年 3 月联合发布了《关于加快实现社会福利社会化的意见》，2000 年 11 月中共中央办公厅、国务院办公厅转发了《民政部关于在全国推进城市社区建设的意见》。2001 年 7 月，国务院制定了《中国老龄事业发展“十五”计划纲要（2001～2005 年）》，提出了加强照料服务的任务与措施。 2003 年 6 月，《中办、国办关于转发劳动和社会保障部等部门〈关于积极推进企业退休人员社会化管理服务工作的意见〉的通知》使得社区成为发展老年服务业的前沿阵地，如何调动更多的社会力量参与社区老年服务成为相关职能部门的工作重点。为进一步推进养老服务业的发展，十部委又于 2006 年颁发了《关于加快发展养老服务业意见的通知》。

该文件为中国养老服务业运作机制的调整提出了指导性意见，即“政策引导、政府扶持、社会兴办、市场运作”。2008 年，在民政部门的倡导下，十部委又出台了《关于全面推进居家养老服务工作的意见》。该文件从政府投入、优惠政策、服务队伍建设、养老服务组织、管理体制等八个方面提出了推进居家养老服务发展的具体要求。这些政策都试图采取公建民营、民办公助、政府补贴、政府购买等多种形式，以调动社会力量参与养老服务业发展。在机构养老方面，政府为了进一步推动与规范我国养老机构的发展，通过了《国家级福利院评定标准》《社会福利机构管理暂行办法》《老年人社会福利机构基本规范》《“社区老年福利服务星光计划”实施方案》等规范性文件，以加强养老服务机构的规范化管理，提高养老机构的服务质量和服务水平；还发布养老护理员职业目录，颁布实施国家职业标准，以加强养老服务队伍的专业化和规范化建设。与此同时，《社会工作者职业水平评价制度暂行规定》和《社会工作者职业水平考试实施办法》等政策文件也加强了对专业社会工作者的规范与管理。

此外，在老年保健与护理方面，中央政府为推动老年护理事业的发展，通过了《老年医疗保健“八五”规划（1991～1995 年）》《中国护理事业发展规划纲要（2005～2010 年）》等政策文件，这些文件为各地老年护理事业的发展提供了政策指导。2006 年，《国民经济和社会发展“十一五”规划纲要》把实施爱心护理工程，加快发展面向高龄病残老年人的护理服务设施纳入规划重点。在《工伤保险条例》《军人抚恤优待条例》中，护理费成为一项新的资金支出项目。在地方，城市社区卫生站也为一些老年人提供低收费性质的出诊与护理服务。

第三节　老年人权益保障相关新制度

随着我国老龄化形势的日益严峻，国家对养老事业的关注提高到国家战略的高度，从多个方面保障老年人的权益，让老年人安度晚年既是社会的责任，也是促进经济社会发展的需要。2013 年以来，我国出台了一些十分重要的老年人权益保障法律规范和政策，对我国养老事业的发展产生了深远的影响。

一、2013 年修订的《中华人民共和国老年人权益保障法》

《中华人民共和国老年人权益保障法》于 2012 年 12 月 28 日由中华人民共和国第十一届全国人民代表大会常务委员会第三十次会议修订通过，自 2013 年 7 月 1 日起施行。该法在依法保障老年人合法权益、发展老年事业、弘扬中华民族敬老爱老的传统美德方面起到积极的促进作用。

新法认真总结实践经验，把成熟的具有普遍意义的好经验、好做法上升为法律，以增强法律的适用性。同时，着力解决现实中存在的突出问题，如老龄事业发展的经费保障问题，“空巢”老人的精神慰藉问题，养老服务设施建设用地问题等，增强法律的针对性。另外，新法还科学把握我国人口老龄化的发展趋势，对一些影响长远的问题做出适度超前的规定，增强法律的时代性和前瞻性。如新法总则主要增加了以下内容：一是集中规定了老年人享有的基本权利，主要是从国家和社会获得物质帮助，享受社会服务和社会优待，参与社会发展和共享发展成果等权利。二是规定积极应对人口老龄化是国家的一项长期战略任务。这一规定明确了应对人口老龄化的战略定位，对于我国在“未富先老”的特殊国情条件下实现经济社会可持续发展具有重要意义。三是从经费保障、规划制定和老龄工作机构职责三个层面进一步明确政府发展老龄事业，做好老年人权益保障工作的职责。四是强化了老龄宣传教育，以进一步增强全社会老龄意识，营造敬老、养老、助老的良好氛围。五是增加了有关老龄科研和老龄调查统计制度的规定。六是增加了对参与社会发展做出突出贡献的老年人给予表彰奖励的规定，以鼓励老年人继续为国家建设做贡献。七是规定每年农历九月初九（重阳节）为老年节。目前全国有 25 个省、自治区、直辖市在相关地方法规中规定了老年节或敬老日。

在具体的家庭养老支持、老年监护、长期护理保障、老年宜居环境等方面的规定中，新法都有新的特色。

1. 将积极应对人口老龄化作为国家的一项长期战略　任务明确了积极应对老龄化的战略定位，规定国家要进行人口老龄化国情教育，增强全社会积极应对人口老龄化的意识。这些规定对于国家从战略层面谋划和推进老龄工作具有重要意义。

2. 首次创设规定老年监护制度　新法为保障失能失智老年人的人身财产权益，在深入研究我国民法通则有关监护的规定基础上，借鉴国外经验，创设了老年监护制度。

3. 强化赡养责任　在家庭赡养与扶养方面，一是对家庭养老作了重新定位。将现行法“老年人养老主要依靠家庭”修改为“老年人养老以居家为基础”。二是进一步明确了赡养人对患病和失能老年人给予医疗和照料的义务。三是针对现实中老年人住房等财产权益易受侵害以及老年再婚配偶法定继承权难以保障等问题，进一步加强了对老年人财产权益的保障。四是充实了精神慰藉的规定。五是增加了有关组织应当对不履行义务的赡养人和扶养人予以督促的规定。六是原则规定了国家建立健全家庭养老支持政策。此外，草案还完善了赡养协议的相关规定，增加了禁止对老年人实施家庭暴力的内容。

4. 社会基本保障更全面　在养老和医疗保险方面，新法在社会保险法关于基本养老和基本医疗保险规定的基础上，进一步规定要建立多层次的养老和医疗保险体系，逐步提高保障水平。在社会救助方面，新法规定对经济困难的老年人，应当给予生活、医疗、居住等多方面的救助和照顾，还对流浪乞讨、遭受遗弃等生活无着的老年人的救助作了专门规定。在社会福利方面，规定国家建立和完善老年人福利制度，并吸收地方的实际做法，规定了高龄津贴制度。

5. 逐步开展长期护理保障工作　新法在护理保障方面规定国家逐步开展长期护理保障工作，鼓励、引导商业保险公司开展长期护理保险业务，对生活长期不能自理、经济困难的老年人，地方政府应视情况给予护理补贴。

6. 明确规范养老服务收费项目和标准　新法增加规定：“各级人民政府应当规范养老服务收费项目和标准，加强监督和管理”；养老机构变更或者终止的，“有关部门应当为养老机构妥善安置老年人提供帮助”。

7. 明确了政府支持养老服务事业发展的责任　新法确立了社会养老服务体系的框架，即“以居家为基础、社区为依托、机构为支撑”，这是我国多年实践经验的总结，并在国民经济和社会发展“十二五”规划纲要、社会养老服务体系建设规划等国家重要文件中确认下来；总结实践经验，对居家养老服务、社区养老服务作了原则规定；明确了政府支持养老服务事业发展的责任；加强对养老机构的管理，规定了养老机构设立条件、准入许可和变更、终止等制度，明确了相关部门对养老机构的管理职责；加强养老服务队伍建设，主要规定了养老服务人才培养、使用、评价和激励制度；加强养老机构运营中的纠纷处理和风险防范；完善医疗卫生服务。

8. 完善计生家庭老人扶助制度　新法增加规定：“国家建立和完善计划生育家庭老年人扶助制度。”

9. 充实了有关老年优待的内容和办法　新法规定县级以上政府及其有关部门应当根据实际情况制定优待老年人的办法，逐步提高优待水平；丰富了现行法有关司法救助、法律援助、医疗服务、参观游览、乘坐公共交通等方面对老年人给予优待和照顾的内容；增加了一些新的优待内容，主要是为老年人及时、便利地领取养老金、结算医疗费等方面提供优待，在办理涉及老年人重大人身财产权益事项时提供优待等。

10. 首次增设宜居环境一章 此章主要对国家推进老年宜居环境建设作了原则规定，以便为制定相关配套法律法规和政策提供依据：明确国家责任，概括规定了老年宜居环境建设的总体要求；规定了政府加强老年宜居环境建设的主要任务；在具体环境建设上，重点规定了无障碍环境建设，这主要是考虑到残疾人中有相当一部分是老年人，老年人随着年龄增长所面临的失能或者残疾的风险会逐步提高，无障碍是老年宜居环境的一个基本要求。此外，新法还对老年友好型城市以及老年宜居社区建设作了规定。

11. 充实完善有关法律责任规定 新法增加了擅自举办养老机构、养老机构及其工作人员侵害老年人权益以及政府行政管理部门失职渎职的法律责任；增加了违反优待义务的法律责任；增加了违反涉老工程建设标准和不履行无障碍设施维护管理职责的法律责任。此外，根据人民调解法、行政处罚法、治安管理处罚法、刑法等有关法律的规定，老年人权益保障法对现行法律关于家庭成员纠纷处理，干涉老年人婚姻自由，侮辱、诽谤、虐待、遗弃老年人法律责任的条款作了修改完善。

二、出台《养老机构设立许可办法》和《养老机构管理办法》

近年来，我国养老机构发展取得了很大成绩，截至 2012 年年底，全国各类养老机构已达 4 万多家，养老床位 416.6 万张，在满足老年人机构养老需求方面发挥了重要作用。但随着我国经济社会的发展和人口老龄化的加剧，养老机构发展过程中还面临很多问题，亟待通过立法加以规范。

养老机构方面的问题突出表现在几个方面：一是由于缺乏上位法律法规的授权，民政部门无法对擅自设立的养老机构行使行政许可权，许多养老机构长期游离于政府监管范围之外，扰乱了正常的养老市场秩序。二是部分养老机构内部管理和服务不到位，不时发生火灾、虐待老年人、意外伤害等安全事故，严重损害了老年人的合法权益，引起社会公众的高度关注。三是相当一部分投资主体对养老机构设立的基本条件和管理具体要求缺乏了解，进入这个领域具有一定的盲目性，一定程度上影响了机构的长期运营和健康发展，制约了民间资本兴办养老机构的积极性。在此背景下，民政部研究制定了《养老机构设立许可办法》《养老机构管理办法》，于 2013 年 6 月 27 日民政部部务会议通过，并以部令形式正式发布，自 2013 年 7 月 1 日起施行。

（一）《养老机构设立许可办法》具体内容

《养老机构设立许可办法》（以下简称《办法》）共三十一条，分为总则、条件和程序、许可管理、监督检查、法律责任和附则六章。第一章规定了立法目的、适用范围、养老机构的定义及其管理部门，以及实施设立许可应遵循的基本原则；第二章规定了养老机构的设立条件，养老机构的许可机关及其权限、养老机构设立许可的申请、受理、审查、决定及需要提交的资料等内容；第三章规定了许可证载明事项，明确了设立分支机构及变更、终止、停止程序，以及终止或停止服务的具体要求；第四章规定了不同主体对许可行为的监督检查，许可机关对养老机构许可证载明事项的变化情况进行监管，许可机关可以撤销、注销一定情形的许可，任何单位和个人对违反本办法的行为，有权向许可机关举报等；第五章规定了包括许可机关和养老机构违法行为的法律责任以及擅自设立养老机构的法律责任。特别是针对养老机构不依法履行变更终止手续、倒卖许可证等行为，设定了处以 3 万元以下罚款的行政处罚；第六章明确了过渡条款和实施日期。规定《办法》实施前设立的养老机构，不符合设立条件的，应当在《办法》实施后一年内完成整改，其中农村五保供养服务机构应当在实施后两年内完成整改。

（二）《养老机构管理办法》的具体内容

《养老机构管理办法》共三十六条，分为总则、服务内容、内部管理、监督检查、法律责任和附则六章。第一章规定了适用范围、管理职责、养老机构和老年人基本要求、养老机构建设规划、政府重点保障和扶持政策、表彰奖励等。养老机构是指依照《养老机构设立许可办法》设立并依法办理登记的为老年人提供集中居住和照料服务的机构。国家对光荣院、农村五保供养服务机构等养老机构的管理有特别规定的，依照其规定办理。第二章规定了服务范围、标准、服务协议、各项具体服务内容及要求等。养老机构按照服务协议为收住的老年人提供生活照料、康复护理、精神慰藉、文化娱乐等服务，应当与接受服务的老年人或者其代理人签订服务协议。同时规定了各项服务的内容和要求。第三章规定了规章制度、内部管理具体要求等。从规章制度、人员要求、收费管理、捐赠和志愿服务管理、24 小时值班、消防安全管理、应急管理、投保责任险、档案管理、民主管理、老年人安置等方面对养老机构内部管理进行了全面规范。第四章规定了监督检查权限和方式、养老机构评估、信息统计、举报和投诉、层级监督等。民政部门应当按照实施许可权限，通过书面检查或者实地查验等方式对养老机构进行监督检查。养老机构应当于每年 3 月 31 日之前向实施许可的民政部门提交上一年度的工作报告。同时规定建立养老机构评估制度、信息统计、举报和投诉等制度，并加强对下级民政部门的指导和监督。第五章规定了养老机构违法责任、管理机关及人员违法责任等。第六章规定了特别规定以及实施日期等。

两种办法分别明确了养老机构的准入门槛和明确了养老机构的管理要求与监管部门，为我国养老机构的健康发展打下了坚实的制度基础。

三、国务院出台《关于加快发展养老服务业的若干意见》

2013 年 9 月 6 日，国务院印发《关于加快发展养老服务业的若干意见》（国发〔2013〕35 号）。《关于加快发展养老服务业的若干意见》共分为四部分：第一部分是总体要求，第二部分是主要任务，第三部分是政策措施，第四部分是组织领导。《关于加快发展养老服务业的若干意见》提出，加快发展养老服务业，要充分发挥政府“保基本”的作用，通过简政放权，创新体制机制，激发社会活力，营造平等参与、公平竞争的市场环境，逐步使社会力量成为发展养老服务业的主体。到 2020 年，全面建成以居家为基础、社区为依托、机构为支撑，功能完善、规模适度、覆盖城乡的养老服务体系。养老服务产品更加丰富，市场机制不断完善，养老服务业持续健康发展。

《关于加快发展养老服务业的若干意见》以深化体制改革、坚持保障基本、注重统筹发展和完善市场机制为基本原则，明确了今后一段时期发展养老服务业的主要任务。一是统筹规划发展城市养老服务设施。各地在制定城市总体规划、控制性详细规划时，必须按照人均用地不少于 0.1 平方米的标准，分区分级规划设置养老服务设施。二是大力发展居家养老服务网络。积极培育居家养老服务企业和机构，引入社会组织和家政、物业等企业，兴办或运营老年供餐、社区日间照料、老年活动中心等形式多样的养老服务项目。三是大力加强养老机构建设。支持社会力量举办养老机构。开展公办养老机构改制试点，支持民间资本通过委托管理等方式运营公有产权的养老服务设施。四是切实加强农村养老服务。各级政府用于养老服务的财政性资金重点向农村倾斜。支持乡镇五保供养机构改善设施条件并向社会开放。五是繁荣养老服务消费市场。积极开发老年用品，培育养老产业集群。六是积极推进医疗卫生与养老服务相结合。医疗机构要积极支持和发展养老服务。支持有条件的养老机构设置医疗机构。

《关于加快发展养老服务业的若干意见》针对当前养老服务业发展面临的“融资难”“用地难”“用人难”和“运营难”等突出问题，提出了一系列扶持政策。一是完善投融资政策。安排财政性资金支持养老服务体系建设。鼓励和支持保险资金投资养老服务领域，开展老年人住房反向抵押养老保险试点。二是完善土地供应政策。将养老服务设施建设用地纳入城镇土地利用总体规划和年度用地计划，可将闲置的公益性用地调整为养老服务用地。三是完善税费优惠政策。对非营利性养老机构建设免征有关行政事业性收费，对营利性养老机构建设减半征收有关行政事业性收费。养老机构用电、用水、用气、用热按居民生活类价格执行。四是完善补贴支持政策，建立健全经济困难的高龄、失能等老年人补贴制度。五是完善人才培养和就业政策。支持高等院校和中等职业学校增设养老服务相关专业和课程，建立养老服务实训基地。对符合条件的参加养老护理职业培训和职业技能鉴定的从业人员按规定给予补贴。六是鼓励公益慈善组织支持养老服务。《关于加快发展养老服务业的若干意见》确定开展养老服务业综合改革试点，鼓励有特点和代表性的地区先行先试，为全国养老服务业发展提供经验。

《关于加快发展养老服务业的若干意见》明确了我国养老服务业发展的基本定位、依靠力量、主要路径和最终目标，是指导今后一个时期我国养老服务业发展的纲领性文件。

四、颁布《国务院关于建立统一的城乡居民基本养老保险制度的意见》和《城乡养老保险制度衔接暂行办法》

（一）《国务院关于建立统一的城乡居民基本养老保险制度的意见》的主要内容

2014 年 2 月 26 日，国务院颁布《国务院关于建立统一的城乡居民基本养老保险制度的意见》（国发〔2014〕8 号）（以下简称《意见》），该《意见》指出，国家为每个参保人员建立终身记录的养老保险个人账户，个人缴费、地方人民政府对参保人的缴费补贴、集体补助及其他社会经济组织、公益慈善组织、个人对参保人的缴费资助，全部记入个人账户。个人账户储存额按国家规定计息。

个人账户可随险种转移。该意见提出，参加城乡居民养老保险的人员，在缴费期间户籍迁移、需要跨地区转移城乡居民养老保险关系的，可在迁入地申请转移养老保险关系，一次性转移个人账户全部储存额，并按迁入地规定继续参保缴费，缴费年限累计计算；已经按规定领取城乡居民养老保险待遇的，无论户籍是否迁移，其养老保险关系不转移。

城乡居民养老保险缴费增高两档位。国务院《意见》指出，参加城乡居民养老保险的人员缴费标准目前设为每年 100 元、200 元、300 元、400 元、500 元、600 元、700 元、800 元、900 元、1000 元、1500 元、2000 元 12 个档次，省（区、市）人民政府可以根据实际情况增设缴费档次，最高缴费档次标准原则上不超过当地灵活就业人员参加职工基本养老保险的年缴费额。人力资源和社会保障部会同财政部依据城乡居民收入增长等情况适时调整缴费档次标准。参保人自主选择档次缴费，多缴多得。

地方人民政府应当对参保人缴费给予补贴。对选择最低档次标准缴费的，补贴标准不低于每人每年 30 元；对选择较高档次标准缴费的，适当增加补贴金额；对选择 500 元及以上档次标准缴费的，补贴标准不低于每人每年 60 元，具体标准和办法由省（区、市）人民政府确定。对重度残疾人等缴费困难群体，地方人民政府为其代缴部分或全部最低标准的养老保险费。

(二)《城乡养老保险制度衔接暂行办法》的具体内容

2014 年 2 月 24 日，中国人力资源社会保障部、财政部以人社部发〔2014〕17 号印发《城乡养老保险制度衔接暂行办法》（以下简称《办法》）。该《办法》共 11 条，自 2014 年 7 月 1 日起施行。《暂行办法》明确规定，城镇职工养老保险与城乡居民养老保险，只要满足一定条件即可自由衔接转换，且无论如何转变，都将个人账户全部储存额随同转移，累计计算权益。这是继国务院统一城乡居民基本养老保险制度之后出台的又一项重要政策，主要是解决城镇职工基本养老保险与城乡居民基本养老保险两大制度的衔接问题。如该《办法》也明确规定，两种保险进退皆可。参保人员无论是从城乡居民养老保险转入城镇职工养老保险，还是从城镇职工养老保险转入城乡居民养老保险，都将个人账户全部储存额随同转移，累计计算权益。根据该办法的规定，参保人员达到城镇职工养老保险规定的法定退休年龄后，可申请办理城乡养老保险制度衔接手续，只要城镇职工养老保险缴费年限满 15 年（含延长缴费至 15 年），就可从城乡居民养老保险转入城镇职工养老保险并享受相应的待遇，如不满 15 年，可从城镇职工养老保险转入城乡居民养老保险。

《意见》和《办法》的出台解决了城镇职工养老保险和城乡养老保险参保人员相互转换的问题，解决了两种制度的衔接问题，使广大农民工和城镇非从业居民进可在城镇职工养老保险参保缴费并享受相应的待遇，退可由城乡居民养老保险制度“兜底”，对于提高劳动者参保缴费的积极性，扩大养老保险覆盖范围具有积极的推动作用。

此外，2013 年 12 月 30 日由全国老龄工作委员会办公室、最高人民法院、中央宣传部、国家发展和改革委员会、科技部、公安部、民政部、司法部、财政部、人力资源和社会保障部、住房和城乡建设部、交通运输部等 23 个部委、局及全国总工会下发了《关于进一步加强老年人优待工作的意见》，对本行政区域内 60 周岁及以上的老年人，要求从政务服务、卫生保健、交通出行、商业服务、文体休闲等方面率先给予优待，对常住本行政区域内的老年人给予同等优待，并根据本地实际情况，逐步拓展同等优待范围。

第四节　国外老年人权益保障制度

从国际社会对老年人法律保障的立法内容上来看，各国的老年人权益保障大都围绕着经济保障、健康保障和社会参与保障这三个方面展开，这与 2002 年世界卫生组织提出的“积极老龄化政策”是一致的。

一、老年人经济保障制度

老年人经济保障制度是为维护老年人的收入需求、保障其晚年的经济来源制定的有关法律和政策的集合。这是老年人最基本的生活需要。老有所养是人口老龄化过程中必须解决的首要问题，养老最基本的是收入保障，即经济供养问题。世界各国的老年人经济保障制度主要调整的是老年收入保障，即用什么方法、通过什么途径建立起经济供养保障体系。

老年人经济保障经历了由家庭经济保障向社会经济保障过渡、由非正式支持向正式支持制度过渡的过程。但这并不意味着家庭养老最终被社会养老所取代，二者所起的作用是不能相互替代的。现代养老保障制度，即政府介入、通过立法建立强制性的养老保险制度，起源于 1889 年德国颁布的世界上第一部《养老保险法》，建立了强制缴费的公共养老金制度。

对于老年人经济保障的法律规定，绝大多数国家都将之规定在社会养老保险制度中。国际劳工组织 1995 年的调查结果表明，166 个国家中有 160 个国家实施了强制性养老保险制度。

哈瑞斯认为:“我们正在用老年保险和医疗保险的办法取代工业化以前子女照看老年父母的制度，当这一过程完成之后，父母子女之间真正的反哺关系的遗迹也将消失”。然而，现实社会中的老年人与子女之间的关系并不会这么简单。随着社会经济的发展，从老年人收入保障的角度来说，家庭养老是社会养老方式的必要补充。

发达国家的经验已经证明，社会养老保险制度的完善和发展必须依托于法律，养老保险法是政府介入老年人生活保障领域的手段.养老保险又称作老年保险，是指国家通过立法强制建立养老保险基金，劳动者达到法定退休年龄并退出劳动岗位时，可以从养老保险基金中领取养老金，以保证其基本生活的一种社会保险制度。

二、老年人健康保障制度

鉴于老年人身体的特点，老年人健康保障制度是指为满足老年人健康及照料等多方位需要而制订的维护老年人健康的法律和政策。

在传统社会中，保证健康基本上是个人的事情。在工业化和现代化的社会中，保证公民的健康逐渐成为政府和社会发展目标中的一个重要组成部分。世界卫生组织提出了“2000 年人人享有健康”的战略目标，使这一问题更具有世界意义。

关于老年人健康保障（或称医疗保健）的法律规定，绝大多数国家都将之规定在全民医疗保险制度中，也有国家为老年人制订了专门的老年人保健法、护理保险法等法律，如日本和德国等。

基于健康保障权的老年人健康保障立法，不仅是一个法律问题，而且涉及社会、政治、经济等多个领域，特别是医疗经济领域。如今，医疗保障制度的改革成为各国面临的重大课题。

老年健康保障法的目的在于维护老年人健康。随着平均寿命的延长，将有更多的人经历较长的生活历程，甚至可以活到行动不便、生活难以自理的高龄。老年人群体的个体差异性较大，存在着多元化需求，老年人健康保障的侧重点就会存在差异。发达国家老年健康保障法的重心由疾病治疗转向了疾病的预防、保健和疾病治疗并重，努力提高老年人的自立能力。总体上讲，保障老年健康的法律至少包括了对于老年人健康的社会保护（即医疗保险）以及老年保健、康复和长期护理等内容。

三、老年人社会参与保障制度

老年人社会参与保障制度是对老年人分享社会发展成果需求的最有力的诠释，理应成为老年人权益保障法律制度中的重要组成部分。

对于老年人社会参与的定义，目前学术界还没有一个统一严格的意见。老年人不仅参与社会经济活动（如老年人再就业），而且还要参与文化、精神活动（如终身学习、社区活动、志愿者活动等）。

从世界范围来看，老年教育开始于 20 世纪 70 年代初期。老年教育让老年人能适应退休所带来的变化，通过教育为老年人提供再就业的技能，使其适应社会发展，从而使老年人在自我发展上得到满足，提高其生活质量。美国《老年人法》规定为即将进入退休年龄的人提供一个“届龄准备退休计划”，以协助老年人顺利适应退休后的生活。美国通过《高等教育法》《高等教育资源及学生资助法》《成人教育法》等来保障并鼓励老年人参与教育活动。美国老年人教育的目标，已由早期的解决社会问题，演变为帮助老年人自立自助并发挥能力去参与社会服务。

为了给 55 岁及以上低收入未就业的老年人提供从事社会服务的机会，美国《老年人法》修正案中特别增加了“老年人社区服务就业方案”。此外，美国还通过制定《禁止歧视老年人法》《经济机会法》《国内志愿服务法》《职业教育法》《综合就业训练》等相关法案，以提供并保障老年人的就业机会。

至于老有所居的问题，在美国，虽然有很多老年安养服务机构，但大多数老年人仍然居住在社区里，其中又以居住在自己家中最为被老年人所接受，同时，美国老年人花费在住宅的费用占其总收入的比例不断提高。鉴于此，美国联邦政府和州政府专门针对中、低收入老年人实施了房屋补助方案，例如，公共住宅方案、低收入者补贴方案、低租金国民住宅方案、针对房屋开发商之利息补贴、提供房屋开发商之低贷款利率及房屋剩余财产净值转换计划（home equity conversion plan，HECP）等。以 HECP 为例，这是老年人将自己所拥有的房屋，按照它的剩余财产净值转卖给银行或其他投资者，变不动产为动产作为生活费的一项计划，老年人还可居住在原来的房屋中直至死亡为止。有些计划则规定在一个时限后方可转卖，并由新买主立即再与老人签署租赁契约。

总之，发达国家和地区对于老年人权利的法律保护具有起步较早、保障范围较宽、项目较全、标准较高、服务较为周到的特点。经过几十年的不断制定、修改与实施，他们已建立了比较完善的老年人权益保障制度，使得老年人生活状况明显改善，同时，老年人权利得到了比较全面的实现，当然，这些国家和地区的老年人生活仍然面临着很多问题，如老年贫困、老年孤独等社会现象仍然很严重。此外，老年人高福利措施也导致了国家负担沉重，在一定程度上造成了老年人口与在职人员矛盾的加剧，政府陷入“削减开支”和必须“满足公众期望”的两难境地。因此，无论是发达国家或地区还是发展中国家，都面临着对于老年人法律保障制度进行改革的问题，即如何建立既符合老年法本意，又符合本国国情的老年人法律制度，对于发达国家来说，主要的问题是寻求在保持较高老年人法律保障水平的前提下，减少和抑制庞大的老年人福利开支对国民经济负面影响的机制和措施；对于发展中国家来说，主要考虑如何在经济发展的基础上同步地提高老年人福利水平，在完成社会变迁的同时，如何使社会保障与经济发展相互促进和协调。

第五节　我国老年人权益保障存在的问题

2012 年修订的《中华人民共和国老年人权益保障法》实施后，关于老年人权益保障的立法得到完善，但仍存在一些突出问题未能合理解决，老年人的生存质量不尽理想，在经济来源、护理服务、精神赡养、养老保障等方面的权益难以充分实现。立法以及实施现状仍然滞后于老龄人口数量上升的大趋势，与当前人口老龄化发展形势和工作需求不相适应。

一、保障责任主体方面——政府责任有所弱化

在老年人权益保障领域，政府代表国家承担着重要而广泛的预期责任。这些责任不但集中见之于《中华人民共和国老年人权益保障法》中，还散见于我国宪法以及与老年人权益相关的各类规范性文件中。

政府的责任主体身份，首先体现在给付行政领域。毫无疑问，政府在应对人口老龄化、完善社会老年福利制度、构建社会照料服务体系方面处于主导地位，虽然这并不意味着政府应直接取代家庭接手养老工作，但出台法律和政策、提供物质帮助支持家庭、社会承担养老职责，是政府责任的应有之义。然而，现行老年人权益保障制度中，家庭养老本属于国家多层次社会保障体系的一部分，但在具体设置和实施之中，过于“着重于家庭责任和社会责任，而政府责任则有所弱化，没有对养老中政府的承担做出更多鼓励性规定”。从我国社会的现实情况来看，基于社会竞争加剧、独生子女家庭结构失衡等原因，子女自身的工作和经济负担本来就重，将

家庭作为老年人的首要依靠对象存在诸多问题。

其次，政府除了给付、服务职能外，还应承担重要的监管责任，即对养老服务行业、养老保险行业等与老年人生活密切相关的企业和社会组织的行为实施监管。然而，我国在养老保险领域的专门法律规范并未完善，也未出台养老服务行业的管理性法律规范，行政机关对于此类监管职能，缺乏明确的法律依据，只能通过政策调整或按效力层次较低的规范性文件执行，管理力度和效果都大打折扣。

二、精神赡养方面——缺乏保障实施手段

在赡养人对老年人的三大赡养义务——经济供养、生活照料、精神赡养中，对前两项，社会有较为客观的评判标准，至少是以保证老年人基本生活为底线，一旦赡养人不承担相应义务，可以通过民事诉讼索要赡养费用，乃至提起对于虐待、遗弃的刑事诉讼。

近年来随着经济的发展、物质生活水平的提高，老年人对赡养的需求中物质赡养比例有所降低，精神赡养需求比例相对提高。家庭内部的精神赡养，主要表现为精神慰藉。精神慰藉的具体内涵，在我国任何一部法律中都未有提及，学理上也缺乏公认的准确定义，首先在赡养人是否履行对老年人精神慰藉义务的问题上，往往难以准确认定，在纠纷处理中存在较大争议。《宪法》第四十九条的“成年子女有赡养扶助父母的义务”，以及《婚姻法》第二十一条的“子女不履行赡养义务时，无劳动能力的或生活困难的父母，有要求子女付给赡养费的权利”，仅确认了子女对父母物质赡养的义务，《中华人民共和国老年人权益保障法》提出的“精神慰籍”，应当说是立法的进步，但缺乏相关立法和配套制度保障其正当实施。

再如关于“家庭成员应当关心老年人的精神需求，不得忽视、冷落老年人。与老年人分开居住的家庭成员，应当经常看望或者问候老年人”的立法规定，“应当”即为义务，在立法中表现为法律义务而非仅仅是道德义务。但对这种法律义务将如何保证其约束力的实现，没有做出进一步规定，法律责任有所缺失。

此外，每年农历九月初九已通过立法规定为老年节。对于老年人来说老年节的意义不在于节日本身，可能更多在于难能可贵的子女团聚，从精神上得到享受。而从子女“应当经常看望或者问候老年人”的义务来看，在老年节更应鼓励家庭成员去看望老年人。但老年节并非国家法定节日，如果该日为工作日，对于上班一族的家庭成员来说看望老人时间上难以保证，尤其是子女与父母居住在不同城市则更难实现。对此，国家并没有相应的措施保障实施，而社会、单位对于子女看望老人的时间上也没有相应的保障。

以上种种，说明我国的老年人权益保障立法总体呈现“重物质轻精神”的趋向，“对不履行精神赡养的法律责任的规定仍然过于原则和粗疏，对精神赡养的内容、承担精神赡养义务的类别、履行的具体方式以及违背精神赡养的法律后果等方面都没有具体规定和细化”，导致关于精神赡养的条文约束力名存实亡，难以真正实现立法目的。

三、老年监护制方面——具体制度缺失

就我国目前《民法通则》所规定的监护制度而言，受监护制度保障的对象为无民事行为能力人或限制民事行为能力人，而成年人需要监护的情形仅限于精神障碍患者，而意思表达困难或身体障碍不能处理自己事务的老年人则被排除在监护对象范围之外。现行老年人权益保障制度创设了老年监护制度，规定“具备完全民事行为能力的老年人，可以在近亲属或者其他与自己关系密切、愿意承担监护责任的个人、组织中协商确定自己的监护人。监护人在老年人丧失或者部分丧失民事行为能力时，依法承担监护责任”，这是一大亮点，但由于缺乏上位法基础，

只规定了意定监护而没有规定意定监护的具体实施方法，既没有规定意定监护的协议方法、方式，也没有规定意定监护协议的登记、公证程序，更没有规定对正确行使监护职责的监督程序，缺乏程序上的保障，有可能为监护人滥权留下制度空间。如财产处分方面，意定监护人是否能获得与法定监护人同等的权利，有待商榷。实践中的另一个关键在于，在找不到愿意承担监护的个人的情况下，什么类型的组织可以担任监护人而不会影响老年人的权益，这也是亟待解决的问题。

四、宜居环境建设方面——规定过于宽泛

《中华人民共和国老年人权益保障法》对老年人宜居环境建设非常关注，专设一章予以规定，这是一个突出的亮点。老年人宜居环境建设不仅指提供和改善生活便利设施，还应当包括促进子女与老年人就近居住或者共同居住，创造适宜老年人生活的良好的人际环境，也就说要注重将宜居环境中的物质性要素和精神性要素结合起来，宜居环境立法不能过于宽泛，也不能过于原则。但是该法中第六章的规范内容都过于宽泛，操作性不强，相关的建筑设计、施工规范、补救措施、惩戒规则均有待进一步细化。

五、特殊群体保障方面——失独老年人权益未能保障

当前，随着计划生育政策的开展实施，失独现象呈现上升的趋势。按常规死亡率计算，1975～2013 年，有超过 1100 万独生子女在 25 岁之前死亡。这意味着至少有 2200 万名父亲和母亲，在中老年时期失去唯一的子嗣，成为孤立无助的失独老人。老无所依，加上精神寄托的缺失，使他们成为响应国家政策号召却不幸遭受巨大风险的特殊群体，国家、社会都应正视这一群体的存在并承担不可推卸的责任。现行法律以及政府各类文件均提出国家须“建立和完善计划生育家庭老年人扶助制度”。但是这一扶助制度并未有具体制度予以落实。加之国家规定的是老年人养老以居家为基础，对这些失独老人来说，何以为家？因此，失独老年人的养老保障问题依旧未能解决，值得进一步关注。

六、社会参与权方面——老年人才资源闲置

在我国老年人口中，蕴藏着一大批人才资源。离退休的公务员、教员、企事业单位的管理人员、科技人员、有一技之长的专门人才，构成了一个庞大的人才群体，据估计，我国离退休人才已占我国人口总量的 30%。但长期以来，我们强调要让老年人安享晚年，在各类社会主体参与社会事务的位置考虑中把老年人当成是被动的客体，忽视了老年人终身发展的需要及其能动作用。于是现实生活中，出现了这样的一种现象：一方面是广大中青年在职工人员任务多，超负荷，各方面人才短缺；另一方面是仍能承担一定工作任务的退休人员闲置。聚会聊天打牌是最受老年人欢迎的娱乐休闲方式，看电视上网是老年人最普遍的娱乐消遣和获取信息的途径，而对教育培训、公益活动等更为积极主动的活动的参与相对较少。这一现象揭示出对于老年人的再就业权和参与社会事务权，尽管立法有所规定，我们依旧没有给予应有的重视。积极老龄化必然带来老年人参与社会发展的问题，通过参与劳动、参与公益活动、组建基层老年群众组织等方式实现“老有所用”，需要得到来自政府、社会多方面的支持和保障。

综上所述，我国老年人法律保障的全面完善，应当始终坚持政府主导、家庭养老、自立自助。政府为养老提供制度保证、环境建设和社会福利基础，家庭养老有赖于进一步弘扬传统孝文化，同时提高老年人自立自助能力，鼓励其自我保障，构建中国特色老年制度体系。

（肖俊辉　冯林林）

第十一章　现代信息技术与老年生活

第一节　现代信息技术与老年生活概述

现代信息技术的飞速发展使其成为科学技术的前沿，引领着人类进入信息社会，人类社会生活的各个方面都因此发生着深刻变革，促进了社会发展和人们生活方式的改变以及生活质量的提高。中国互联网络信息中心（CNNIC）发布的第 36 次全国互联网发展统计报告显示，截至 2015 年 6 月，我国互联网普及率为 48.8%，网民总数已达 6.68 亿人，手机网民规模达 5.94 亿，网民中使用手机上网人群占比由 2014 年底的 85.8%提升至 88.9%，人们普遍享受着现代信息技术给生活学习和工作带来的便捷。

一、现代信息技术概述

（一）基本概念

信息技术（information technology，IT），是主要用于管理和处理信息所采用的各种技术的总称。它主要是应用计算机科学和通信技术来设计、开发、安装和实施信息系统及应用软件。常被称为信息和通信技术（information and communications technology，ICT），主要包括传感技术、计算机技术和通信技术。信息技术的应用是指利用计算机硬件和软件，网络和通信技术，应用软件开发工具等实现对信息的采集、传输、存储、加工、表达功能。

现代信息技术是借助以微电子学为基础的计算机技术和电信技术的结合而形成的手段，对声音的、图像的、文字的、数字的和各种传感信号的信息进行获取、加工、处理、储存、传播和使用的能动技术。它的核心是信息学。现代信息技术是一个内容十分广泛的技术群，它包括微电子技术、光电子技术、通信技术、网络技术、感测技术、控制技术、显示技术等。

物联网是通过射频识别（RFID）、红外感应器、全球到位系统、激光扫描器等信息传感设备，按约定的协议，将任何物品与互联网相连接，进行信息交换和通信，以实现智能化识别、定位、追踪、监控和管理的一种网络技术。物联网是在互联网技术基础上的延伸和扩展的网络技术，其用户端延伸和扩展到了任何物品和物品之间，进行信息交换和通信。物联网是新一代信息技术的重要组成部分，也是“信息化”时代的重要发展阶段。

“互联网+”是创新 2.0 下的互联网发展的新业态，是知识社会创新 2.0 推动下的互联网形态演进及其催生的经济社会发展新形态。“互联网+”是互联网思维的进一步实践成果。推动经济形态不断地发生演变，从而带动社会经济实体的生命力，为改革、创新、发展提供广阔的网络平台。“互联网+”是“互联网+各个传统行业”的简化，但并不是简单的两者相加，而是利用信息通信技术及互联网平台，让互联网与传统行业进行深度融合，创造新的发展生态。

（二）现代信息技术的作用

现代信息技术广泛应用于经济社会生活各方面并带来了翻天覆地的变化。一方面，信息产业成为带动经济增长的引擎。信息技术已经成为支撑当今经济活动和社会生活的基石，信息产业成为世界各国特别是发达国家竞相投资、重点发展的战略性产业和世界经济重要支柱产业，发达国家经济的持续增长得益于信息技术的支撑和信息产业的带动。其次，信息技术推动传统产业的技术升级。信息技术的广泛应用推动传统产业不断升级，将信息技术应用于产品的设计、制造、管理、销售的全过程，以提高企业的市场应变能力和竞争能力，推动经济结构的调整与传统产业升级。再次，信息技术推动人类文明进步，已引起传统教育方式发生深刻变化。计算机仿真技术、多媒体技术、虚拟现实技术和远程教育技术以及信息载体的多样性，使学习者可以克服时空障碍，更加自由、主动地安排自己的学习，远程教育引发了教育领域的革命。另外，信息技术促使生活方式与学习方式转变。移动互联网大潮席卷而来，不同的行业以不同的速度和不同的方式借助信息技术渗透和改变着人们的生活、学习和工作方式，势不可挡。

未来，“互联网+”在健康医疗、教育、交通等民生领域应用会更加丰富，公共服务更加多元，线上线下结合更加紧密，使社会服务资源配置不断优化，让公众享受到更加公平、高效、优质、便捷的服务。一些新兴名称，或被人们熟识或正在悄悄渗入生活，已不可取代，如 O2O，B2B、B2C、C2C、P2P、滴滴打车、YY 教育，外卖配送 APP 等，互联网拥有着越来越庞大的使用群体。加之物联网技术的广泛应用，全智能设备时代即将到来，智能硬件、智能家居、智能汽车、及冰箱、洗衣机、微波炉等日常家用电器的“智能化”发展，互联网正将人们的生活和生活物体连入网络。

二、老年生活中现代信息技术应用的意义

老年人对现代信息技术的使用不如中青年人频繁，但现代信息技术的不断改进完善和应用的普及使其正逐步进入老年群体的日常生活，可以预见在不久的将来，现代信息技术会越来越广泛被应用到老年人生活中。这一方面源于世界范围内的人口老龄化的加重；另一方面则是信息技术进一步的发展使其更为便捷化使用得以实现，方便老年人掌握使用。信息技术不仅为老年人的日常生活带来便利，同时将成为维护老年人健康和提高老年人生活质量的重要技术工具。现代信息技术的应用对老年生活的重要意义主要表现在以下几个方面。

（一）有利于应对人口老龄化带来的养老问题

如同世界上多数国家一样，我国已经跨入老龄化社会，且老龄人口数量呈现加速增加态势。受人口流动性加大、城市化进程和家庭结构变化，中国传统的家庭养老方式越来越难以适应巨大的养老服务需求，并随着我国人口老龄化进程的加速，社会、国家和家庭都将面临严重的养老压力，必将促使养老模式的创新。借助现代信息技术，实现科技创新，在一定程度上实现现代科学技术替代人力服务，能为老年人提供生活照顾、健康管理、智慧医疗、休闲娱乐等。现代信息技术为实现老年服务业方面的专业化创新，创建新型智能化养老服务模式等方面，提供了广阔的想象空间和发展途径。

（二）有利于缓解老年人医疗卫生服务需求压力

老龄化社会老年人的医疗卫生服务需求压力日益突出，数量庞大的老年人群也是多种慢性病的高患病人群，随着寿命延长和高龄化发展，失能、部分失能以及失智等老年人需要他人照护的刚需比例迅速上升。现代信息技术通过远程健康管理实现远程医疗监护，发展家庭远程医疗保健工程以及移动医疗，将有效缓解现有的医疗卫生系统所面临的巨大人员、床位等资源缺乏的问题，同时免除老年人在家庭和医院之间来回奔波的劳苦，降低医疗服务的时间成本和经济负担。

（三）有利于提高老年人生活质量

现代信息技术通过互联网、物联网、现代通信技术、智能设备等为老年人提供安全、便捷

舒适的现代化服务，实现科技集成、绿色环保、有效高质、整合资源的优势，促进专业化老年人服务产业的发展，满足老年人的各种需求，提高老年人的生活质量。

（四）有利于节省大量人力资本

老年人由于身体机能发生了退行性变化，劳动能力和生活自理能力逐渐减弱，常常需要亲人或者专门服务人员的照顾。现代信息技术广泛地服务于老年人生活，将在很大程度上节省人力资本，缓解我国由于人口老龄化带来的人力资本不足的压力。

三、老年生活中现代信息技术应用的主要领域

（一）家居生活服务

利用物联网将实现建筑设施设备的智能化，合理规划适合老年人的宜居社区、老年公寓、老年护理机构和综合服务配套设施等建筑设备建设，实现建筑环境的优化组合，使居住环境更加安全、高效、舒适、便利、灵活，更加人性化，适合老年人的需要。如在老年公寓或养老机构周边建立智能化生活服务中心，为满足老年人的膳食营养、消费、休闲娱乐服务需求提供方便。

（二）健康管理服务

老年人健康管理服务包括建立老年人健康档案管理和健康跟踪服务。通过终端设备采集老年人健康数据，上传并储存到电子档案，实现老年人、医生、家属均可以随时查看健康信息，及时了解老人的健康状况。通过持续性健康数据收集和健康趋势跟踪，医护人员能更及时掌握老年人身心健康状态变化，为其提供有针对性的健康管理服务和长效的跟踪服务。

（三）智慧医疗服务

利用最先进的物联网技术，医疗行业将融入更多人工智慧、传感技术等高科技手段，使医疗服务走向真正意义上的智能化，实现患者与医务人员、医疗机构、医疗设备之间的互动，医疗信息充分共享。同时，随着智慧医疗信息网络平台体系建设的发展与完善，将实现远程医疗和自助医疗，有利于缓解医疗资源紧缺的压力，提升老年人群医疗服务水平。

（四）安全保障服务

通过可穿戴信息监控设备，使老年人的日常生活处于远程监控状态中，在独居时如果遇到意外伤害等突发事件，智能化设备通过物联网技术能立即通知医护人员或亲属，使其获得及时救助，控制、减少突发事件可能给老人带来的更大伤害。如 GPS 全球定位系统，让老年人能更轻松享受外出，可有效避免部分有认知功能损害老年人的走失现象。

四、老年生活中现代信息技术的应用实践

（一）可穿戴设备实时采集人体生理数据

可穿戴设备是由用户穿戴和控制，并且持续运行和交互的计算机设备。可穿戴设备通过传感器采集人体的生理数据（如血糖、血压、心率、血氧含量、体温、呼吸频率等），并将数据无线传输至中央处理器（如小型手持无线装置等，并可在发生异常时发出警告信号），中央处理器再将数据发送至医疗中心，以便医生进行全面、专业、及时的分析和治疗。目前市场上的可穿戴产品形态各异，主要包括智能眼镜、智能手表、智能手环，以及满足特定需求的可穿戴设备

如谷歌眼镜、残障人士的意念控制轮椅、盲人读书智能设备、自闭症儿童压力检测设备等，新的产品在不断被开发。常见的老年人可穿戴设备中主要使用的有血糖无创连续监测技术、血压的无创连续监测技术、血氧的无创伤连续监测技术等。

（二）智慧医疗实现老年人与医务人员、机构和设备的互动

智慧医疗是通过深入的智能化、更全面的互联互通、更透彻的感知，实现居民与医务人员、医疗机构、医疗设备之间的互动，构建基于无所不在的全生命周期医疗服务与公共卫生服务的国民健康体系。智慧医疗通过建设基于居民健康档案的区域医疗信息平台，利用最先进的物联网技术，整合现有卫生信息资源、覆盖城市整个卫生系统，形成信息高度集成的医疗卫生指挥、应急、管理、监督信息网络系统。智慧医疗的实施方式是构建电子健康档案系统、远程健康管理系统、远程医疗系统以及移动医疗系统实现智慧的健康管理。

（三）区域人员定位技术实现对老年人的定位、追踪、预警等管理

区域人员定位技术（RFID）是一种通信技术，可通过无线电信号识别特定目标并读写相关数据，而无须识别系统与特定目标之间建立机械或光学接触。在老年人佩戴的产品中植入 RFID 标签，则可以实现对老年人的定位、追踪、预警等管理。随着老龄化、高龄化、空巢化和病残化的迅速发展，养老机构的管理压力随之快速增加，老年人的安全问题成为养老管理的难题，RFID 能帮助实现对老年人安全的高效率管理。借助 RFID，工作人员可以在电子地图上定位、追踪老年人的行踪，门禁系统自动识别老年人的信息，发生紧急情况，老人按下 SOS 即可报警，工作人员能迅速支援。

（四）智能家居系统实现对老年人安全、便捷的生活管理

智慧家居系统，包括安防系统、远程监控、智慧家电、可视对讲、情景模式、智慧影音等子系统，用户使用远程终端通过管理系统就可以方便地进行管理。安防系统能在非法人员入侵时立即报警，远程监控系统让使用者随时随地浏览视频图像获取远程监控信息，智慧家电能实现远程控制各类电器设备，可视对讲或视频留言安全方便，家居情景模式的选择或智能影音的使用则可以为老年人提供舒适愉悦的居家体验。

第二节　智慧医疗与老年健康

近年来，智慧医疗作为医疗卫生领域的新事物越来越受到各国的关注，它利用先进的信息化技术，在对疾病的预防、诊断和研究等方面实现智慧的“健康管理”，使得医疗生态圈的各方从中受益。基于互联网尤其是移动互联网服务支付系统，基于物联网的物资可视化技术、医疗信息数字技术和医疗过程数字化技术均在开展，如对医疗对象实施实时监测和自动数据采集以及远程的医疗监护均成为现实，这些技术的使用大大减少了医疗卫生保健服务的时间成本和经济负担。

一、智慧医疗的概念

智慧医疗作为新兴事物，其推广应用尚处于探索阶段，相关概念有不同的侧重点。最简洁直观的理解就是，智慧医疗是以医疗物联网为核心、信息高度移动和共享的医疗信息化生态系统。实际上智慧医疗不仅仅包含医疗，而是从大健康视角实现智慧健康。2011 年第二届中国物联网大会上，中国工程院院士俞梦孙院士发表题为“医学变革与健康物联网”的演讲，接力宣

扬医学理念的变革，主张从以医疗和治病为主的医学理念向以健康为主的医学理念转变。因此，建议将“智慧医疗”改称为“智慧健康”。鉴于当前智慧医疗被普遍使用，本章依然采用“智慧医疗”这一概念。

智慧医疗起源于智慧城市建设，移动互联网、物联网以及云计算等技术广泛用于智慧城市建设，医疗领域信息化和整体化理念也日渐深入人心，智慧医疗成为智慧城市建设的重要内容之一。智慧医疗扩展了人们的医疗健康理念，从单一的医院信息化扩展到整个健康管理生命周期的信息整合，从医院环节扩展到与健康服务相关的各个环节，实现人的健康管理与医疗信息化、医疗智能化交相融合。

智慧医疗以居民健康为核心，构建城市医疗卫生信息化平台，将分散的健康数据整合为逻辑完整的信息体，满足与该系统相关的机构或人员的需求，智慧医疗的开展影响到个人、医护人员、医疗机构各方的实际就医或行医过程。

二、智慧医疗的特点

（一）互联性

互联性是指不管服务对象身在何处，经授权的医生能够随时查阅其健康档案、病历、疾病史、治疗记录等，能实现同其他专家网络联合会诊或咨询，为患者提供最好的卫生保健服务。

（二）协作性

通过医疗信息网络，记录、整合和共享医疗健康信息和资源，实现不同部门、机构之间的信息交换和协同工作，构建一个综合的专业医疗服务网络，提供预防、检查、诊疗、取药、报销、复诊等一体化的服务。

（三）预防性

通过对居民健康信息数据库的建立，运用健康管理相关风险预测技术，以及实时发现、实时感知重大疾病即将发生的征兆，智慧医疗在一定程度上能够提前对相关疾病的发生进行警示，快速、有效地做出响应。

（四）普及性

借助网络系统，突破城乡之间、基层机构与大医院之间的健康信息沟通不通畅之弊端，支持乡镇医院、社区医院、中心医院各医疗机构之间的信息共享，使得基层医疗机构实时地获取专家建议、安排转诊和接受指导培训，实现全程健康管理和高质量的医疗服务。

（五）创新性

在法律和伦理许可的范围内，凭借丰富的健康电子档案信息数据库，研究分析相关疾病、伤害等发生、发展规律，提升相关医学理论知识和过程处理能力，促进医疗健康领域内的创新发展。

（六）可靠性

一方面，医护人员能够搜索、分析和引用大量科学证据来支持其健康服务的安全可靠性；另一方面个人的电子健康档案，在没有得到个人同意的情况下，不会提供给任何人，确保个人网络信息的安全。

三、智慧医疗对保障老年人健康的意义

人均期望寿命的增加以及人口老龄化的加速，使老年人的健康问题日显突出。统计显示，我国老年人慢性病的患病率已经超过 75%，其中影响日常生活的占 65%。为满足日益增长的老年人健康需求，维护老年人健康状况，减轻疾病经济负担，实现健康老龄化成为全社会关注的热点，也成为和谐社会建设的重要内容。

智慧医疗的发展给我国养老和医疗压力问题带来了新的可能解决的出路，借助互联网、物联网、云计算、大数据为主的信息技术，在较大范围和程度上实现对老年人健康的智慧管理，成为未来养老服务和老年人群健康服务的重要选择，智慧医疗对保障老年人健康具有重要意义。

（一）为老年人提供便捷式医疗健康服务，促进健康老龄化社会目标的实现

老年人面临的两个最主要的问题就是老有所养和老有所医，老有所医不仅仅是能够接受医疗卫生服务，更重要的是如何享受便捷化的服务。老年人大多行动不方便，甚至患有多种慢性疾病，传统的就医模式对老年人存在诸多不便，智慧医疗平台建设将给老年人医疗服务来带根本性的改变。老年人通过可穿戴设备及医疗健康云，可实现 24 小时监测生命体征和实时分析健康状况。通过智慧医疗链享受到监测、诊断、预约、支付、治疗、给药、康复、保险等医疗健康一体化服务。同时老年人还可以通过在线咨询、远程健康管理和远程医疗完成自助式服务，智慧医疗一方面通过远程健康管理保障健康，另一方面借助远程医疗、移动医疗大大提高医疗效率，在最大程度上为实现健康老龄化的社会目标提供保障。

（二）有效控制老年人医疗卫生费用的增长

在国家经济尚不发达的情况下，我国人口已经逐渐老化，与此同时慢性病患病率迅速上升，慢性病相关危险因素的流行日益严重，导致医疗费用急剧上涨，个人、社会和政府承受着巨大压力，慢性病卫生费用的最主要的支出对象为老年群体。因此，通过有效的智慧医疗，维护老年群体的健康状况对控制卫生费用的快速增长尤其重要。

四、老年人智慧医疗的主要内容

（一）远程健康管理

远程健康管理是指融合移动互联网和物联网等技术手段，通过健康管理平台、健康管理应用和高集成度的健康终端等，为公众提供自我健康管理，为亚健康人群、慢性病患者和老年人群提供及时的健康监护和干预，提高其健康水平和生活质量。远程健康管理基于各类生理参数监测设备和无线网络，将血压、心率、血糖、血常规、血氧饱和度、心电图等数据实时传送到后台服务平台，服务平台进行处理后，定期将分析结果及相关处理建议发送至用户或者主治医生手机终端上，可广泛应用于老年人、慢性病患者的远程监控。

（二）远程医疗

远程医疗（telemedicine）是指通过计算机技术、通信技术与多媒体技术，同医疗技术相结合，旨在提高诊断与医疗水平、降低医疗开支、满足广大人民群众保健需求的一项全新的医疗服务。远程医疗整合先进的视讯技术和医疗专业需求，以大、中型医院为核心，连接基层医院、医疗教学机构等，实现远程医学活动、稀缺专家资源的共享，从而提高医学教育和疑难重症救治水平，有效加强基层医院医疗服务能力，提高行动不便老年人群就医的便捷性，缓解农村、

偏远地区老年患者看病就医困难问题。

（三）电子健康档案

电子健康档案（electronic health records，EHR）是人们在健康相关活动中直接形成的具有保存备查价值的电子化历史记录。它是存储于计算机系统之中、面向个人提供服务、具有安全保密性能的终身个人健康档案。EHR是以居民个人健康为核心，贯穿整个生命过程，涵盖各种健康相关因素、实现多渠道信息动态收集，满足居民自我保健、健康管理和健康决策需要的信息资源。健康信息包括基本信息、主要疾病和健康问题摘要、主要卫生服务记录等内容，信息来源于医疗卫生服务记录、健康体检记录和疾病调查记录，可进行数字化存储和管理。通过电子健康档案可以实现对老年人的健康评估、健康指导等功能，可跟踪老年人健康状况走势，同时可以实现医疗机构间的信息互联互通、健康信息共享，方便不同层级医疗机构间老年患者的双向转诊。

（四）移动医疗

移动医疗（mobile health）是通过使用移动通信技术，如PDA、移动电话和卫星通信来提供医疗服务和信息；移动互联网领域，则以基于安卓和ISO等移动终端系统的医疗健康类APP应用为主。低成本的智能手机和全球性移动通信网络的普及，为移动医疗提供了可行的技术基础。老年人及其亲属在任何时间地点均可以通过移动医疗服务系统接受医疗卫生服务，同时享受便捷的支付方式。在医疗人力资源短缺的情况下，移动医疗有助于改善老年人群看病难问题。

五、智慧医疗在老年卫生保健方面的应用

（一）远程健康管理促进老年人健康

老年人健康管理是对老年人的健康进行的计划、组织、指挥及控制的过程。通过健康管理为老年人建立健康档案，评估其健康危险因素，重点关注其可改变的健康危险因素，制订干预计划和方案，通过健康教育、健康咨询、健康指导等后续服务实施健康干预，在最大程度上维护老年人的健康，提高其生命质量，保障老年人健康权益。

随着我国人口老龄化的加速，“人盯人”和“面对面”的人海战术已经无法应对日益增加的老年人的医疗保健问题，老年人远程健康管理成为老年人健康管理的一个重要手段。一方面，大数据时代的来临，公共服务大数据工程随之启动，将建设覆盖公共卫生、医疗服务、医疗保险、药品供应、计划生育和综合管理业务的医疗健康管理和服务大数据应用体系；另一方面，卫生产业中远程健康管理尤其是老年人远程健康管理已经吸引众多关注老年健康服务的投资者。老年人远程健康管理行业的发展，需要借助现代信息技术、机电一体化、人体工程设计、生物医药、现代物流，以及不同学科之间的交叉创新，也需要结合老年人生理心理行为特征以及健康需求。

老年人远程健康管理不同于传统面对面的健康管理和健康服务，将部分体检、数据的分析评估、健康咨询和后续跟踪服务通过线上完成，因此具有其明显的优势。首先，老年人远程健康管理可以汇集老年人连续的体检信息，建立健康档案，便于对体检报告进行历史性对比和分析，了解健康状况的变化。其次，老年人或者其子女可以随时查看健康信息，随身携带健康相关信息资料和平台，实现检后服务实时互动。再次，通过远程数据记录和监测，远程健康管理能及时处理常见健康问题，足不出户便可以与健康管理师沟通健康状况，解决健康问题，从而节省交通、时间等各项成本。此外，数据检测更及时，检后服务能及时送达，提醒工作完全实现自动化，智能化，节省人力成本。

老年人远程健康管理受到多方关注，健康产业市场的投资者即各种类型的健康管理公司，

养老机构、卫生服务机构、政府等各方对老年的远程健康管理都表现出较大关注，目前尽管老年人远程健康管理还处于起步阶段，但是一些积极的实践探索都在开展进行。

目前相关健康管理公司开展的远程健康管理的实践主要是通过线下健康体检并建立健康档案后，有针对性地佩戴智能可穿戴设备。智能设备持续监测老年人的相关健康数据，采集人体血糖、血压、心率、血氧含量、体温、呼吸频率等生理数据，并将数据传输至健康管理机构中心，以便专业人士进行全面、专业、及时的分析和评估。通过在线数据的采集和分析，健康管理公司的专业人员将评估结果及时反馈给本人或家属，借助微信等通信手段便能随时了解老年人的健康数据，并提供专家热线进行健康咨询和指导。远程健康管理平台，可以帮助记录老年人每日饮食，运动情况及身体状态等众多信息，并可通过病情管理系统，使老年人及其家属能轻松了解管理对象每日的营养摄入、活动消耗、健康状况等相关信息，以便做出更好的判断，实现健康目标。

养老机构也积极探索在老年人健康管理方面与医疗机构的合作机制，提高对养老机构老年人的健康管理服务水平。养老机构配合基层医疗卫生机构共同建立完善老年人电子健康档案，在合作医院的指导下，开展老年人健康查体、慢性病管理、急诊救治咨询、心理慰藉、远程看护和基于健康档案的健康管理等服务。

针对老年人群体的慢性病健康管理也处于积极探索中。2015 年 9 月，国家卫生计生委卫生发展研究中心联合春雨医生启动“基于移动互联网技术的糖尿病患者健康管理研究”项目，该项目由国家卫生计生委卫生发展研究中心主持设计，旨在利用移动互联网技术，探索糖尿病患者个体化管理新模式，调动糖尿病患者和重点管理人群的自我管理积极性，通过有效的患者管理改善糖尿病患者预后，减轻社会疾病负担。该项目以“春雨糖管家”手机 App 和信息化管理平台为载体，将线上管理、线下治疗相结合，实现患者自我管理、全科医生线上管理、专科医生动态指导及线上专家团队技术支持相结合的全面管理模式。线上管理将为每名患者建立完备的健康档案，包括患者的生理健康数据、既往医保及药品费用、疾病风险评估等多项指标，并根据个体数据制订个性化管理方案，医生通过线上指导进行个性化干预、行为干预、健康干预和健康体检等，完成线上管理过程；线下管理将实行基层首诊、上下联动、急慢分治的分级诊疗新机制。

（二）远程医疗让老年人享受高质量医疗服务

远程医疗在国外尤其发达国家已被广泛应用于多医学专科的诊断治疗和疑难杂症的专家会诊，我国农村和偏远地区由于医疗技术水平较低，远程医疗可以借助异地医疗资源帮助实现诊疗和救治，远程医疗的发展更有必要性。

2010 年以来，中央财政投入 8428 万元，支持 22 个中西部省份和新疆生产建设兵团建立了基层远程医疗系统，并安排 12 所原国家卫生和计划生育委员会部属（管）医院、98 所三级医院、3 所二级医院和 726 所县级医院，大力推动远程医疗的发展。国家卫生计生委统计，2013 年全国开展远程医疗的机构共计 2057 所。

远程医疗可以实现不同区域的老年人在医疗过程中共享优质资源，为老年人尤其是行动不便的老年人实时远程会诊、远程诊断、远程重症监护，远程医疗打破了医疗服务在时间和空间上的限制，使老年人在家里、基层机构或者偏远地区均有可能享受高级别医疗专家提供的高质量医疗服务，节约看病时间和交通费用，赢得就诊时间，提高医疗诊断的准确率，便于救治急危重病患，远程医疗系统在特别危险环境下对患者的救治发挥着重大作用，远程医疗在很大程度上能缓解老年人“看病难、看病贵”的问题。

（三）移动医疗大大缩短老年人就医时间

移动医疗业务的开发将改变传统医疗护理服务模式，缩短患者与医生的时空距离。一方面改变了传统的就医模式，充分利用信息通信技术使预约挂号、在线咨询医生、用药提醒、掌上药店等服务成为可能；另一方面，移动医疗 APP 是基于移动终端的医疗类应用软件，通过手机终端采集用户的多种生理信息。手机终端利用采集器来实现数据采集功能，采集器与手机可以是一体的也可以是分体的，两者之间采用有线或无线方式传递信息，实现数据信息的实时传输。

随着我国“互联网+”行动计划的提出，“互联网+医疗”将会向前迈进一大步。互联网巨头们争相竞争移动医疗市场，阿里健康、百度医生、挂号网和丁香医生等移动医疗应用平台均已经建立。根据中国医药物资协会统计，2014 年年底我国移动医疗 APP 已有 2000 多款，移动医疗 APP 呈迅猛增长趋势。但由于数据传输、网络环境、操作性等技术原因，大部分没有实现预期效果。

目前，使用智能手机的年轻人是移动端的主要使用者，随着老龄化进程加快，移动医疗将逐步涉足老年人医疗市场，尤其是具有一定智能手机使用能力的城市退休老年人。针对老年人的移动医疗尤其应注意界面简洁，操作方便、流畅等，克服老年人畏惧使用移动智能产品的心理，同时在服务内容方面满足老年人的就医需求。

第三节　智能化养老

随着现代通信技术和计算机技术的发展，物联网、云计算、大数据及智能控制技术等被广泛地应用于养老产业，智能化养老方式在发达国家已经得到长足发展，形成较为成熟的老龄产业形态。在我国，由于智能化养老的概念提出较晚，目前尚处于摸索阶段。

一、智能化养老概述

（一）智能化养老的起源与发展

西方发达国家很早就倡导“在适宜环境下养老（aging in place）”的理念，而智能化养老的概念最早由英国生命信托基金会提出，它们称其为全智能化老年系统，后来这种理念逐步推广到其他国家。美国将智能化理念引入公寓设计进而顺推到老年公寓，并首次提出持续照护性质的社区（continuing care retirement communities，CCRC），让老年人能享受到智能科技的高质量持续照顾，入住服务功能齐全的复合式老年社区。

我国的智能化养老相比于西方发达国家，起步较晚。早期智能化养老体现在智能化建筑设计上，而我国的住宅建筑从 20 世纪 80 年代才真正开始。近年来，现代化生产方式和生活方式不断冲击传统的居住观念，客观上刺激了高智能、高品质养老方式的产生。2011 年国家出台了《养老住区智能化系统建设要点与技术指导》，根据养老住区建设的系统规划、功能规划和建设要求的不同，将养老住区智能化系统分为一星级、二星级和三星级三个等级，作为评定养老住区智能化系统等级划分的根据，由此智能化养老应运而生。

2012 年 10 月，“首届全国智能化养老战略研讨会”在北京召开，首次提出“智能化养老”的理念，并对这一理念的基本含义做了阐述，标志着我国的智能化养老方式探索迈出了开创性的一步。

2016 年 11 月，第三届“世界互联网大会”在浙江乌镇召开，大会明确，未来“互联网+养老”在现有的基础上将变得更加智能化，通过智能终端与云服务平台连接，使家属、社区及服务机构能够实时掌握居家老人的身体健康指标，或许智慧化的“互联网+养老”将解决独生子女时代的养老问题。另外，乌镇已经开启了“乌镇智慧养老 2+2 新模式”，实现了居家和社区养老、医疗服务的全覆盖，成为我国“互联网养老”的示范小镇。

（二）智能化养老概念

智能养老即“智能居家养老”（smart home care），最早由英国生命信托基金会提出，被统称为全智能化老年系统，该养老模式能让老人在日常生活中不受时间和地理环境的束缚，在自己家中过上高质量、高享受的生活。

智能化养老就是依托物联网、云计算、大数据和空间地理信息管理等新一代信息技术，集合运用现代老年服务业技术和智能控制技术，为老人提供安全、便捷、健康、舒适服务的现代养老模式。

（三）智能化养老的特点

1. 科技集成　智能化养老是现代科技的集成平台，集合了通信与信息技术、计算机网络技术、老年服务行业技术、现代医疗保健、智能控制技术等，实现了养老方式的革命。采取智能化技术设备不仅可以大大提高养老服务效率，还可以改善养老服务质量。当前，我国智能化养老刚刚起步，很多养老机构的技术和设备相对落后，还不能满足现代老年人对生活质量的要求。利用现代智能技术来改变我国养老服务的现状，可以推动养老服务业的科技创新，让老年人能够充分享受现代科技发展带来的福利，安享晚年。

2. 以人为本　最大限度地满足老年人的需求是智能化养老的根本。随着年龄的增长，老年人的身体功能逐渐下降，传统养老机构里以失能、半失能的老年人为主，需要全方位的照护。智能养老技术应用到机构的设施或管理系统中，可以有效地检测老年人的身体状况，对老年人的健康进行管理，如遇到跌倒、突发疾病等突发事件时能够及时地警报和检测。

另外，现代社会有很多独居、空巢老人，很多老年人退休后失去了生活重心和社会职能，逐渐向社会底层人群下沉，就容易产生孤独和抑郁的情绪。智能化养老技术可以建立老年人与外界社会的联系，帮助他们认识、学习新事物从而与社会进行沟通，更有很多家庭养老信息技术的应用可以让老年人随时随地与家人进行交流。

3. 生态环保　应用先进的科学技术和产品，实现节能减排、绿色低碳，为老年人营造一个适宜养生养老的生态环境。

4. 优质高效　科学技术的应用，提高了工作效率，降低了人力成本，减轻了劳动强度，提高了服务质量。如养老机构的智能管理系统简化了人工结算、房间安排、老年人身体检测等流程，工作人员通过系统就可以安排住房、床位、健康管理、结算费用等。

5. 整合资源　智能化的科技集成平台，整合了养老服务所需要的各种资源。如互联网、物联网、医疗卫生、护理康复、物业管理、建筑设计、社工方法等。智能化养老服务平台，可以承载生活照料、健康管理、康复护理、精神慰藉等服务内容，为老年人提供多样化服务。

二、智能化养老方式

（一）智能居家养老模式

1. 概念　智能居家养老是指利用互联网、云计算和物联网等先进技术，通过智能感知设备、互联网服务等手段，最大限度地将老人的位置信息、生理健康指标、活动量等与各类传感器、互联网、数据中心随时随地实施连接，让监护人、服务机构和志愿工作者等，能远程自动实现对居家老人的安全看护、健康监测、精神关爱和生活服务等。

2. 智能居家养老系统的构成　主要由技术、终端产品和服务三方面构成。一是技术构成。物联网（the internet of things）技术——通过智能感知、识别技术与普适计算打破了传统思维，使人们最大限度地实现各类传感器和计算网络的实施连接，让老人的日常生活（特别是健康状况和出行安全）能被子女远程查看。“云技术”——基于云计算商业模式应用的技术，为居家养老和社区养老服务中心提供成熟可靠的信息化手段的服务和管理。二是终端产品。智能居家养老系统采用电脑技术、无线传输技术等手段，在居家养老设备中植入电子芯片装置，使老年人的日常生活处于远程监控状态。终端产品一般为感应器设备，现有心电监测器、血压监测仪、智能手表等设备能够检查老人的血压、体重、血脂等状况。三是服务构成（图 11-1）。

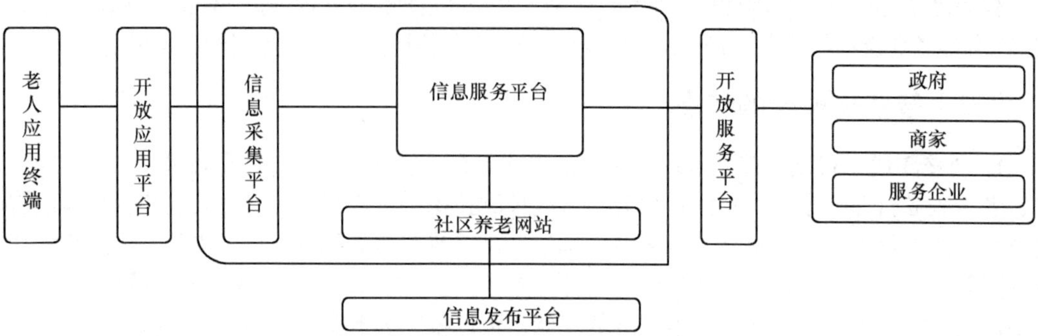

图 11-1　智能居家养老系统的构成

3. 特点　一是功能实用。老年人对于智能家居产品的需求更多的是停留在与子女常联系、就医、生活便利等方面，智能产品也主要针对老年人的生活需求来设计，更偏重于实用性。如老年手机的设计，外形上以大字键盘、按键为主；功能主要是电话、短信等常用功能。二是操作简便。老年人由于身体功能的下降，记忆力及学习能力都有所下降，智能产品的操作应以简便操作为主。产品的高智能化带给老年人舒适便捷的体验，进而降低老年人对智能居家产品的学习和适应成本。三是智能辅助。智能家居设计的初衷就是利用现代信息技术，构建适合老年人居住的软件、硬件及服务智能化的服务体系和家居环境，协助老年人便利的生活，从穿戴产品到社区网络，拓宽他们的生活圈子，使老年人能更好地享受晚年生活。

4. 我国智能家居养老存在的问题

（1）设备功能尚待开发。老年人的需求是多方面的，当前智能化设计只能满足老年人的部分需求，随着技术的不断进步和养老服务的不断完善，会开发更多的功能来满足老年人的需求。

（2）价格偏高，适用人群有限。智能家居系统虽然为老年人带来了不少便利，但价格相对偏高，给部分经济条件不够好，但又需要相关服务的家庭带来不小的压力。

（3）隐私保护堪忧。智能系统在执行远程监控功能的同时，也带来一些隐私权的问题，部分老人觉得有监视感，不愿意接受新型产品。

（二）虚拟养老院

1. 概念　虚拟养老院服务模式是指在信息技术支撑下，依托社区，整合社会各类组织资源为服务网络内的老人提供养老院式服务的一种社会化养老模式，被称为“没有围墙的养老院”。由政府建立一个信息服务平台，当老年人有服务需要时，拨一个电话给信息服务平台，信息服务平台就会按照老年人的要求，派出服务员工上门为老年人提供服务，同时对服务质量进行监督。

2. 服务内容　当前我国的虚拟养老院服务中心以为老人提供日常生活照料服务为主，还包括医疗保健、家政便民、心理慰藉、法律咨询和娱乐学习等多个服务门类。

3. 虚拟养老院的特点

（1）管理信息化。虚拟养老院就是将信息化的技术和手段应用于社区居家养老的服务与管理中。在整个服务过程中，由客户发出订单需求信息，系统确认服务，到最终提供上门服务并接受客户监督。通过这种信息化管理技术，虚拟养老院既拥有机构养老所缺少的个性化管理，又实现了机构养老所具有的专业化服务，为老年人提供了规范的、人性化的主动式服务。

（2）运作市场化。虚拟养老院是以政府为发起人，引导社会力量以加盟的方式参与到养老产业中来。在创建过程中，政府及其职能部门始终起着主导、引领、扶持和管理监督作用。首先是信息技术平台由政府支持，如场地的提供、系统开发等。其次是提供优惠扶持政策，政府一方面对虚拟养老院提供开办经费的补贴；另一方面对养老援助对象提供政府团购服务。再者是创造良好的氛围和环境，虽然政府是有效推动者，但这并不意味着政府必须“大包大揽”，因此社区养老服务呼唤社会化服务，更加急需一个企业市场化运作的服务机制。

（3）服务标准化。虚拟养老院提供的服务必须按照政府的有关规定，内容涉及多个门类，要求每项服务都有明确要求，并且有第三方的监督管理，以保证服务质量。

4. 虚拟养老院存在的问题

（1）成本压力大，缺少优惠政策。首先虚拟养老院的运转主要靠政府补贴来维持，这会使地方政府和财政负担压力不断加重。其次，虚拟养老院是个新生的事物，目前还不能享受到传统养老院在税收、用电、用水和用地等方面的优惠政策，这在很大程度上给虚拟养老院的发展带来影响。

（2）服务队伍需要不断扩大。一是当前养老服务的从业者太少，远远不能满足目前国内的养老需求；二是从业者的年龄结构不合理，当前我国养老服务人员以40～50岁的女性人群为主，从业人员年龄比例不协调。三是从业人员整体素质和技能有待提高。由于人员短缺，很多从业者是下岗或者待业人员通过短时间培训后上岗，这在很大程度上影响了服务质量的提高。

（3）购买程序规范化水平较低。我国当前在相关的政府购买服务的资金预算和政府采购的公开招标程序上，还缺失一套对居家养老服务的相关监督、管理、评估等方面的规范、公开、透明的预算、购买运行程序。

（三）智能养老院

智能养老院系统采用了 Zigbee、传感网络、云计算、医疗物联网、移动互联网等先进技术和理念，以养老院实际管理和服务需求为出发点，建立了一套成熟完善的养老院智能化管理系统。系统涵盖了养老院日常基本信息管理、老人安全监护、老人健康监护、老人外出看护、以及便捷的关怀服务等一系列功能模块。确保养老院工作人员能够实时准确地监测和管理老人的生活起居和健康状况，在出现特殊情况的时候能最地响应，从而为老人的生命安全与健康舒适的生活提供保障。

1. 智能养老院的特点

（1）有效性。采用先进的物联网技术可以对日常工作业务进行数据化、模块化的处理，对日常工作中产生的数据进行组织、加工、处理、输出，有效地将繁杂的海量数据进行整理、分析，通过信息的梳理和挖掘来进行决策和个性化服务，统一调度工作，节约人力资源，提高工作效率。

（2）及时性。能及时检测老人身体体征和生活规律，院方和家属能够随时掌握信息，更好地为老人提供个性化的服务，一旦出现如老人跌倒等紧急情况时，可以及时地采取救援措施。

（3）实用性。从老人入住养老机构要求有饮食、日常护理、康复训练、心理疏导、活动安全等需求来看，机构智能管理系统涵盖老人在机构里生活的全部信息，既能方便老人及其亲属了解机构日常管理和服务，也能够及时满足老人的各方面需求，提高服务水准，增进老人满意度。

2. 智能养老院存在的问题

（1）成本较高。养老机构智能化系统包含 Zigbee、传感网络、云计算、医疗物联网、移动互联网等先进技术，开发成本较高，系统维护运行需要不断地投入和更新，就现状来看，智能化养老系统的普及还有一定的难度。

（2）使用率较低。目前我国大部分的机构尚未实行智能化管理，一是大部分机构没有条件安装智能化系统，二是很多机构管理者思想比较传统，没有认识到智能化管理的优点，不敢轻易尝试。

（3）安全性有待提高。智能化管理可以监控老人关于饮食、用药、护理等所有的信息，有些也包括老人亲属的个人隐私，一旦信息泄露或者被不法者利用，将会给老人及家属带来不可估量的损失，甚至危害社会，这就需要机构管理者在保障老人及亲属隐私的情况下，合理利用信息。

三、智能化养老系统结构体系

智能化养老系统由养老信息服务系统和智能装备等组成。

智能化养老系统是由基础数据资源、法规与规章、技术标准以及地域相对分散的多家庭、社区信息子系统和区县监控与服务系统、城市政府服务与监管系统、托老机构服务管理系统等构成，与社区医疗卫生系统等其他社会类型服务系统对接。

智能化养老系统是以托老机构、医疗卫生服务机构为中心的区域网络，每个区域网络又被区县监管与服务系统连接，形成一个由市、区、县、托老机构、社区、家庭、老人节点、养老人员节点、医护人员节点等构成的树型网络，在通信介质上，系统末端适合采用宽带无线网络，而在社区以上层次采用宽带有线网络来实现。

四、我国智能化养老存在的问题（难点）和前景

（一）成本是智能化养老服务发展最主要的瓶颈

目前老年人保守的消费理念是养老服务的一大阻力。多数老年人还是不愿把自己毕生的积蓄花在养老方面，所以目前养老产业多是叫好不叫座。养老建设成本费用很高，除了公益性、政策性养老机构外，政府要起到支撑托底作用，给予政策上、税收上的倾斜，在智能化养老建筑产业给予扶持，在社区和机构统一配置智能化养老设施。

（二）老年服务风险管理政策法律不健全

老年服务在法律制度建设方面还处于起步阶段，没有一个完善的可供参考的老年服务法律法规。智能化养老虽然可以大大提高老年人的安全，但是也不能完全避免老人自身造成的意外伤害，如老人在养老院意外跌倒造成人身伤害或死亡，如果权责界定不清晰，会带来很多麻烦，特别是对现在的养老社区和机构。所以，要注意老龄群体的特殊性，规范其发展，以免使产业陷入利益化陷阱，老人无法从中享受到应有的服务。养老产业的发展应把社会效益和经济效益放在同等重要的地位。

（三）养老服务标准不完善

近年来，我国先后颁布了《国务院关于加快养老服务业发展的若干意见》《中华人民共和国老年人权益保障法》《关于推进老年宜居环境建设的指导意见》《“十三五”国家老龄事业发展和养老体系建设规划》，初步形成了养老服务质量、服务资质、服务设施、服务安全卫生、服务环境监测等一系列的标准体系，一定程度上了推动养老服务体系的规范化发展。但仍存在一些突出的问题。首先，我国尚未建立科学完善、协调统一的社会服务标准。养老标准涉及建筑、设备设施、医疗、饮食、服务、精神、环境等多个层面，但这些层面的规范零散地分散在不同的文件中，所以让养老服务的工作者无法从总体上把握社会服务的具体方向和标准。其次，针对我国养老服务的国家标准和行业标准尚不全面，就设置标准的类型而言，多数是以机构设置、设备设施、辅助仪器等建筑设施方面为标准，而真正意义上有针对性、可测评的软服务标准还较为缺乏，造成目前各种模式自成一派、老年服务质量偏低的状况。智能化养老在推进的时候可能会无所适从。

（陈　琴　潘聪聪　罗志明）

参考文献

埃里克·托普著. 2014. 颠覆医疗：大数据时代的个人健康革命[M]. 张南等译. 北京：电子工业出版社.
柏宁，尹梅. 2014. 医学视域下对中西方死亡文化差异的分析. 医学伦理学理论研究[J]，35（5A）：21～23.
蔡爱泽，于俊琴，李艳鸿，等. 2006. 45 例中晚期老年癌症患者死亡观调查分析. 天津护理，14（5）：251～253.
曹娟. 2013. 积极老龄化视角下中国老年社会保障研究[D]. 南京：南京大学.
曹宪忠，杜江先. 1998. 家庭养老——我国现阶段养老制度的必然选择[J]. 山东大学学报（哲学社会科学版），（4）：102～105，89.
曹玉萍，张亚林，郭果毅，等. 2007. 湖南省不同地区家庭暴力发生现况的比较[J]. 中国心理卫生杂志，21（12）：849～852.
陈柏峰. 2009. 代际关系变动与老年人自杀——对湖北京山农村的实证研究[J]. 社会学研究，（4）：157～254.
陈勃. 2006. 人口老龄化背景下城市老年人的社会适应问题研究[J]. 社会科学，6：89～94.
陈传锋，金一波，汪莹，等. 2008. 家庭居住与机构居住老年人社会支持的比较研究[J]. 心理与行为研究，6（1）：23～29.
陈功，杜鹏，陈谊. 2001. 关于养老"时间储蓄"的问题与思考[J]. 人口与经济，6：67～73.
陈华峰，陈华帅. 2012. 婚姻状态对老年负性情绪影响的队列研究[J]. 中国心理卫生杂志.（26）：104～110.
陈璟，蔡昭敏. 2015. 老年人自我忽视研究：现状与展望[J]. 心理发展与教育，31（3）：377～384.
陈静，江海霞. 2013. "互助"与"自助"：老年社会工作视角下"互助养老"模式探析 [J]. 北京青年政治学院学报，（4）：36～43.
陈雷，江海霞. 2013. 临终贫困、生命质量与老年临终关怀发展策略[J]. 中国行政学院学报，98～103.
陈立新，姚远. 2005. 社会支持对老年人心理健康影响的研究[J]. 人口研究，29（4）：73～78.
陈文文. 2015. 老年人离婚现象的思考——基于社会学的视角[J]. 长江大学学报（社科版），6（6）：46～49.
陈玉光. 2013. 社区养老服务体系建设：国际经验与基本路径[J]. 新视野，2：23～26.
黛安娜·帕帕拉，萨莉·奥尔兹，露丝·费尔德曼. 2013. 发展心理学[M]. 李西营等，译. 北京：人民邮电出版社.
邓大松. 2007. 社会保障理论与实践发展研究[J]. 人民出版社，107～114.
董之鹰. 2004. 21 世纪的社会老年学学科走向[J]. 社会科学管理与评论，1（21）：65～71.
杜伟华. 2014. 浅谈临终关怀所面临的相关伦理问题[J]. 卫生职业教育，4（32）：158～159.
方黎明. 2016. 社会支持与农村老年人的主观幸福感[J]. 华中师范大学学报（人文社会科学版），55（1）：54～63.
付敏红. 2005. 影响城市老年人休闲生活的因素及对策———以南宁市老年人为例[J]. 广西社会科学，12：173～176.
龚润秀，覃芳芳. 2011. 老年人常见心理问题及护理干预[J]. 检验医学与临床，8（23）：2940～2941.
辜胜阻，王冰. 1988. 城市老年人口生活方式的研究[J]. 中国老年学杂志，1（1）：25～28.
官建文，唐胜宏，许丹丹. 2015. 移动互联网蓝皮书：中国移动互联网发展报告（2015）[M]. 北京：中国科学文献出版社.
郭晋武. 1997. 家庭结构与老年人身心健康关系的研究[J]. 中国老年学杂志，17：72～74.
郭永玉. 2003. 濒死经验与相关的心理治疗问题[J]. 华中师范大学（人文社科版），42（5）：122～126.
国家统计局. 2014. 中国统计年鉴[J]. 北京：中国统计出版社.
国家应对人口老龄化战略研究. 2014. 人口老龄化与经济可持续发展研究课题组. 人口老龄化与经济可持续发展研究[M]. 北京：华龄出版社.
国家应对人口老龄化战略研究. 2014. 人口老龄化与文化发展研究课题组. 人口老龄化与文化发展研究[M]. 北京：华龄出版社.
何廷尉. 1997. 我国老年人婚姻状况的影响因素分析[J]. 医学与社会，10（4）：16～18.
贺寨平. 2002. 社会经济地位、社会支持网与农村老年人身心状况[J]. 中国社会科学，（3）：135～148.
贺寨平. 2008. 个人特征与老年人社会支持[J]. 江苏社会科学，（5）：99～105.
胡汝泉. 1988. 老年社会学的对象、领域和作用[J]. 社会学研究，1（1）：26～30.
胡洋. 2011. 农村地区老年人虐待流行现状及危险因素分析[D]. 华中科技大学.
胡永琴. 2008. 人口老龄化背景下社区养老机制研究[J]. 哈尔滨市委党校学报，6：55～56.
胡湛，彭希哲. 2012. 家庭变迁背景下的中国家庭政策[J]. 人口研究，（36）：3～10.
黄庆波. 2014. 中国老年人的婚姻与死亡风险的研究[J]. 老龄科学研究，2（11）：36～43.
季坚，孙蓉，耿青，康美玲. 2006. 家庭功能对老年抑郁状态的影响[J]. 中国健康心理杂志，14（4）：432～433.
贾岩. 1990. 简明老年学辞典[K]. 北京：中国商业出版社.
蒋煜. 2012. "积极老龄化"视野下的老年精神慰藉福利服务研究——以江苏省五城市为例[D]. 南京：南京师范大学. 硕士学位论文.
蒋子桓. 2011. 积极老龄化理论及政策研究[D]. 成都：西南财经大学.
金刚. 2010. 中国退休年龄的现状、问题及实施延迟退休的必要性分析. 社会保障研究，2：32～38.
靳颖倩. 2011. 我国城市老年人丧偶再婚问题研究[D]. 硕士学位论文. 河北大学.
李安彬，严建雯，陈传锋. 2007. 空巢家庭老年人的心理问题与社会支持[J]. 海南师范大学学报（社会科学版），20（92）：161～163.
李贝，吴清福. 2013. 广东省移居老年人生活质量及影响因素分析[J]. 中国公共卫生，29（12）：1822～1824.
李兵，杜鹏. 2005. 老龄社会学理论：研究现状和政策意义[J]. 人口研究，5（5）：66～72.
李川瑜. 2007. 我国城市居家养老社区服务研究[D]. 杭州：浙江大学.
李虹彦，聂文博，殷欣. 2014. 远程医疗在老年保健中的应用[J]. 中国老年学杂志，7：3802～3804.
李惠玲. 2014. 临终关怀指导手册[M]. 苏州：苏州大学出版社.
李俊主. 2013. 老人运动五原则[J]. 金秋，7.
李丽君. 2010. 新型养老服务模式的探索——对兰州市城关区"虚拟养老院"建设的调查与思考[J]. 改革与战略，10（26）：177～179.
李倩. 2013. 代际关系与随迁老人的城市适应——以上海市 M 社区为例的质性研究[D]. 上海：华东理工大学. 硕士学位论文.
李珊. 2011. 影响移居老年人社会适应因素的研究[J]. 中国老年学杂志，31（12）：2301～2303.
李珊，于戈. 2012. 移居老年人的社会关系与心理健康问题研究[J]. 现代预防医学，39（13）：3273～3275.
李顺. 2014. 农村社区的互助养老模式研究[D]. 成都：西南财经大学. 硕士学位论文.
李晓淳. 2012. 健康管理[M]. 北京：人民卫生出版社.
李欣. 2013 老年心理维护与服务. 北京：北京大学出版社，189.
李旭初，刘兴策. 2009. 新编老年学词典[K]. 武汉：武汉大学出版社.
李洋，董晓梅，王声湧，田军章. 2013. 我国城乡老年人虐待的流行现况及防治策略[J]. 中华疾病控制杂志，17（5）：437～441.

李义庭，邓帅，刘芳，等. 2014. 临终关怀医疗服务体系建设的思考[J]. 中国医学人文，8～10.
李志敢. 2014. 运动锻炼对老年人身体机能影响的评析[J]. 中国医学创新，3（11）.
历妍. 2012. 住宅空间智能化的应用研究[D]. 南京林业大学.
梁巧惠. 2014. 我国城镇社区“互助养老”模式研究[D]. 大连：东北师范大学. 硕士学位论文.
林崇德. 2002. 发展心理[M]. 杭州：浙江教育出版社.
林南，王玲，潘允康，等. 1987. 生活质量的结构与指标——1985 年天津千户卷调查资料分析[J]. 社会学研究，6（6）：73～89.
刘爱玉，杨善华. 2000. 社会变迁过程中的老年人家庭支持研究[J]. 北京大学学报，（3）：59～70.
刘超，郭永玉. 2010. 死亡意识：意义感在临终关怀中的作用[J]. 心理研究，3（1）：9～15.
刘红芹，包国宪. 2012. 政府购买居家养老服务的管理机制研究——以兰州市城关区“虚拟养老院”为例[J]. 理论与改革，1：67～70.
刘晶. 2005. 城市居家老人生活质量评价指标体系研究[D]. 上海：华东师范大学.
刘蕾，姜涛，李德俊，陆建国. 2015. 离退休人群“四高症”中医病因辨析及防治对策[J]. 中国临床保健杂志，18（2）：223～224.
刘敏. 2014. “老漂族”城市适应问题的社会工作介入策略[D]. 兰州：西北农林科技大学. 硕士学位论文.
刘萍，席淑华，马静. 2009. 我国老年人社会支持现状[J]. 解放军护理杂志，26（4）：46～47.
刘琼，贾真，赵丹. 2014. 关于老年人健康管理意义的思考[J]. 大众体育. 4：145～146.
刘雯. 2012. 社会工作视角下的城市空巢老人社区养老问题研究[D]. 湖南师范大学.
刘燕. 2014. 制度化养老、家庭功能与代际反哺危机——以上海市为例[D]. 上海：华东理工大学. 博士学位论文.
刘颖. 2014. 中国老年人口迁移特征与影响的实证研究[D]. 硕士学位论文. 北京：首都经济贸易大学.
刘渝琳. 2007. 养老质量测评——中国老年人口生活质量评价与保障制度[M]. 北京：商务印书馆.
刘志荣，倪进发. 2002. 城市老年人孤独的相关因素与对策[J]. 安徽预防医学杂志，8（6）：326～328.
柳娜，艾小青，曹玉萍，张亚林. 2012. 家庭暴力老年人受虐的研究进展[J]. 中南大学学报（医学版），37（4）：419～423.
卢锡芝，屠玉玲，章晓莉. 2004. 临终关怀与死亡教育的进展[J]. 护理管理杂志，4（1）：46～48.
罗楠. 2012. 家庭结构变动下城市的养老模式选择研究[D]. 西安：陕西师范大学. 硕士学位论文.
吕津. 2010. 中国城市老年人口居家养老服务管理体系的研究[D]. 长春：吉林大学.
吕振波，张晋. 2015. 老龄化背景下临终关怀的现状及发展对策研究[J]. 辽宁医学院学报（社会科学版），1（13）：21～23.
马惠娣. 2011. 西方老年休闲学研究述评——兼及中国老龄化社会进程中的休闲问题[J]，洛阳师范学院学报，3（30）：33～39.
马慧敏. 2015. 智能居家养老系统的现状与前景——以京津为例[J]. 公共管理，33：60.
马瑄，倪雪. 2015. 我国临终关怀发展现状及对策[J]. 中外企业家，18（500）：232～233.
马瑄，倪雪. 2015. 对我国临终关怀发展现状及对策的探讨[J]. 法制博览，06（中）：119～120.
梅陈玉蝉，齐铱，徐玲. 2004. 老年学理论与实践[M]. 北京：社会科学文献出版社.
孟庆方，许昭，林勇虎. 2007. 体育活动参与程度与老年人孤独感及生活满意度的关系[J]. 山东体育学院学报，23（3）：83～83.
孟宪武. 2002. 临终关怀[M]. 天津：天津科学技术出版社.
欧阳雪莲，陈勃，罗照盛. 2009. 老年人社会适应性与主观幸福感的结构关系[J]. 心理学探新，29（5）：92～96.
潘卉. 2012. 美国老年居住建筑模式对我国的启迪[J]. 山西建筑，（26）：21～22.
裘加林，田华，郑杰等. 2015 智慧医疗[M]. 北京：清华大学出版社.
人社部. 2015. 2014 年度人力资源和社会保障事业发展统计公报.
人社部. 2015. 中国社会保险发展年度报告 2014.
阮晓东. 2014. 智能居家养老，走出概念适应社会[J]. 新经济导刊，50～55.
申继亮，周丽清，佟雁等. 2003. 亲子支持和孝顺期待对老年人孤独感的影响[J]. 中国临床心理学杂志，11（3）：167～169.
申美玲. 2006. 中国家庭养老问题的伦理思考[D]. 硕士学位论文. 湖南师范大学.
施永兴，罗维. 2012. 人生终点的陪伴——临终关怀百题[M]. 上海：上海交通大学出版社.
施永兴，王光荣. 2009. 缓和医学理论与生命关怀实践[M]. 上海：上海科学普及出版社.
施永兴，王光荣. 2010. 中国城市临终关怀服务现状与政策研究[M]. 上海：上海科技教育出版社.
石礼华，刘庚常. 2013. 论我国临终关怀制度构建[J]. 中国医学伦理学，4（26）：522～523.
史宝欣. 2007. 生命的尊严与临终护理[M]. 重庆：重庆出版社.
宋璐璐. 2015. 互联网医疗的发展前景[J]. 全球商业经典，9：3802～3804.
宋全成，崔瑞宁. 2013. 人口高速老龄化的理论应对——从健康老龄化到积极老龄化[J]. 山东社会科学，4（4）：31～33.
苏永刚，马娉，陈晓阳. 2012. 英国临终关怀现状分析及对中国的启示[J]. 山东社会科学，2（198）：48～54.
孙瑶. 2014. 基于物联网的某三甲医院老年糖尿病患者居家健康管理模式的研究[D]. 广州：南方医科大学.
汤伟. 2015. 远程医疗现状及其后续发展分析[J]. 科技广场.
唐雄燕，李建功，贾雪琴. 2013. 基于物联网的智慧医疗技术及其应用[M]. 北京：电子工业出版社.
唐仲勋，叶南客. 1988. 国外老年社会学的七种理论模式[J]. 国外社会科学，11：89～92.
唐仲勋，叶南客. 1990. 关于现代化进程中的老年人地位[J]. 人口学刊，12：28～31.
腾讯科技频道. 2015. 跨界[M]. 北京：机械工业出版社.
田川. 2013. 我国城镇居家养老模式研究[D]. 西安：长安大学. 硕士学位论文.
王大华，张明妍. 2011. 老年人配偶支持的特点及其与夫妻依恋、婚姻满意度的关[J]. 心理发展与教育，27（2）：195～201.
王江陵. 2007. 老年心理现状与心理疾病的预防[J]. 中国老年保健医学，5（3）：35～36.
王金元，赵向红. 2016. 老龄化背景下社区独居老人生存状态与社会支持研究[M]. 上海：华东理工大学出版社.
王丽郦. 2004. 关于中西家庭养老的比较思考[J]. 西北人口，（6）：20～23.
王丽萍. 2014. 我国老龄化社会中监护与照护制度的重构[J]. 山东大学学报（哲学社会科学版）5：48～51.
王琳. 2013. 《老年人权益保障法》更应关注政府责任[J]. 法治与社会. 14.
王培玉. 2012. 健康管理学[M]. 北京：北京大学医学出版社.
王倩蓉，王大华，陈翠玲. 2012. 老年人夫妻冲突一般特点及其与依恋的关系[J]. 心理发展与教育，2：167～173.
王星明. 2014. 西方主要国家临终关怀的特点及启示[J]. 医学与哲学，35（492）：40～42.
王岩，王大华，付琳，姜薇，翟晓艳. 2014. 老年人夫妻依恋稳定性及其与配偶支持的关系[J]. 心理发展与教育，4：396～402.
王裔艳. 2004. 国外老年社会学理论研究综述[J]. 南京人口管理干部学院学报，2：37～42.
王裔艳. 2004. 国外老年社会学理论研究综述[J]. 人口与社会，20（2）：37～39.
王振虎. 2015. 老年人运动遵循 5 大原则[J]. 家庭健康，9：55.
王志宏，夏艳，张云霞等. 2013. 智慧城市之路——科学治理与城市个性[M]. 北京：电子工业出版社.

翁仁良. 2002. 老人健身五原则[J]. 家庭医学，10：38.
邬沧萍. 1987. 论老年学的形成、研究对象和科学性质[J]. 中国人民大学学报，2：1～11.
邬沧萍，姜向群. 2014. 老年学概论[M]. 北京：中国人民大学出版社.
吴捷. 2011. 城市低龄老年人的需要、社会支持和心理健康关系研究. 天津：天津社会科学院出版社.
伍小兰，李晶. 2013. 中国虐待老人问题现状及原因探析[J]. 人口与发展，19（3）：85～91.
向运华，姚虹. 2016. 城乡老年人社会支持的差异以及对健康状况和生活满意度的影响[J]. 华中农业大学学报（社会科学版），(6)：85～92.
肖水源. 1994.《社会支持评定量表》的理论基础与研究应用[J]. 临床精神医学杂志，(2)：98～100.
肖水源，杨德森. 1987. 社会支持对身心健康的影响[J]. 中国心理卫生杂志，(4)：183～187.
谢莹，朱海林. 2014. 临终关怀本土化发展的困境与出路[J]. 中国医学伦理学，3（27）：367～368.
熊必俊，郑亚丽. 1989. 老年学与老龄问题[M]. 北京：科学技术文献出版社.
徐俊，风笑天. 2012. 独生子女家庭养老责任与风险研究[J]. 人口与发展，18（5）：2～9.
徐莉，王 萍. 2014. 关于完善我国养老服务体系的思考——从智能化养老的兴起谈起，商业时代[J].（12）：116～118.
徐晓红. 2014. 临终关怀的现实意义与实现路径[J]. 安徽理工大学学报（社会科学版），2（16）：33～36.
许晓芳. 2011. 呼和浩特市敬老院老年人孤独感及其干预研究[D]. 呼和浩特：内蒙古师范大学. 硕士学位论文.
闫志民，李丹，赵宇晗，等. 2014. 日益孤独的中国老年人：一项横断历史研究[J]. 心理科学进展，22（7）：1084～1091.
严建雯，陈传锋. 2005. 我国老年人的社会支持与服务[J]. 心理科学，6（6）：1497～1499
严勤，施永兴. 2012. 中国临终关怀服务现状与伦理探讨[J]. 生命科学，11（24）：1295～1301.
杨洋. 2005. 大城市独生子女父母家庭养老研究[D]. 上海：华东师范大学. 硕士研究生学位论文.
姚远. 2001. 中国家庭养老研究述评[J]. 人口与经济，(124)：33～43.
姚远. 2002. 重视非正式支持，提高老年人生活质量[J]. 人口与经济，(5)：45～48.
姚职仁. 2004. 关于老年人再婚问题的认识[J]. 中南民族大学学报（人文社会科学版），(24)：211～212.
叶南客. 1992. 苏南城乡居民生活质量评估与提高战略[J]. 中国社会科学，3（3）：135～148.
余盼，熊峰. 2014. 我国老年人口婚姻状况分析——基于全国第六次人口普查数据分析[J]. 湖北第二师范学院学报，31（10）：77～80.
袁方. 老年学导论[M]. 1995. 北京：社会科学文献出版社.
张敏杰. 2002. 美国学者对虐待老年人问题的研究[J]. 国外社会科学，(5)：66～70.
张伟新，王港，刘颂. 2015. 老年心理概论[M]. 南京：南京大学出版社，191～192.
张文宏，阮丹青. 1999. 城乡居民的社会支持网[J]. 社会学研究，(3)：14～19.
张仙桥，李德滨. 2011. 中国老年社会学[M]. 北京：社会科学文献出版社.
张秀芬. 2010. "空巢老人"伦理问题探究[D]. 南京：南京林业大学. 硕士学位论文.
张旭冉. 2009. 老年人非婚同居问题分析[D]. 石家庄：河北大学. 硕士学位论文.
张翼. 2012. 中国家庭的小型化、核心化与老年空巢化[J]. 中国特色社会主义研究，(6)：87～94.
张友琴. 2001. 老年人社会支持网的城乡比较研究——厦门市个案研究[J]. 社会学研究，(4)：11～21.
张志雄，孙建娥. 2015. 多元化养老格局下的互助养老[J]. 老龄科学研究，3（5）：33～41.
郑春贤. 2012. 我国《老年人权益保障法》修订若干问题思考[J]. 劳动保障职业学院学报，6（4）：13.
郑功成. 2011. 中国社会保障改革与发展研究[M]. 北京：人民出版社.
郅玉玲. 2006. 浙江省高龄老人的社会非正式支持系统分析[J]. 中国老年学， 26（3）：428～428.
周谨平. 2014. "死亡"的生存论意义与临终关怀[J]. 中国医学伦理学，1（27）：114～117.
周倩倩. 2014. 社区老年群体互助养老问题研究[D]. 长春：长春工业大学. 硕士学位论文.
周雪梅，韦庆旺. 2013. 超越恐惧：基于老年死亡态度的视角[J]. 南京师范大学报（社会科学版），(2)：109～115.
周作斌. 2014. 时间银行在社区互助养老中的应用研究[D]. 厦门：暨南大学. 硕士学位论文.
朱庆芳. 1992. 社会指标的应用. 北京：中国统计出版社，93.
朱顺兵，邹万流. 2013. 智能化养老系统建设研究[J]. 智能建筑与城市信息. 8：24～27.
朱勇. 2014. 职能养老[M]. 北京：社会科学文献出版社，10.
[美] John C，Cavanaugh，Susan Krauss Whitbourne. 2006. 老年学：多学科的视角[M]. 杜鹏等译. 北京：中国人口出版社.
[美]马文•哈瑞斯. 文化的起源[M]. 2002. 北京，中国人民大学出版社，178.
Ai A L，et al. 2004. Faith-based and secular pathways to hope and optimism subconstructs in middle-aged and older cardiac patients[J]. Journal of Health Psychology，9：435～450.
Avlund K，Rikke L，Holstein B，Due P. 2003. Social relations as determinant of onset of disability in aging[J]. Archives of Gerontology and Geriatrics，38：85～99.
Badura A S，Grohmann J M. 2002. Psychological issues in pain perception and treatment in the elderly[J]. Annals of Long-Term Care，10（7）：29～34.
Barrera M. 1986. Distinctions between social support concepts，measures，and models. American Journal of Community Psychology，14（4）：413～445.
Barrera，et al. 1981. Preliminary development of a scale of social support：Studies on college students[J]. American Journal of Community Psychology，9（4）：435～447.
Barth J，Schumacher M， Herrmann-Lingen C. 2004. Depression as a risk factor for mortality in patients with coronary heart disease：A meta-analysis[J]. Psychosomatic Medicine，66（6），802～813.
Bengston V. 1996. The social psychology of aging. Indianapolis：Bobbs-Merrill. Schulz R，Heckhausen J. A life span model of successful aging. American Psychologist，51（7）：702～714.
Besser A， Priel B. 2008. Attachment，depression，and fear of death in older adults：The roles of neediness and perceived availability of social support[J]. Personality & Individual Differences，44（8）：1711～1725.
Boerner K，Reinhardt J. 2003. Giving while in need：Support provided by disabled older adults[J]. Journals of Gerontology：Series B：Psychological Sciences & Social Sciences，58B（5）：S297～S304.
Burnett J，Regev T，Pickens S，et al. 2006. Social networks：a profile of the elderly who self-neglect[J]. J Elder Abuse Negl，18（4）：35～49.
Chappell N L，Funk L M. 2011. Social support，caregiving，and aging[J]. Canadian Journal on Aging，30（3）：355～370.
Cobb S. 1976. Social support as Moderator of Life Stress[J]. Psychosomatic Medicine，38（5）：300～314.
Cohen S，Wills T A. 1985. Stress，social support and the buffering hypothesis[J]. Psychological Bulletin，98（2）：310～357.
Coleman E A，Hutchins L，Goodwin J. 2004. An overview of cancer in the older adult[J]. MEDSURG Nursing，13（2）：75～109.

Connell B，Sanford J. 2001. Difficulty，dependence，and housing accessibility for people aging with a disability[J]. Journal of Architectural & Planning Research，18（3）：34～42.
Cooper C，Selwood A，Livingston G. 2008. The prevalence of elder abuse and neglect：a systematic review[J]. Age Ageing，37（2）：151～160.
De Paulo BM，Morris WL. 2005. Singles in society and in science[J]. Psychological Inquiry，16（2～3）：57～83.
Dowd J J. 1975. Aging as Exchange：A Preface to Theory. Journal of Gerontology. 30（5）.
Drossel C，Fisher J E，Mercer V. 2011. ADBT skills training group for family caregivers of persons with dementia[J]. Behav Ther，42（1）：109～119.
Dykstra P A. 1993. The differential availability of relationships and the provision and effectiveness of support to older adults [J]. Journal of Social & Personal Relationships，10（3）：355～370.
Eisner E J，Zook E G，Goodman N，Macario E. 2002. Knowledge，attitude，and behavior of women ages 65 and older on mammography screening and Medicare：Results of a national survey[J]. Women & Health，36（4）：1～18.
Ell K. 1984. Social networks，social support，and health status：A review. Social Service Review，58（1）：133～149.
Emeoon R M. 1962. Power-dependence relations. American Sociological Review，27（1），31～41.
Ershler W B. 2003. Cancer：A disease of the elderly[J]. Journal of supportive oncology，1（4，Suppl. 2）：5～10.
Fitzpatrick J，Pierce G R，Sarason B R，et al. 1996. Handbook of social support and the family[J]. New York：Plenum Press.
Fletcher P C，Hirdes J P. 2004. Restriction in activity associated with fear of falling among community-based seniors using home care services[J]. Age and Ageing，33（3）：273～279.
Fratiglioni，et al. 2004. Scarmeas，Levy，Tang，Manly，& Stem，2001.
Gaines J M，Talbot L A，Metter E J. 2002. The relationship of arthritis self-efficacy to functional performance in older men and women with osteoarthritis of the knee[J]. Geriatric Nursing，23（3）：167～170.
Guck T P，Elsasser G N，Kavan M G，Barone E J. 2003. Depression and congestive heart failure. Congestive Heart Failure，9：1～8.
Haley W E. 2003. Family caregivers of elderly patients with cancer：Understanding and minimizing the burden of care[J]. Journal of Supportive Oncology，1（4，Suppl. 2）：25～29.
Hogan B E，Linden W，Najarian B. 2002. Social support interventions：do they work?[J]. Clinical Psychology Review，22（3）：383～442.
House J S，Umberson D，Landis K R. 2003. Structures and processes of social support [J]. Annual Review of Sociology，14（1）：293～318.
Huang C，Wu S，Jeng C，Lin L. 2004. The efficacy of a home-based nursing program in diabetic control of elderly people with diabetes mellitus living alone[J]. Public Health Nursing，21（1）：49～56.
Huang H，et al. 2003. Assessing risk of falling in older adults[J]. Public Health Nursing，20（5）：399～411.
Hughes S L，et al. 2004. Impact of the fit and strong intervention on older adults with osteoarthritis[J]. The Gerontologist，44（2）：217～228.
Ingersoll-Dayton B，Morgan D，Antonucci T. 1997. The effects of positive and negative social exchanges on aging adults[J]. Journals of Gerontology，52（4）：190～199.
Iris Chi，et al. 2001. Elderly Chinese in pacific rim countries：Social support and integration. Hong Kong：Hong Kong University Press.
Ishizaki T，Kai I，Kobayashi Y，et al. 2004. The effect of aging on functional decline among older Japanese living in a community：a 5-year longitudinal data analysis. Aging Clinical & Experimental Research，16（3）：233～239.
Jack L，et al. 2004. The psychosocial aspects of diabetes care[J]. Geriatrics，59（5）：26.
Jerry M，Burger，陈会昌等译. 2004. 人格心理学[M]. 北京：中国轻工业出版社.
Lane D，Carrol D，Lip G Y H. 2003. Anxiety，depression，and prognosis after myocardial infarction：Is there a causal association? [J]. Journal of the American College of Cardiology，42：1808～1810.
Meyer T. 2000. Broocks A. Therapeutic impact of exercise on psychiatric diseases[J]. Sports Medicine. 30（4）：269～279.
Michael D，Newcomb. 1990. Social support and personal characteristics：A developmental and interactional perspective[J]. Journal of Social and Clinical Psychology，9（1）：54～68.
Msn C P H L，Cs J B R，Maloney J P，et al. 1997. Social support：a conceptual analysis[J]. Journal of Advanced Nursing，25（1）：95～100.
Niall B，David A. 2007. Effects of social support visibility on adjustment to stress：experimental evidence[J]. Journal of Personality & Social Psychology，92（3）：458～475.
Novak M，Campbell L D. 2006. Aging and society：A Canadian perspective. Toronto：Nelson.
Nussbaum J F，Baringer D，Kundart A. 2003. Health，communication，and aging：Cancer and older adults[J]. Health Communication，15（2）：185～192.
Overcash J A. 2004. Using narrative research to understand the quality of life of older women with breast cancer[J]. Oncology Nursing Forum，31（6）：1153～1159.
Paul Freeman，Tim Rees，Lew Hardy. 2009. An intervention to increase social support and improve performance[J]. Journal of Applied Sport Psychology，21（2）：186～200.
Pierce G R，Lakey B，Sarason I G，et al. 1997. Sourcebook of social support and personality. Plenum Press：New York.
Piette J，Heisler M，Wagner T. 2004. Problems paying out-of-pocket medication costs among older adults with diabetes[J]. Diabetes Care，27（2）：384.
Roubideaux Y，et al. 2004. Measuring the quality of diabetes care for older American Indians and Alaska Natives[J]. American Journal of Public Health，94（1）：60～65.
Ruijia C，Simon M A，E-Shien C，et al. 2014. The perception of social support among U. S. Chinese older adults：findings from the PINE Study[J]. Journal of Aging & Health，26（7）：1137～1154.
Sally Redfern. 2002. Work satisfaction，stress，quality of care and morale of older people in nursing home[J]. Health and Social Care in the Community，10：512～517.
Sarason I G，Sarason B R. 1985. Social Support：Theory，research and applications. Dordrecht：Martinus Nijhoff Publishers.
Shumaker S A，Arlene B. 1984. Toward a theory of social support：Closing conceptual gaps[J]. Journal of Social Issues，40（4）：11～36.
Taylor S E. 2011. "Social support：A review". In M. S. Friedman. The handbook of health Psychology. New York，NY：Oxford University Press，189～214.
United Nations. 2015. World Population Prospects：The 2015 Revision，Key Findings and Advance Tables.
Wang G Y，et al. 2011. Loneliness among the rural older people in Anhui，China：prevalence and associated factors[J]. International Journal of Geriatric Psychiatry，26（11）：1162～1168.
Yang K，Victor C R. 2008. The prevalence of a risk factors for loneliness among older people in China[J]. Ageing and Society，28（3）：305～328.
Zhu H，Danan G. 2010. The protective effect of narriage on health and survival：Does it persist at oldest-old Ages? [J]. Journal of Population Aging，3（3）：161～182.